院科学家学术成长资料采集工程丛书

论文写在大地上
陈锦堂 传

汤国星 兰进
陈君 徐蓓 ◎著

1929年	1958年	1978年	1980年	1983年	2002年	2009年
出生于山西太原	毕业于山西农学院	获全国科学大会奖	获国家发明奖	任中国医学科学院药用植物资源研究所药用真菌研究室主任	获何梁何利医学药学科学技术进步奖	获聘中华中医药学会终身理事

老科学家学术成长资料采集工程 丛书

论文写在大地上

徐锦堂 传

汤国星 兰进 陈君 徐蓓 ◎ 著

中国科学技术出版社
上海交通大学出版社

图书在版编目（CIP）数据

论文写在大地上：徐锦堂传／汤国星，兰进，陈君等著.
—北京：中国科学技术出版社，2015.1
（老科学家学术成长资料采集工程丛书）
ISBN 978-7-5046-6718-2

Ⅰ.①论… Ⅱ.①汤… ②兰… ③陈… Ⅲ.①徐锦堂－传记 Ⅳ.① K826.3

中国版本图书馆 CIP 数据核字（2014）第 233617 号

出 版 人	苏　青　韩建民
责任编辑	周晓慧　刘赫铮　许　慧
责任校对	刘洪岩
责任印制	张建农
版式设计	中文天地

出　　版	中国科学技术出版社　上海交通大学出版社
发　　行	科学普及出版社发行部
地　　址	北京市海淀区中关村南大街16号
邮　　编	100081
发行电话	010-62173865
传　　真	010-62179148
网　　址	http://www.cspbooks.com.cn

开　　本	787mm×1092mm　1/16
字　　数	265千字
印　　张	18.25
彩　　插	2
版　　次	2015年1月第1版
印　　次	2015年1月第1次印刷
印　　刷	北京华联印刷有限公司
书　　号	ISBN 978-7-5046-6718-2 / K·154
定　　价	53.00元

（凡购买本社图书，如有缺页、倒页、脱页者，本社发行部负责调换）

老科学家学术成长资料采集工程
领导小组专家委员会

主　任：杜祥琬

委　员：（以姓氏拼音为序）

　　　　巴德年　　陈佳洱　　胡启恒　　李振声
　　　　王礼恒　　王春法　　张　勤

老科学家学术成长资料采集工程
丛书组织机构

特邀顾问（以姓氏拼音为序）

　　　　樊洪业　　方　新　　齐　让　　谢克昌

编　委　会

主　编：王春法　　张　藜

编　委：（以姓氏拼音为序）

　　　　艾素珍　　董庆九　　胡化凯　　黄竞跃　　韩建民
　　　　廖育群　　吕瑞花　　刘晓勘　　林兆谦　　秦德继
　　　　任福君　　苏　青　　王扬宗　　夏　强　　杨建荣
　　　　张柏春　　张大庆　　张　剑　　张九辰　　周德进

编委会办公室

主　任：许向阳　　张利洁

副主任：许　慧　　刘佩英

成　员：（以姓氏拼音为序）

　　　　崔宇红　　董亚峥　　冯　勤　　何素兴　　韩　颖
　　　　李　梅　　罗兴波　　刘　洋　　刘如溪　　沈林苣
　　　　王晓琴　　王传超　　徐　捷　　肖　潇　　言　挺
　　　　余　君　　张海新　　张佳静

老科学家学术成长资料采集工程简介

老科学家学术成长资料采集工程（以下简称"采集工程"）是根据国务院领导同志的指示精神，由国家科教领导小组于2010年正式启动，中国科协牵头，联合中组部、教育部、科技部、工信部、财政部、文化部、国资委、解放军总政治部、中国科学院、中国工程院、国家自然科学基金委员会等11部委共同实施的一项抢救性工程，旨在通过实物采集、口述访谈、录音录像等方法，把反映老科学家学术成长历程的关键事件、重要节点、师承关系等各方面的资料保存下来，为深入研究科技人才成长规律，宣传优秀科技人物提供第一手资料和原始素材。按照国务院批准的《老科学家学术成长资料采集工程实施方案》，采集工程一期拟完成300位老科学家学术成长资料的采集工作。

采集工程是一项开创性工作。为确保采集工作规范科学，启动之初即成立了由中国科协主要领导任组长、12个部委分管领导任成员的领导小组，负责采集工程的宏观指导和重要政策措施制定，同时成立领导小组专家委员会负责采集原则确定、采集名单审定和学术咨询，委托中国科学技术史学会承担具体组织和业务指导工作，建立专门的馆藏基地确保采集资料的永久性收藏和提供使用，并研究制定了《采集工作流程》、《采集工作规范》等一系列基础文件，作为采集人员的工作指南。截止2014年底，已启动304位老科学家的学术成长资料采集工作，获得手稿、书信等实物原件资料52093件，数字化资料137471件，视频资料183878分钟，音频资料224825分钟，具有重要的史料价值。

采集工程的成果目前主要有三种体现形式，一是建设一套系统的"老科学家学术成长资料数据库"（本丛书简称"采集工程数据库"），提供学术研究和弘扬科学精神、宣传科学家之用；二是编辑制作科学家专题资料片系列，以视频形式播出；三是研究撰写客观反映老科学家学术成长经历的研究报告，以学术传记的形式，与中国科学院、中国工程院联合出版。随着采集工程的不断拓展和深入，将有更多形式的采集成果问世，为社会公众了解老科学家的感人事迹，探索科技人才成长规律，研究中国科技事业的发展历程提供客观翔实的史料支撑。

总序一

中国科学技术协会主席 韩启德

老科学家是共和国建设的重要参与者，也是新中国科技发展历史的亲历者和见证者，他们的学术成长历程生动反映了近现代中国科技事业与科技教育的进展，本身就是新中国科技发展历史的重要组成部分。针对近年来老科学家相继辞世、学术成长资料大量散失的突出问题，中国科协于2009年向国务院提出抢救老科学家学术成长资料的建议，受到国务院领导同志的高度重视和充分肯定，并明确责成中国科协牵头，联合相关部门共同组织实施。根据国务院批复的《老科学家学术成长资料采集工程实施方案》，中国科协联合中组部、教育部、科技部、工业和信息化部、财政部、文化部、国资委、解放军总政治部、中国科学院、中国工程院、国家自然科学基金委员会等11部委共同组成领导小组，从2010年开始组织实施老科学家学术成长资料采集工程。

老科学家学术成长资料采集是一项系统工程，通过文献与口述资料的搜集和整理、录音录像、实物采集等形式，把反映老科学家求学历程、师承关系、科研活动、学术成就等学术成长中关键节点和重要事件的口述资料、实物资料和音像资料完整系统地保存下来，对于充实新中国科技发展的历史文献，理清我国科技界学术传承脉络，探索我国科技发展规律和科技人才成长规律，弘扬我国科技工作者求真务实、无私奉献的精神，在全社会营造爱科学、学科学、用科学的良好氛围，是一件很有意义的事情。采集工程把重点放在年龄在 80 岁以上、学术成长经历丰富的两院院士，以及虽然不是两院院士、但在我国科技事业发展中作出突出贡献的老科技工作者，充分体现了党和国家对老科学家的关心和爱护。

自 2010 年启动实施以来，采集工程以对历史负责、对国家负责、对科技事业负责的精神，开展了一系列工作，获得大量反映老科学家学术成长历程的文字资料、实物资料和音视频资料，其中有一些资料具有很高的史料价值和学术价值，弥足珍贵。

以传记丛书的形式把采集工程的成果展现给社会公众，是采集工程的目标之一，也是社会各界的共同期待。在我看来，这些传记丛书大都是在充分挖掘档案和书信等各种文献资料、与口述访谈相互印证校核、严密考证的基础之上形成的，内中还有许多很有价值的照片、手稿影印件等珍贵图片，基本做到了图文并茂，语言生动，既体现了历史的鲜活，又立体化地刻画了人物，较好地实现了真实性、专业性、可读性的有机统一。通过这套传记丛书，学者能够获得更加丰富扎实的文献依据，公众能够更加系统深入地了解老一辈科学家的成就、贡献、经历和品格，青少年可以更真实地了解科学家、了解科技活动，进而充分激发对科学家职业的浓厚兴趣。

借此机会，向所有接受采集的老科学家及其亲属朋友，向参与采集工程的工作人员和单位，表示衷心感谢。真诚希望这套丛书能够得到学术界的认可和读者的喜爱，希望采集工程能够得到更广泛的关注和支持。我期待并相信，随着时间的流逝，采集工程的成果将以更加丰富多样的形式呈现给社会公众，采集工程的意义也将越来越彰显于天下。

是为序。

总序二

中国科学院院长　白春礼

　　由国家科教领导小组直接启动，中国科学技术协会和中国科学院等12个部门和单位共同组织实施的老科学家学术成长资料采集工程，是国务院交办的一项重要任务，也是中国科技界的一件大事。值此采集工程传记丛书出版之际，我向采集工程的顺利实施表示热烈祝贺，向参与采集工程的老科学家和工作人员表示衷心感谢！

　　按照国务院批准实施的《老科学家学术成长资料采集工程实施方案》，开展这一工作的主要目的就是要通过录音录像、实物采集等多种方式，把反映老科学家学术成长历史的重要资料保存下来，丰富新中国科技发展的历史资料，推动形成新中国的学术传统，激发科技工作者的创新热情和创造活力，在全社会营造爱科学、学科学、用科学的良好氛围。通过实施采集工程，系统搜集、整理反映这些老科学家学术成长历程的关键事件、重要节点、学术传承关系等的各类文献、实物和音视频资料，并结合不同时期的社会发展和国际相关学科领域的发展背景加以梳理和研究，不仅有利于深入了解新中国科学发展的进程特别是老科学家所在学科的发展脉络，而且有利于发现老科学家成长成才中的关键人物、关键事件、关键因素，探索和把握高层次人才培养规律和创新人才成长规律，更有利于理清我国科技界学术传承脉络，深入了解我国科学传统的形成过程，在全社会范围内宣传弘扬老科学家的科学思想、卓越贡献和高尚品质，推动社会主义科学文化和创新文化建设。从这个意义上说，采集工程不仅是一项文化工程，更是一项严肃认真的学术建设工作。

中国科学院是科技事业的国家队，也是凝聚和团结广大院士的大家庭。早在1955年，中国科学院选举产生了第一批学部委员，1993年国务院决定中国科学院学部委员改称中国科学院院士。半个多世纪以来，从学部委员到院士，经历了一个艰难的制度化进程，在我国科学事业发展史上书写了浓墨重彩的一笔。在目前已接受采集的老科学家中，有很大一部分即是上个世纪80、90年代当选的中国科学院学部委员、院士，其中既有学科领域的奠基人和开拓者，也有作出过重大科学成就的著名科学家，更有毕生在专门学科领域默默耕耘的一流学者。作为声誉卓著的学术带头人，他们以发展科技、服务国家、造福人民为己任，求真务实、开拓创新，为我国经济建设、社会发展、科技进步和国家安全作出了重要贡献；作为杰出的科学教育家，他们着力培养、大力提携青年人才，在弘扬科学精神、倡树科学理念方面书写了可歌可泣的光辉篇章。他们的学术成就和成长经历既是新中国科技发展的一个缩影，也是国家和社会的宝贵财富。通过采集工程为老科学家树碑立传，不仅对老科学家们的成就和贡献是一份肯定和安慰，也使我们多年的夙愿得偿！

鲁迅说过，"跨过那站着的前人"。过去的辉煌历史是老一辈科学家铸就的，新的历史篇章需要我们来谱写。衷心希望广大科技工作者能够通过"采集工程"的这套老科学家传记丛书和院士丛书等类似著作，深入具体地了解和学习老一辈科学家学术成长历程中的感人事迹和优秀品质；继承和弘扬老一辈科学家求真务实、勇于创新的科学精神，不畏艰险、勇攀高峰的探索精神，团结协作、淡泊名利的团队精神，报效祖国、服务社会的奉献精神，在推动科技发展和创新型国家建设的广阔道路上取得更辉煌的成绩。

总序三

中国工程院院长　周　济

由中国科协联合相关部门共同组织实施的老科学家学术成长资料采集工程，是一项经国务院批准开展的弘扬老一辈科技专家崇高精神、加强科学道德建设的重要工作，也是我国科技界的共同责任。中国工程院作为采集工程领导小组的成员单位，能够直接参与此项工作，深感责任重大、意义非凡。

在新的历史时期，科学技术作为第一生产力，已经日益成为经济社会发展的主要驱动力。科技工作者作为先进生产力的开拓者和先进文化的传播者，在推动科学技术进步和科技事业发展方面发挥着关键的决定的作用。

新中国成立以来，特别是改革开放30多年来，我们国家的工程科技取得了伟大的历史性成就，为祖国的现代化事业作出了巨大的历史性贡献。两弹一星、三峡工程、高速铁路、载人航天、杂交水稻、载人深潜、超级计算机……一项项重大工程为社会主义事业的蓬勃发展和祖国富强书写了浓墨重彩的篇章。

这些伟大的重大工程成就，凝聚和倾注了以钱学森、朱光亚、周光召、侯祥麟、袁隆平等为代表的一代又一代科技专家们的心血和智慧。他们克服重重困难，攻克无数技术难关，潜心开展科技研究，致力推动创新发展，为实现我国工程科技水平大幅提升和国家综合实力显著增强作出了杰出贡献。他们热爱祖国，忠于人民，自觉把个人事业融入到国家建设大局之中，为实现国家富强而不断奋斗；他们求真务实，勇于创新，用科技为中华民族的伟大复兴铸就了辉煌；他们治学严谨，鞠躬尽瘁，具有崇高的科学精神和科学道德，是我们后代学习的楷模。科学家们的一生是一本珍贵的教科书，他们坚定的理想信念和淡泊名利的崇高品格是中华民族自强不息精神的宝贵财富，永远值得后人铭记和敬仰。

通过实施采集工程，把反映老科学家学术成长经历的重要文字资料、实物资料和音像资料保存下来，把他们卓越的技术成就和可贵的精神品质记录下来，并编辑出版他们的学术传记，对于进一步宣传他们为我国科技发展和民族进步作出的不朽功勋，引导青年科技工作者学习继承他们的可贵精神和优秀品质，不断攀登世界科技高峰，推动在全社会弘扬科学精神，营造爱科学、讲科学、学科学、用科学的良好氛围，无疑有着十分重要的意义。

中国工程院是我国工程科技界的最高荣誉性、咨询性学术机构，集中了一大批成就卓著、德高望重的老科技专家。以各种形式把他们的学术成长经历留存下来，为后人提供启迪，为社会提供借鉴，为共和国的科技发展留下一份珍贵资料。这是我们的愿望和责任，也是科技界和全社会的共同期待。

周济

徐锦堂

在徐锦堂家中访谈，徐锦堂谈起"文化大革命"前八年的艰苦历程仍激动不已
（右为访谈人汤国星）

徐锦堂和采集小组全体人员合影
［前排左起田力、徐锦堂。后排左起魏冬、汤国星、陈君、兰进、徐蓓、张卫华］

序

实施老科学家学术成长资料采集工程，是一件功在当代、利在千秋的事情。因为它记录的是新中国的科学创业史、科学发展史。那时试验条件、仪器设备很差、生活条件极其艰苦，但是那一代科研工作者筚路蓝缕，心怀建设新中国的赤子之心与信念，为共和国的科学事业奠定了基础、架起了桥梁。这段科学创业史、科学发展史，是我们中华民族最宝贵的精神财富，是我们自立于世界之林的动力源泉，是可以永载史册、应当永远传承的民族精神。

中医中药是我们中华民族几千年防治疾病、繁衍昌盛的保障，我们民族的瑰宝。据普查，我国中草药资源有1.1万余种，大部分依赖采挖野生资源供药用，近300种人工栽培的中药，是历代药农在需求与摸索驯化中的杰作。它虽然品种区区200余种，但是在药用的数量上所占比重很大，是须臾不可或缺的重要资源。长期以来，未能进行科学系统整理和试验研究。新中国成立后，百业待兴，北京、四川、广西等一些科研单位先后组建了药用植物栽培研究的科研机构，但从业人员较少，也缺乏科研参考资料，只能从调查和总结药农栽培技术经验入手开始工作。

我一生从事黄连、天麻、猪苓等名贵中药的栽培研究工作。1958年我第一次到全国黄连主产区四川省石柱县黄水坝考查，考察结果触目惊心：

每栽一亩黄连，要毁三亩森林搭棚遮荫。亲眼目睹一棵棵参天大树在眼前倒下，五年后换来的是不到100公斤的黄连。我是北方人，从没有见过那么多挺拔的大树，竟被砍倒劈成几瓣，做桩子和檩条。我的心在痛。我也知道破坏生态，大自然是会报复的。黄连栽培已有300多年的历史，也曾有学者调查总结黄连的栽培经验，但从没有对栽培方式发出质疑、提出变革。如何变革？能不能找到一种药林双丰收的办法？

回京后，一片片荒山秃岭，一棵棵大树轰然倒下的场景，常常浮现在眼前。一次我遇到所长，当他再次问到我对栽培黄连的看法时，我心怀忐忑，大胆提出："栽培黄连砍伐大片森林，严重地破坏了自然生态环境，这是对后辈儿孙的犯罪。"所长看了我一眼，只低声嘟囔了一句："不能那么说。"他没有再表态，也没有让我再说下去。我也不知道我是否说错了话。因为当时全国正处于大跃进时期，"砍树炼钢，开荒种粮"是天经地义的，谁也不敢反对。直到后来宣布让我搞黄连栽培技术的研究后，悬着的心才算落了下来。

通过八年艰苦的长期蹲点研究，在产区领导和工人的大力支持下，试验成功实用于各种环境下的生态栽连模式，获得药（黄连）、林、粮三丰收。玉米的丰产，解决了饲养牲畜精饲料匮乏问题，也促进了畜牧业的发展。2003年，利川市人大36次会议通过了严禁砍伐森林栽连，一律推广生态栽连技术，用立法方式保障了生态栽连技术的推广，利川市成为长江流域水土保持的先进单位，受到水利部的嘉奖。

天麻是一种名贵的传统中药，具有益气、养肝、祛风、定惊作用，历史上都是采挖野生块茎入药。因此自然资源遭到严重破坏，供求矛盾日益突出，20世纪70年代初成为三年断线供应商品。1911年日本学者草野俊助发表了"天麻与蜜环菌共生"的文章，但他未能栽培天麻成功，而且"对种子萌发及幼苗成长至今还一无所知"。其后半个多世纪，国内外一些学者也尝试过人工栽培，未见成功的报道。

1959年我在川东鄂西武陵山区蹲点，当地有野生天麻生长，引起我极大的兴趣。第一次在石柱县黄水坝采挖野生麻种，用栽块茎作物的方法，分几个处理试栽，失败的结果使我第一次尝到了栽培天麻的艰辛。

通过七年对野生天麻生长繁殖规律、生态条件及与蜜环菌营养关系的调查，经过无数次栽培失败经验的积累，1965年利用蜜环菌材伴栽获得成功——天麻野生变家栽，收获的最大箭麻215克。"文化大革命"中断了研究。1972年我又赴陕西汉中地区继续天麻研究。1973年在宁强县东风三队试验成功天麻无性繁殖固定菌床栽培法，在陕南20余县推广后，缓解了全国天麻供应紧缺状况，汉中成为全国天麻生产基地。

由于栽培方法的不断改进，产量逐年提高，随着无性繁殖栽培的代数增加，到1979年野生麻种栽培到第10代，穴产量降低到0.16公斤，只有栽种量的1/3。我们又调查了宁强县广平区两个大药场，也都与东风三队情况类似，一般采挖野生麻种无性繁殖至第五、第六代，就会出现退化。一旦大面积生产出现了退化，那将是天麻生产毁灭性的灾害。

1977年6月，商业部在汉中召开了全国天麻生产现场会。200多人到会，其中有20多名研究天麻的科研人员。我们召开了小型座谈会，我想天麻多代无性繁殖栽培严重退化，只有走有性繁殖和无性繁殖相结合之路，才可解决种麻缺乏问题，才可防止天麻多代无性繁殖退化的严重后果。如果借此机会，大家协商，协作攻关，将会加快天麻研究的进程。我将自己研究的结果和发现退化问题的数据全盘介绍给大家，希望得到帮助。至于协作成果的归属，只要大家出于公心，本着实事求是的原则，总会解决好的。经过辩论，与会的20多位专门从事天麻研究的科研技术人员，没有一个人支持我的意见，都认为天麻多代无性繁殖不会出现退化。我无法说服大家，也未能组织起大协作的攻关网络。但采挖野生天麻无性繁殖多代后会出现退化的问题，给大家都敲响了警钟。会后，许多单位都开展了天麻种子发芽的研究，也算起到抛砖引玉的作用。

50年的科研工作，我都是在深山老林中进行，协助我工作的多是一些农村的青年，当地的主管领导和中国医学科学院及药物研究所的各届领导都给予了我大力的协助和支持，我十分感谢他们。虽有几十个县靠我的研究成果脱贫致富，但让他们谈出科研思路、具体成果是怎样从总结多次失败的经历取得的却勉为其难。另外，全国专门从事天麻、黄连研究的技术人员很少，我们的研究项目曾获得多项国家级和省、部级成果奖，并被一些国际大会认可。中国人发现的兰科植物天麻，需与两种真菌共生才能完成生活史，这种新的共生模式将载入兰科植物营养关系研究的史册。但也给这次采集工程工作造成很大困难。我感谢他们深入到陕西、湖北、山西等地，我曾经工作过、学习过的地方采访，挖掘出许多鲜为人知的科研数据资料。

最后，我必须感谢我的母亲康还锁和爱人武兰英。我的母亲是一个英雄的母亲，她在土匪的枪口下救过乡亲。她支持我的科研工作，临终前都不让告诉我，怕影响我的科研工作，但昏迷时，却一声声呼唤着我。我爱人武兰英给我撑起这个家。那几年我在山区蹲点，生三个孩子我都不在她身边，我们一年只能相处二十几天。这就是一名中药研究人员一生的付出和对祖国对民族的一片深情。

徐锦堂

2013年9月8日于北京南纬路

目 录

老科学家学术成长资料采集工程简介

总序一 ··· 韩启德

总序二 ··· 白春礼

总序三 ··· 周 济

序 ··· 徐锦堂

导 言 ·· 1

| 第一章 | 童 年 ·· 7

　　家世 ··· 7
　　家人 ·· 10

| 第二章 | 烽火中成长 | 15 |

颠沛流离　四处求学 ………………………………………… 15
举债读书　无奈辍学 ………………………………………… 21

| 第三章 | 解　　放 | 27 |

新生 …………………………………………………………… 27
初为人师 ……………………………………………………… 34
喜结良缘 ……………………………………………………… 36
梦圆大学 ……………………………………………………… 37

| 第四章 | 八年蹲点 | 55 |

黄连考察和立题研究 ………………………………………… 55
黄水农场和福宝山药材场 …………………………………… 61
自然林栽连 …………………………………………………… 67
熟地栽连与黄连套种 ………………………………………… 74
简易棚栽黄连 ………………………………………………… 78
黄连种子湿沙棚贮与精细育苗技术 ………………………… 81
湖北贝母 ……………………………………………………… 85

| 第五章 | 自立课题 | 89 |

自掏腰包搞天麻研究 ………………………………………… 89
三年野生天麻生态调查 ……………………………………… 93
初识蜜环菌 …………………………………………………… 99
天麻种子繁殖的启示 ………………………………………… 102
天麻野生变家栽首次成功 …………………………………… 103

第六章 蹉跎岁月 ... 107

"三同" ... 107
以苦为乐 ... 111
上干校 ... 115
让哑巴说话 ... 118
当木匠 ... 121
全国中草药培训班 ... 124
风格 ... 126
兴建天麻楼 ... 127
三年承包 ... 129

第七章 移师汉中 ... 131

天麻研究不能停 ... 131
如鱼得水 ... 132
天麻无性繁殖固定菌床法 ... 134
科研成果与推广应用相结合 ... 139
组建宁强县天麻研究所 ... 143
天麻研究还不能下马 ... 147

第八章 探寻天麻生长的秘密 ... 149

发现种麻退化 ... 149
"四面楚歌" ... 152
成果鉴定会上的分歧 ... 157
天麻有性繁殖——树叶菌床法诞生 ... 159
走出误区——天麻一生都离不开蜜环菌 ... 162
天麻种子萌发菌的分离、筛选、鉴定 ... 165
揭开天麻生活史的全部奥秘 ... 177

第九章 红霞满天 ……………………………… 182

猪苓在略阳 ……………………………… 184
中国黄连利川论坛 ……………………… 188
黄连生态栽培技术研究成果鉴定会 …… 195
《中国天麻栽培学》 …………………… 198
《中国药用真菌学》 …………………… 200
获何梁何利基金科学与技术进步奖 …… 201
"天麻之父" …………………………… 202
"黄连之圣" …………………………… 208

第十章 论文写在大地上 …………………… 211

山乡变迁 ………………………………… 211
还青山绿水 ……………………………… 219
硕果 ……………………………………… 222

结　语　解决生产难题是我一生的追求 ……………… 226

附录一　徐锦堂年表 …………………………………… 231

附录二　徐锦堂主要论著目录 ………………………… 249

参考文献 ………………………………………………… 255

后　记 …………………………………………………… 258

图片目录

图1-1　父亲亲手制作的秤和尺子已近百年，是徐锦堂的
　　　　两件"传家宝" ································· 8
图1-2　徐锦堂的母亲、二姐、大姐、父亲 ·············· 10
图1-3　徐锦堂的母亲和他五岁的大姐徐春梅、一岁的二姐徐春莲 ··· 11
图1-4　四岁的徐锦堂 ································ 13
图1-5　徐锦堂的外祖父康福来全、二姐和父亲 ·········· 13
图2-1　1944年父亲去世，15岁的徐锦堂挑起养家糊口的重担，
　　　　这是母亲为了完成父亲的心愿，给他相亲时照的照片 ···· 22
图3-1　1950年，徐锦堂当选太原农校第三届学生会文体部长 ··· 29
图3-2　太原农业技术学校米丘林小组成员 ·············· 31
图3-3　1951年为抗美援朝捐献飞机大炮及宣传新婚姻法。义演结束后，
　　　　在山西农学院假山合影留念 ···················· 32
图3-4　1950年，在山西省首届人民体育大会高中组田径赛太原
　　　　农业技术学校获总分第一名，徐锦堂代表学校上台领锦旗 ··· 33
图3-5　1953年，徐锦堂在农业技术学校教书时是母子最幸福的时光 ··· 34
图3-6　1952年任农校教师时，徐锦堂与四位学生校园合影 ···· 35
图3-7　1954年8月10日，徐锦堂武兰英结婚照 ·········· 37
图3-8　铭贤学校时期的老建筑风采依旧，沿用至今 ······ 40
图3-9　1955年，徐锦堂在农大上康兴卫教授植物课时的笔记 ···· 46
图3-10　1955年，徐锦堂演出《森林里的火光》时的剧照 ···· 52
图3-11　1955年冬，在山西农学院的滑冰场上 ·········· 53
图4-1　黄连全株及成品黄连 ·························· 55
图4-2　徐锦堂1958年大学毕业分配到药物研究所时与妻子合影 ···· 56
图4-3　黄连收获后，留下的是一片荒山废墟 ············ 57

图 4-4	黄连栽后五年要把棚顶盖材都揭去，连农叫"亮棚"，使黄连叶枯根茎充实叫"下头"，桩檩作炕黄连的烧柴 …… 59
图 4-5	黄连搭棚栽培最后一道工序，拦好棚边后"关门插锁" …… 60
图 4-6	1961 年，徐锦堂在福宝山黄连棚前与科研队工人合影 …… 62
图 4-7	1959 年，徐锦堂在黄水农场的黄连棚下做试验观察记录 …… 65
图 4-8	徐锦堂 1960 年手绘的人工造林栽连与未栽连树林生长情况调查示意图 …… 67
图 4-9	1984 年，徐锦堂在福宝山观察林下黄连的生长情况 …… 68
图 4-10	徐锦堂 1960 年的手绘图 …… 70
图 4-11	徐锦堂 1960 年手绘的林间栽连各种植物根系分布示意图 …… 73
图 4-12	徐锦堂制作于 1960 年的标本 …… 74
图 4-13	搭棚栽连与玉米黄连套种对比试验 …… 76
图 4-14	早春先育玉米，然后定向移栽，可提早栽连时间一个月左右 …… 77
图 4-15	徐锦堂 1960 年的手绘玉米树木套种示意图 …… 77
图 4-16	简易棚和造林栽连相结合 …… 79
图 4-17	栽连 5—6 季后，树已有一人合抱的粗细，不再栽连，起连还林，连起林丰 …… 80
图 4-18	用手持切片绘制的黄连种子切面 …… 81
图 4-19	徐锦堂 1960 年手绘的黄连种子不同贮藏方法温度变化示意图 …… 82
图 4-20	黄连种子贮藏后，经冬季低温，春季种子裂口发芽生长过程 …… 83
图 4-21	徐锦堂制作于 1960 年的标本 …… 84
图 4-22	当生秧子为播后第二年出苗生长的黄连秧子，当年秧子为播后第三年的秧子 …… 85
图 4-23	湖北贝母 …… 86
图 5-1	1959 年，徐锦堂在黄水农场采挖野生天麻，开始了首次天麻人工栽培试验 …… 91
图 5-2	因它而立题的天麻 …… 92
图 5-3	1965 年，在野生天麻生长垂直状态的调查现场——福宝山赶场坡，徐锦堂在挖掘土壤剖面 …… 93
图 5-4	天麻野生生态调查样方图 …… 95
图 5-5	野生天麻平面分布图（一） …… 96

图 5-6	野生天麻平面分布图（二）	97
图 5-7	野生天麻垂直分布图	97
图 5-8	野生天麻无性繁殖过程	98
图 5-9	天麻、蜜环菌、树桩之间的关系示意图	101
图 5-10	徐锦堂 20 世纪 60 年代的"天麻野转家初报"论文手稿	104
图 6-1	在三年困难时期，瘦骨嶙峋的徐锦堂坚持在产区蹲点开展黄连天麻的研究	109
图 6-2	1965 年，在福宝山药场挑运收获的黄连	112
图 6-3	徐锦堂在"五七"干校用针灸扎好哑巴傅义龙后，"五七"干校的油印小报发表的"接受贫下中农再教育的丰硕成果——'五七'战士治愈聋哑病人"报道	119
图 6-4	1969 年 9 月，徐锦堂下放到江西永修县卫生部"五七"干校	122
图 6-5	全国中草药栽培进修班全体师生合影	125
图 6-6	在全国卫生厅局长参加的"全国医药卫生科技工作会议"上，徐锦堂作科研改革的发言	130
图 7-1	1975 年，在宁强县东风三队，徐锦堂和天麻组的冉砚珠给天麻生产现场会的农民示范讲解天麻栽培方法	133
图 7-2	1975 年，徐锦堂和朱兰书副所长、宁强县县长张国栋及宁强县药材公司全体同志合影	135
图 7-3	1975 年，在宁强县东风三队试验地头，徐锦堂向汉中地区的领导介绍天麻固定菌床栽培天麻的方法	136
图 7-4	1973 年，徐锦堂与汉中地区药材公司主任李怀录观察东风三队菌床栽培天麻的生长情况	138
图 7-5	1975 年，徐锦堂向汉中地委副书记雷林介绍天麻菌床栽培法	140
图 7-6	1976 年，由徐锦堂设计绘制蓝图的宁强县天麻研究所建成	144
图 8-1	正常生长的天麻体形短粗，退化了的天麻体形细长，有人称其为"竹节天麻"	151
图 8-2	各级干部带头上山找野生种麻扩大天麻栽培	154
图 8-3	广坪中小学开展勤工俭学，试验栽培天麻，并自编自演文娱节目鼓励大家栽培天麻	155
图 8-4	天麻有性繁殖播种一年后，收获的一窝天麻中有箭麻、白麻、米麻	160

图 8-5	1975年，在宁强县东风三队，徐锦堂与张国栋县长采挖天麻	161
图 8-6	徐锦堂在温室观察天麻开花习性	163
图 8-7	徐锦堂设计的萌发菌快速分离、培养、筛选方法，当年即可分离、筛选出优良萌发菌株，并在科研生产中广泛应用	169
图 8-8	用徐锦堂设计的培养皿保湿海绵播种方法，培养出了天麻萌发菌、天麻子实体	170
图 8-9	徐锦堂设计的计数网，在解剖镜下能准确统计和计算出天麻种子及发芽原球茎数量，使科研数据更准确、可靠	171
图 8-10	20世纪90年代，徐锦堂在实验室观察天麻被蜜环菌、紫萁小菇侵染的过程	173
图 8-11	接GSF-8104号菌株，播两层，播种5个月后，第一层的白麻、米麻生长情况	175
图 8-12	成果入选《中华人民共和国重大科技成果选集》	177
图 8-13	天麻种子萌发过程	178
图 8-14	营亏损缺的情况下原球茎分化生长情况	179
图 8-15	营养丰富的情况下白麻、米麻生长发育情况	179
图 8-16	箭麻形成过程示意图	180
图 8-17	天麻繁殖过程示意图	180
图 8-18	天麻生活史	181
图 8-19	罗毅波教授的信	181
图 9-1	徐锦堂退休后，收集了十余省的不同种类天麻，栽在室内阳台，进一步深入观察其形态特征和授粉特性	182
图 9-2	2000年分离的GSF-2008及GSF-2009与1981年分离的GSF-8103萌发菌，伴播天麻种子生长最大的营繁茎比较	183
图 9-3	1999年秋，徐锦堂在略阳九中金乡和县委徐登奎书记在天麻采挖现场	184
图 9-4	1997年，徐锦堂在陕西省略阳县举办的天麻、猪苓栽培技术培训班上讲课	185
图 9-5	猪苓菌核	185
图 9-6	2003年，徐锦堂在中国黄连利川论坛作《黄连的历史沿革及利川黄连栽培技术创新研究》报告	189
图 9-7	"黄连之圣"塑像落成典礼上，徐锦堂致答谢词	190

图 9-8	2003 年，徐锦堂在他题写的"利川汪营黄连交易中心"大匾前与利川市领导合影 ································· 193
图 9-9	2003 年，出席中国黄连利川论坛的代表参观福宝山药场人工造林栽连现场 ································· 194
图 9-10	2004 年，"黄连生态栽培技术研究与推广应用成果"鉴定会上，韩启德院士讲话，肖培根院士和湖北省政协丁凤英副主席参加了会议 ································· 195
图 9-11	2004 年 11 月 25 日，陈可冀院士主持"黄连生态栽培技术研究与推广应用"鉴定会，与杨宗源教授、徐世明教授、诸国本主任医师等鉴定委员进行成果评价 ································· 196
图 9-12	徐锦堂撰著和参与编著的部分著作 ················· 198
图 9-13	1984 年，卫生部陈敏章部长视察药植所真菌室，徐锦堂向陈部长汇报天麻有性繁殖研究成果 ················ 200
图 9-14	2002 年 10 月 16 日，徐锦堂获何梁何利基金会"医学药学科学与技术进步奖"时在钓鱼台国宾馆合影 ··············· 201
图 9-15	2001 年 9 月 27 日，由 117 名农民自发组织并集资的"天麻之父"汉白玉全身塑像揭幕典礼在勉县张家河乡隆重举行 ········· 203
图 9-16	"天麻之父"塑像落成典礼上，徐锦堂与张家河、金华庙、茅坝三乡塑像集资的群众合影 ····················· 205
图 9-17	2003 年 9 月 6 日，在"黄连之圣"塑像揭幕典礼上，徐锦堂、武兰英夫妇在塑像前合影 ······················· 208
图 10-1	1984 年，徐锦堂与宁强县曾家河乡马家湾村农民燕永瑞在宁强天麻研究所合影 ························· 213
图 10-2	1984 年 7 月，宁强县人民奖励徐锦堂一台 18 英寸彩电，成为轰动全国的新闻 ························· 216
图 10-3	1997 年，在略阳县举办的"天麻有性繁殖及猪苓人工栽培技术培训班"上，徐锦堂向农民讲解示范天麻种子伴菌播种方法 ········ 218
图 10-4	原来荒芜的福宝山，现在已成为旅游胜地 ··············· 220
图 10-5	原福宝山口一片荒芜，只有一小股泉水，叫"一碗水" ········ 221

导 言

中医中药是中华民族繁衍昌盛生生不息的宝藏，也是世界医药学的重要组成部分。它独具魅力的医疗保健强身健体之功效，正在影响并引领着世人对医学与健康观念的转变。从20世纪70年代至今，"中药热"势头经久不衰，不仅受到发达国家人民的欢迎，甚至在许多人中成为一种时尚。与此同时，在世界新药研发中，沿着中药治疗方向、利用中药有效成分开发新药，具有安全有效、副作用低、节省资金与时间等优点，备受各大药企和研发机构青睐。近几十年来，中药需求量始终呈递增态势；因某种有效成分的发现利用或突发公共卫生疾患，某种中药一夜暴涨的新闻屡见不鲜。因此，中药材无疑是发展中医中药的物质基础，否则中医中药将成为无源之水、无本之木。

徐锦堂祖籍在山西省五台县建安乡大建安村，1929年6月12日出生于山西省太原市三桥街，1958年毕业于山西农业大学农学系，同年分配到北京中国医学科学院药物研究所药用植物栽培室。当时新中国成立不久，百废待兴，为了医疗事业的需要，"尽快地将一些野生的中药材变家栽，尽快地改革一些中药材的栽培方式，缩短生长周期，增加产量"，成为药物研究所的一项重大任务，所领导委派他与另一位同志去四川、湖北的黄连产区做调查。那时中国很少有人做中药栽培研究，所有大学也没有药用植物栽培专业，图书馆相关的资料也很少，中药栽培的研究事业几乎从零起步。因为不忍毁林栽连生态破坏继续严重下去，徐锦堂毅然请缨改革黄连栽培方式，克服了常人无法想象的困难，抛家舍业蹲点八年，不仅完成了黄连栽培方式的革新，同时进行了卓有成效的天麻研究。

我国中医常用的中药400余种，其中半数已经从野生采挖入药，发展到人工栽培规模化生产，以满足医疗保健的需要。如果这部分常用中药无法实现人工驯化人工栽培规模化生产的话，人民的医疗保健将受到严重影响。本书传主徐锦堂教授就是中药栽培事业大功之人。在200多种人工栽培的常用中药材中，起码有两种中药的人工栽培与徐锦堂息息相关、功不可没：他改变了黄连的传统栽培方式，让黄连生产走上了可持续发展之路；他发明的天麻栽培技术，使天麻从全国无货供应扭转为市场供需两旺，而且在理论上有重大发现并引领天麻研究走出了误区。

黄连素是中国人居家旅行的必备之药，安全有效、副作用小，且物美价廉、老幼皆宜，几百年来立足中国并走向了世界，有植物抗生素之美誉。据记载，长江中上游的鄂西和重庆东部地区30多个县，人工栽培黄连已有300余年历史，自清代以后种植规模逐年扩大。黄连有荫生的生长习性，最忌直射光照射，阳光直射下会干枯而死。历史上一直沿用砍林垦荒、搭棚遮荫的方法栽培黄连。但是这种传统栽培方式对生态造成的破坏是十分严重的：

第一，严重破坏森林资源。旧式架子棚遮荫栽连，每栽一亩黄连需要十立方米木材，需要砍伐三亩森林才够用，种的越多荒山越大；第二，土地无法循环利用。传统的栽培方式在黄连收获后，药农认为土地已经性寒不能再栽黄连，需要撂荒二三十年才能复种；第三，水土流失严重。传统的黄连栽培方式，药农施基肥，不用厩肥。所谓施基肥，就是需要铲三亩地上的肥沃腐殖质土堆在一亩地上准备栽黄连。搭棚时将树根及土中草根挖净，土壤翻动比较严重，破坏了森林表土层及下层网状结构，水土流失严重。黄连栽植当年土壤侵蚀最严重，收获年次之，中间生长的第二至四年，侵蚀程度相对较轻。2003年，陈桂芳和冉成在《云南地理环境研究》上发表"黄连种植对生态环境影响的初步研究"，对仍然采用传统方式栽连的四川省石柱县黄水镇黄连栽植各年水土流失状况进行测量，第一年土壤侵蚀模数为5360t/km^2，第二至四年为2740t/km^2。1959年徐锦堂蹲点的黄连产区黄水农场(现在称镇)，由于种种原因未采用生态栽连模式，仍然沿袭搭棚栽连旧方式，黄水镇1980年以前所建的多个蓄水塘堰，因泥沙淤积有90%已不能发挥作用，年年都有或大或小的滑坡现象发生，有近30%的河段河床裸露。

为改变毁林栽连方式，徐锦堂不囿于传统，大胆革新，以三种崭新的栽培方式彻底结束毁林栽连的传统方式，实现了生态栽连和可持续发展：第一，利用自然林或人工造林栽连。每栽一亩黄连等于造一亩速生林；第二，农田熟地栽连与黄连套种。改变熟地不能栽连的观念，在土地循环利用的同时，利用药材、玉米、树木不同的遮荫年限进行套种，一举实现连、粮、林三丰收；第三，简易棚栽连。以节省搭棚材料为主要目的，因地制宜设计出许多种农民不同需求的简易棚，既符合农民栽连的习惯，又省工省料，有的还与造林相结合，成为最受农民欢迎的模式。

天麻，顾名思义天生之麻也，古人如此命名必有一番来历。《本草纲目》称"天麻乃定风草，故为治风之神药"。天麻无根、无绿色叶片，不能进行光合作用，一生90%时间生长于地下，它是怎样繁殖、生长，怎样吸取营养，徐锦堂之前尚无人能说清楚。自1911年，日本学者草野俊助发表了"天麻与蜜环菌共生"的研究报告后，天麻研究始终处于徘徊状态，没有实质性进展。自古以来靠人工采挖野生天麻供药，自然资源遭到严重破坏，供应十分紧张。20世纪70年代初天麻奇缺，全国药材市场连续三年断档。天麻作为无可替代的常用中药，徐锦堂从1959年开始自掏腰包搞研究，经过30多年的不懈努力，终于揭开了天麻生活史的全部秘密，解决了供需矛盾。其科研大致经历了以下几个阶段：

第一，从一无所知到逐渐了解，特别是从1963至1965年的三年天麻野生生态系统调查，让他基本知晓了野生天麻的生态环境、土壤中的分布、野生天麻的繁殖与生长，等等；第二，1965年用菌材伴栽方式，首次实现天麻野生变家栽；第三，进一步改进菌材培养伴栽技术，完成了天麻无性繁殖固定菌床法及用菌枝培养菌床的方法，第一次实现了天麻人工栽培技术规范化、生产规模化的目标，使天麻供需矛盾得到缓解；第四，率先发现并提出天麻无性繁殖多代种麻退化观点，在内外行一片反对声中，顶住压力埋头从事天麻有性繁殖的研究，发明了天麻有性繁殖树叶菌床法，彻底解决了天麻供不应求的局面，同时突破了因种麻缺乏制约生产的瓶颈问题；第五，修正了天麻一生都离不开蜜环菌的观点，证明在天麻种子发芽阶段蜜环菌有明显的抑制作用，天麻种子发芽是萌发菌（小菇属真菌）供给营养而不是蜜环菌。使多年来试图用蜜环菌促使天麻种子发芽的研究峰回路转，走出了误区；第六，在世界兰科植物的研究史上，第一次提出"天麻在不同生长期与不同的两种真菌共生"的理论。应当说，这是中国人对兰科植物与真菌共生营养关系研究的一个贡献，将载入兰科植物研究的史册。

徐锦堂先后获得国家发明奖两项、国务院科技进步奖1项、全国科学大会奖1项和省部级科技奖12项，国家授予他北京市特等劳动模范、全国优秀科技工作者和五一劳动奖章、全国卫生文明先进工作者、国务院政府特殊津贴以及何梁何利医学药学奖，等等。作为中国医学科学院的优秀知识分子代表，从20世纪50年代末开始，徐锦堂一直是单位树立的先进典型、重点宣传对象，围绕他先进事迹的报道连绵不断，基本上由徐锦堂夫人收集保存了下来。

"徐锦堂教授学术成长资料采集工程小组"的成员，有他的女儿、学生和他相知相识几十年的晚辈同事，大家在中国医学科学院药用植物研究所党委和所领导的指导和大力支持下，从2012年年底开始，围绕徐锦堂教授学术成长和学术成就的主题，展开了全面的资料采集工作。沿着徐锦堂教授当年在黄连天麻产区足迹，走访了湖北利川与他一道进行黄连栽培改革的工人、干部；走访了汉中地区和略阳、宁强县的农民、干部、知识分子，访谈当年徐锦堂教授天麻研究事迹；专程访问了山西太谷山西农业大学和太原市徐锦堂教授的同学。

访谈过程也是资料收集的过程。采集小组收集了许多实物、电子资料。其中包括信件、手稿、照片、视频资料，以及徐锦堂尘封多年的大学时代油印讲义、笔记本，工作以后的手绘资料、黄连标本，等等，它们距今已半个世纪了，因此愈加弥足珍贵。特别是透过那些一笔一画的笔记、栩栩如生的绘图，让人们领略了那个时代教育的严谨、学习的认真、工夫的到位。

时代的雨雪风霜会给每个人留下岁月的痕迹。围绕学术成长和学术成就主题工作的同时，我们也记录了徐锦堂在日寇侵华时期颠沛流离的生活和"文化大革命"十年无奈的日子。它既可折射出社会对他们这一代人的影响，也是那些年代知识分子心路历程的回眸。

我们经过收集整理、消化吸收、合理取舍、集思广益的过程，基本以时间脉络为主线，以黄连天麻研究为中心，将徐锦堂传记分为十个章节：

第一章　童年（1929—1937）——记述了徐锦堂出生的家庭背景：精明的父亲因度量衡改制，由贫致富；爱子如命的母亲和善良的姐姐。

第二章　烽火中成长（1937—1948）——记述了徐锦堂青少年时期因日寇侵华，家业败落，颠沛流离，父亲、二姐病故。抗战胜利后，他举债读书却无奈辍学。

第三章　解放（1949—1958）——新中国成立后徐锦堂焕发了青春活力，上中专、当老师、喜结良缘，最终圆了几代人梦寐以求的大学梦。

第四章　八年蹲点（1958—1966）——总结了徐锦堂面对几百年毁林搭棚的传统栽连方式，大胆改革，历经艰难困苦，终于实现了生态栽连的"徐锦堂模式"。

第五章　自立课题（1958—1966）——记述了徐锦堂的天麻研究从自掏腰包起步，到实现天麻野生变家栽首次成功的经历。

第六章　蹉跎岁月（1960—1985）——记述了徐锦堂在时代的大潮中，顺应时代变迁，处逆境绝不消沉，对未来乐观豁达，始终走在时代的前头。

第七章　移师汉中（1972—1975）——记述了徐锦堂重启天麻研究并在汉中建立试验基地，研究成功天麻无性繁殖固定菌床法，并大力推广规范化的栽培方法。

第八章　探寻天麻生长的秘密（1975—1988）——天麻研究进入最关键时期，徐锦堂发现天麻多代无性繁殖种麻退化，但是不被世人理解，落入"四面楚歌"境地。他证实了蜜环菌明显抑制天麻种子萌发，进一步试验证明是蜜环菌的代谢产物抑制天麻种子发芽，否定了天麻一生都离不开蜜环菌的传统观点，发现真正使种子发芽的是萌发菌（小菇属真菌），并且成功完成天麻种子萌发菌的分离、筛选、鉴定，揭开了天麻生活史的全部奥秘。

第九章 红霞满天（1993—2008）——主要记述徐锦堂晚年的重要成果。还记述了陕西湖北农民自发集资为他们心中的"天麻之父"、"黄连之圣"塑像的纪实。

第十章 论文写在大地上——主要记述徐锦堂的黄连天麻研究产生的巨大经济效益和广泛持续的生态效益，以及几十年来徐锦堂取得的科研成果与著作论文。

通过以上章节，希望能够将徐锦堂生活的社会与他的学术成长、学术成就，由表及里、真实全面地进行展示，并且能够对后人研究了解徐锦堂起到参考借鉴作用，也是我们团队一年来努力的目标。

第一章 童年

家 世

公元1929年6月12日，农历五月初六，徐锦堂出生于山西省太原市三桥街。

徐锦堂祖籍在山西省五台县建安乡大建安村，村庄地属东冶盆地，三面环山一面临水，风光旖旎，青山绿水，人杰地灵，素有"五台江南"之称。大建安村是个一千余户的大村庄，村里徐姓是大姓，也是具有历史渊源的大家族。

据徐氏族谱记载，徐氏始祖才甫公由马邑（今朔州）迁居五台大建安村。600年来，子孙昌盛，分居滹沱河两岸的瑶池、建安至甲子湾、东冶至神西、大朴等十余个村。一代代繁衍生息，成为了五台的世族。近代同宗中最著名者是十大元帅的徐向前。在宗谱里徐向前名徐象谦，直到他在黄埔军校毕业后还用着"象谦"这个名字，大革命失败后根据名字的谐音，改成"向前"。宗谱里徐向前排第十九代，徐锦堂排第二十代，晚徐向前元帅一辈①。徐氏祖庙设在大建安村。明清时代，每逢重大节日，五台县各地徐氏子孙纷纷前来祭拜。

大建安村往东北六七里，是徐向前元帅故居东冶镇永安村。大建安村向南七八里，就是民国闻人阎锡山的老家河边村。

徐锦堂的父亲徐步青（1891—1944），原名徐凌云。徐家在建安村本是大户人家，但是传到徐锦堂曾祖父徐银虎一代，家道败落，祖传的一座小院也抵押他人，并负债累累。所以，到了徐步青这一代，家里连孩子念书的财力也没有，徐步青很小就要靠卖苦力糊口，稍长就开始给地主扛长活。所幸徐步青自强不息，期盼通过念书识字改变命运。在赶车扛活之余，千方百计念书识字。未上一天学完全靠自学，达到可看书读报的程度。后拜师学艺，掌握了一门铜碗钉秤手艺。

徐步青因为家贫，22岁才娶妻，婚后依然难求温饱。婚后第二年毅然别妻离家"走西口"，挑着铜盆碗的担子去口外闯荡。山西、内蒙古一路走去。一年后，历尽千

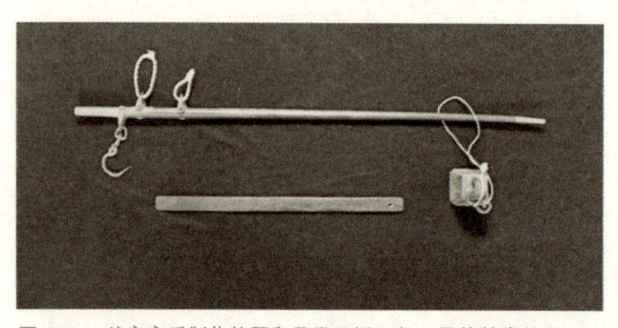

图1-1 父亲亲手制作的秤和尺子已近百年，是徐锦堂的两件"传家宝"

辛万苦挣了一点钱，想回家做点小买卖，守着媳妇过日子。不成想，在回家的路上，竟遭土匪抢劫，不仅铜盆碗的担子丢了，连脚上的鞋子也跑丢了，徐步青光着一双脚跑回家，好歹捡了一条命。命运之门关启难料。徐步青似乎绝望之际，希望之门向他敞开——国人换秤，史称度量衡改制。

清朝末年，帝国主义入侵中国后，各国度量衡制纷纷传入中国。清朝政府无法抵制各国度量衡制度在我国的使用，也无力统一国内的度量衡，因此造成度量衡从制度到器具、量值等各方面都极度混乱②。

---

① 徐锦堂提供：五台徐氏族谱，未刊发。
② 邱光明：《中国历代度量衡考》。北京：科学出版社，1992年，第513页。

咸丰八年（1858年）《天津条约》签订之后，各国借口中国度量衡庞杂混乱，另设专款规定互相折合的办法，自此在中国度量衡史上出现了丧权辱国的海关度量衡，即所谓海关尺和关平秤。

1795年法国政府颁布以米制为标准后，采用米制的国家日益增多。1875年3月1日，法国政府召开"米制外交会议"，20多个国家派出政府代表与科学家出席会议，正式签署了"米制公约"[1]。

民国肇始，工商部经反复讨论，认为应顺应世界潮流，直接采用米制，既可统一全国混乱的度量衡，又可消除对外贸易的障碍，计划在十年内将米制推行全国。

1915年北洋政府公布《权度法》，设立权度制造所和权度检定所，并以北京作为推行的试点，为全国作出模范，派遣检定人员到各商铺将所有度量衡旧器与法定之器一一比较，凡合于法定营造尺库平制各器，准其行用，不合法定之器，只准使用至规定换用新器之日为止。此后各省市也曾积极采取各种措施，力争推行新法[2]。

新法一出，山西的商家和百姓自然要换秤，徐步青趁此良机在介休县开了一家秤铺。徐步青手艺好，而且年轻肯吃苦，加班加点千方百计让顾客满意，一时他的秤铺顾客盈门，应接不暇。当换秤的热潮过去，他已然赚了一笔钱，竟赶着轿车拉着铜钱荣归故里。徐步青在堡门口张贴告示：凡我徐步青家所借的粮钱，只要持借条来，本人一次偿清。徐步青这一"壮举"，成为乡间流传多年的佳话。

徐步青"还清了几代人的借贷，赎回了抵押出去的房产、土地"[3]之后，并没有沉溺乡间享清福，而是决定用剩余的钱投资，做更大的生意。他在太原与人合伙创办"万丰泰"木器商行。经过十几年的资本积累与商场的历练，徐步青又与他人合资办起"西北民生工厂"，主营织布、弹棉花、织粗毛毯。徐步青任掌柜（经理），工厂有100多架织布机和两台电动弹花机，工人200多人。徐步青贫苦出身，虽说是掌柜的，但和工人天

---

[1] 邱光明：《中国历代度量衡考》。北京：科学出版社，1992年，第518页。

[2] 同①。

[3] 徐锦堂访谈，2013年2月18日，北京。资料存于采集工程数据库。

图1-2 徐锦堂的母亲、二姐、大姐、父亲（摄于1927年）

然亲近，从不摆架子，稍有空闲还要上机织布"过把瘾"。在物资匮乏年代，产品不愁卖，加之东伙齐心协力，"西北民生工厂"越办越好，产品行销全省。

1927年春天，徐步青在太原市三桥街租了一个小院，将妻子和两个女儿接来，一家人其乐融融，过上了舒心的日子。

家　　人

从乡下搬到城里，掌柜家的日子绝非乡间生活可比，但是女主人常常郁郁寡欢——没有儿子。

徐锦堂的母亲康还锁（1898—1975）五台县张家庄村人。徐锦堂的外祖父叫康福来全，但"福"从未在这位贫苦的农民身上"全"过，家里更穷。康还锁三岁丧母，从小"寄养在东冶镇舅父家，舅母心疼无娘的孩子，十几岁才开始给她裹脚，受了千辛万苦，才裹成一双半大脚，后来却成了婆婆数落的话题"[①]。

那时乡间有个习俗，富家人一般给十几岁的儿子娶个大四五岁的媳妇，实际是找个侍候公婆的丫头。徐家贫穷，徐锦堂的父亲22岁才结婚，当时母亲只有15岁。徐锦堂的祖母把她所受婆婆的苦，一股脑儿地加在徐锦堂的母亲身上。一个15岁的女孩，要侍候全家十几口人，在旧礼教下，父亲不敢帮母亲干一点活。往往是天不亮，母亲就得起床，用手摇小磨准备好全家人一天的口粮。别人睡了她还得在灯下做活，稍一打盹就会受到婆婆的苛责。从小就要强的母亲，为了赶走睡意，常用针刺自己的腿。为了少上厕所母亲不敢喝水，冬天脚跟冻得脱了一个厚壳。后来母亲常给他看手背上一个凹陷的关节，那是冻伤的疤痕。同村邻居都说，他母亲是"针眼中脱过去的一粒米"。

图1–3　徐锦堂的母亲和他五岁的大姐徐春梅、一岁的二姐徐春莲（摄于1927年）

徐锦堂是母亲的第五个孩子。老大、老二是男孩，但都是不满周岁就夭折了。这对母亲的打击很大。后来生了春梅和春莲两个姐姐，母亲已30多岁了，几年没再生育。"我们家乡有一个陋习，妇女生不了男孩，有钱人家就要从口外买一个女孩作妾"[②]。这时徐锦堂父亲的工厂办得挺红火，朋友们都劝他纳妾，但他说"我孩子妈跟我受了半辈子罪，我不能对不起她。"

[①]　徐锦堂访谈，2013年2月18日，北京。资料存于采集工程数据库。
[②]　同[①]。

徐步青有一个亲弟弟徐祥云和一个叔伯弟弟徐生云，二人浪迹太原以赌博为生，把老家的房地产都抵债他人。徐步青知道后，为保住祖业，只好第二次赎回产业，使老家的弟媳、孩子们才有房住才能生活。后来他给祥云买了一辆汽车和车牌，让他走正道跑运输，但他把车也赌光了，从太原逃走。徐步青一直追到河北井陉才把他带回来，但最终也未能留住他，以后再次出走，从此杳无音信。

徐锦堂母亲未能给徐家养大一个儿子，好像都是她的责任，总觉得愧对徐家，她决定先把徐祥云在老家的儿子接到太原读书，送他到三桥街小学上学，希望能给徐家培养一名人才。后来老师总找上门，说你的孩子总逃学不上课。徐步青很生气，逼他背书他也不会背。其实孩子才六七岁，离开妈妈到太原上学，他怎能安心读书？徐步青说："罢！罢！送他回老家吧！"

1929年，盼儿心切的母亲，终于如愿以偿生了幺儿子。为防不测重蹈覆辙，母亲给孩子起名"三妮子"。因为前边的女孩叫"大妮子"、"二妮子"，而且对外一致讲生的是女孩。从小女孩打扮，"秘密"严守了整整三年。为了保佑儿子平平安安，母亲给寺庙和尚送去几斗米、几丈布、上了布施，请收他做俗家弟子，住持给他起了法号叫赤宏，年满12岁才能正式还俗。母亲在他五岁前不上街、不吃请、不看戏、不串门以防传染病。他六岁上学，下学给父母鞠躬后，便扎在母亲的怀里吃几口奶水，娇惯异常。儿子成了母亲的全部希望。按照当时徐家的经济条件，母亲本可过上舒适的生活，但为了给儿子留一份家产，她买了一台缝纫机，和徐锦堂的大姐"没日没夜地给面粉厂加工面袋，整整两年时光，赚了800块银元，在老家置了两亩水浇地、旱涝保收田，作为儿子的产业。"[①]

徐锦堂两岁时父母给他定了一门娃娃亲，是西建安村白家的女孩，比他大四岁，名叫芳芳。她父亲和徐锦堂父亲是表兄弟，她母亲和徐锦堂母亲是从小一块长大的同族姐妹，算得上是亲上加亲。徐锦堂"四岁时奶奶去世，举行葬礼时未过门的孙媳妇得来吊丧，并拜见公婆。灵堂围了很多

---

① 徐锦堂访谈，2013年2月18日，北京。资料存于采集工程数据库。

看新媳妇的人，我也挤在人群中看热闹。父母正跪在灵前哭奶奶，我突然跑到父母面前说：'爹、嬷（妈）不要哭了，们（我）媳妇拜你来了！'一句话逗得全场哄堂大笑，父亲含泪笑了，母亲也笑了。本来是悲哀沉痛的灵堂，却出现一片笑声。"①

抗日战争时期，全家逃难到千里之外的隰县。老家带来口信说白家生活很困难，没有粮食吃，想把女孩送来，又找不到顺人可托。徐锦堂父亲回信说：徐家的地是锦堂

图1-4　四岁的徐锦堂（摄于太原）

堂兄耕着呢，家中有粮食，让白家取来度日。如有可靠的顺人，可把女孩带到隰县，并带信告知徐锦堂堂兄，让白家取粮食吃。徐锦堂13岁那年，忽一日接来信说女孩去世了，徐锦堂父母难过了好些天。这门娃娃亲也画上了句号。

徐锦堂的大姐春梅大他七岁，二姐春莲大他四岁。二姐与他从小一起玩，可惜抗日战争时死在了逃难的路上，年仅11岁。大姐春梅按当时家里条件能够上学读书，但一是因为当时不看重女孩子上学，

图1-5　徐锦堂的外祖父康福来全、二姐和父亲

---

① 徐锦堂访谈，2013年2月18日，北京。资料存于采集工程数据库。

第一章　童　年　13

更因为母亲生了徐锦堂后身体不好，所以大姐七八岁就站在板凳上洗碗做饭，又要照看弟弟，如果弟弟磕了碰了，还少不了要挨母亲的打。"包公把他的嫂嫂称作嫂娘，我把我的姐姐称作姐娘，她是当之无愧的。"① 小时候徐锦堂的衣服、鞋袜都是姐姐给做的。抗战时做衣服都是用一尺宽的土布。看到姐姐剪衣服，她用的布细一点，自己的布粗一点，徐锦堂会在母亲面前告状；母亲总是叫大姐让着弟弟。姐姐做绣花鞋，淘气的他看姐姐不在跟前，会乱绣几针，常把姐姐气哭。徐锦堂上初中时，迷上打篮球，和同学组织了"曙光"篮球队。大家都有带队名和号码的背心，徐锦堂没钱买，姐姐就把她的一个半袖衫剪去袖子做成背心，再染成黑色，用红布剪出队名和号码，一针一针给他绣在背心上。

新中国成立前夕，由于生活实在维持不下去了，20多岁的姐姐只好嫁给一位比她大20多岁的中医。"姐夫吴守中是太原市的名中医，也是穷大夫。在滴水成冰的冬天，徐锦堂看到姐姐家竟未生炉子，他赶紧推一车煤膏（煤球）给送去，那是他作苦力赚钱打的煤膏。"②

姐姐性格开朗，热情好客，助人为乐。新中国成立后，姐夫被选为太原市政协委员，成立中医三诊所后任所长，但不久去世。姐姐再次陷入困顿。还是有远见的母亲出主意："不能要补助费，应请求安排工作。"徐锦堂陪姐姐去找太原市卫生局局长，安排姐姐到三诊所工作，担任卫生员。姐姐工作很认真负责，爱学习业务，就靠她新中国成立后在妇女识字班学的那点文化和街道工作几年的经验，由卫生员升任护理员、护士，最后担任太原市中医研究所医院的护士长，多次被评为先进工作者。

---

① 徐锦堂访谈，2013年2月18日，北京。资料存于采集工程数据库。
② 同①。

第二章
烽火中成长

颠沛流离　四处求学

　　1935年春天，徐锦堂全家由太原三桥街，搬到宪门前街西北民生工厂后院住了下来。工厂生意兴隆，一家人过着衣食无忧的生活。这年9月，虚岁七岁的徐锦堂，由母亲牵着小手送入太原市天平巷小学上学。天平巷小学是当时比较好的学校，校舍俨然整洁，老师规矩多，要求学生严格。徐锦堂在这里接受了最初的启蒙教育，也度过了两年幸福的童年。

　　1937年，日本彻底撕下伪装的面孔，侵华战争全面爆发，那一年徐锦堂九岁。至今他清晰地记得太原每天都可听到日机投弹的爆炸声，工厂旁边的邻居房屋被炸毁，死了几个人。人心惶惶中工厂生产陷入停滞。有的合伙人认为战争不会长期打下去，不管谁胜，他都要穿衣吃饭，工厂留在太原还能继续生产。徐步青则认为，如果日本人占了太原，难道让我们去伺候日本人，当亡国奴吗？

这年年底,娘子关失守,太原危在旦夕。徐步青决定毁家纾难,"带领全家及在工厂闲住的本家叔侄以及八个小伙计,共计十五口人,坐太通汽车公司汽车往晋西逃难。"①

一家人坐着大鼻子轿车从太原到隰县,沿途不时遇到晋军的溃兵,他们强行扒车,从车头到车顶都坐满了散兵游勇。他们为抢座互相打架,甚至开枪动武。徐锦堂的二姐受到惊吓发起烧来,到了隰县竟染伤寒死去,年仅11岁。二姐去世后,母亲痛不欲生,徐锦堂每天守着母亲。每当喊徐锦堂"三妮子"时,全家就会想起二妮子,不禁悲从中来。从此一家人才改叫徐锦堂的大名。

一天,到了隰县石家庄村后,准备坐车过黄河到西安。太通公司老板却说:"现在车拉不了那么多人。徐掌柜你是公司股东,你的家属可以坐车,但是西北民生工厂的伙计拉不上了。"小伙计一旁闻之,顿时眼泪汪汪。他们都还只是十八九岁的孩子。徐步青对伙计说:"你们不用怕,我不会扔下你们不管,要死咱们死在一块,咱们不走了!"于是十五口人,落脚在隰县石家庄村。

石家庄村驻扎着一营晋军,副营长李吉玉,是山西平定州人,三十多岁,有一个勤务兵和我们同住在一个院里,他特别喜欢我,二姐生伤寒病危时,父母怕传染我,把我托付给李吉玉,他每天带我去各连看军队出操,去打野鸡,还用柳条作了弓箭射鸟,我们吃住在一起,几个月有了感情,后来李吉玉看上老四家十六七岁的姑娘,经人介绍结婚,我在中间就成了电灯泡,但李吉玉还常来看我,带我去玩。

1937年日冠侵华时,国共合作抗战,有的区域驻扎着八路军,有的区域驻着晋军。徐步青带着15口人逃难,生活重担都压在他身上,八路军驻扎区,发动群众养猪搞生产,猪肉便宜,徐步青带着两个伙计,去赊买了一批猪,赶到石家庄;李吉玉的妻哥买了这群猪,但迟迟不付款。徐步青没办法,告知八路军方不能结账的原因。一天来了一位八路军军官,还挎着枪,站在老四家院中说:"你们买了猪不给钱,徐掌柜怎样

---

① 徐锦堂访谈,2013年2月18日,北京。资料存于采集工程数据库。

和我们结账。"这时李吉玉也在屋中,说:"和人家快结账吧"。才了结了一桩买卖。

1938年,由于晋军不抵抗,鬼子兵长驱直入,侵占了隰县县城,"我父亲又带着大家逃到离城40里的深山小村——宋家河。工厂的小伙计看到过黄河去西安无望,都想回家,父亲给他们凑了路费,他们便回太原去了。我们一家人和村里的老乡都躲到深山的洞中。当时父亲得了'大头风',脸和头都肿了,躲在山洞里,病情日益加重。母亲把姐姐托付给乡亲,带着我和我父亲回村养病。战争年月缺医少药,父亲的病越来越重了,已经奄奄一息。"[1]

一天晚上,徐锦堂听到村外有动静,出门看到乡亲们都向山上逃跑,知道又来了军队。可是父亲躺在炕上,他们母子只好听天由命。天亮了,一位军官模样的人敲门进来,母亲忙护住儿子和丈夫,对他说:"长官,我们是逃难的,没有钱。"

那军官笑了,对徐锦堂母亲说:"您不要怕,我们是八路军,是打鬼子保护老百姓的。"

当军官看到徐锦堂父亲病重的样子,便安慰他母亲说:"不要怕,我派医生来给大叔治病。"

不一会儿,来了一位背着药箱的八路军给徐锦堂父亲诊病,看完病还给了药,说"吃了药会好的"。之后他每天都来给徐锦堂父亲送药。

徐锦堂父亲经过诊治,病情日益好转,可以下地并能走到院里晒太阳。徐锦堂母亲打心眼里感谢八路军。她对徐锦堂说:"儿子,什么时候也不能忘记是八路军救活了你爸爸、救了我们全家。"

一天,八路军挖开一个大窑洞,里面藏着多户农民的粮食,连长找到徐锦堂的父亲说:"您给当个中间人,把每缸粮食记个数,我们按价付款,请您转交给老乡。"

"听说队伍走了,不少村民都下了山。我父亲赶紧把能转交的粮钱交给乡亲,但是还有一些老乡没有回村,钱暂时仍存在他手里,可这消息不

---

[1] 徐锦堂访谈,2013年2月18日,北京。资料存于采集工程数据库。

第二章 烽火中成长

知怎么传出去了。"①

八路军走后的第二天下午，姐姐和房东的两个儿子永隆和永庆从山上下来，因肚子饿要爆玉米花吃。母亲埋怨她不该下山，赶快做饭，让姐姐炒好玉米花吃过饭就回山上去。

他们住的院里一排三孔窑洞，为了防土匪，中间和右边的窑洞在灶台旁挖了地道，可直通场院，左边窑洞的地道还未挖通。突然听到有高喊开门的叫声，徐锦堂父亲让永隆、永庆兄弟俩钻进地道自己去开大门。进来三个当兵的，端着两支步枪。

徐锦堂父亲对他们说："老总，我是逃难的，你们有什么公事请找村长。"

"什么村长，就找你，八路军给了你多少钱，快交出来。"

徐锦堂父亲说："钱是老百姓卖粮的钱，我都交给他们了。"

"你要钱还是要命！"说着伸手打了徐锦堂父亲一个耳光。

徐步青年轻时练过一点武术，耍过社火，会些套路，便和三个匪兵打起来，并喊了一声：永隆、永庆快出来！房东两个儿子膀大腰圆，他们跳出来和三个匪兵在院里混战，匪兵不知道窑洞里到底有多少人就跑了。

匪兵走后，一些人议论："老虎不吃回头食，土匪抢钱没得手，明天不会再来了。"

第二天，天刚蒙蒙亮，传来密集的枪声。等徐锦堂母子三人爬上洞顶，周围已经都是匪兵。他们把十几个妇女和小孩赶进一孔窑洞，院里还捉回十几名老乡。这时一个匪兵用枪管指着徐锦堂母亲的头问："这里边有没有昨天和我们打架的那三个人？"

徐锦堂母亲把儿子女儿一把推到前炕和十几个妇女坐在一起，她看到永庆也在被围的人当中。她一边低头吃爆米花一边说："我是逃难的，才来不久，认不得几个人，昨天那个老头和两个年轻人，我都不认识。"

匪兵向徐锦堂母亲头上方开了一枪，子弹打在窑壁上。一孔小土窑里，一声震耳欲聋的枪声，震的窑壁四处落土，几个妇女吓得抱成一团，

---

① 徐锦堂访谈，2013年2月18日，北京。资料存于采集工程数据库。

几个孩子哇哇大哭,匪兵大声吼叫:"不准哭!"并用枪头捅母亲的头,大叫:"不老实就崩了你!"

血沿着徐锦堂母亲的面颊流了下来。徐锦堂真急了,推开姐姐抱住匪兵的腿大哭大叫:"你为什么要打我妈妈?"匪兵一脚把徐锦堂蹬在地上,母亲像发了疯一般护住儿子,顾不得匪兵枪口还对着她,一把抱起儿子送在一个老太太怀中,大喊:"有什么事你找我,干吗要欺负一个孩子!""她仍坐在后炕吃爆米花,我真不知道母亲是怎样把掺着血的爆米花咽进肚里的。"①

一直到中午,匪兵抓了几个民夫,抢了一些东西和粮食,用毛驴驮着走了,并扬言在山上打死一个老头。一家人从宋家河又逃到山洞里,但一直未见到父亲。大家都认为凶多吉少,徐锦堂和姐姐抱住母亲直哭。正在大家绝望的时候,洞口出现一个黑影,徐锦堂首先看见是父亲,一头扎在父亲怀里大哭起来,母亲一下瘫倒在地上。等母亲慢慢苏醒过来后,一家人抱在一起放声大哭,洞里的老乡没有不落泪的。

一家人逃难到晋西隰县后,先后辗转于石家庄村、宋家河、一家村等地逃难。两三年里只顾逃命,无暇读书。

1939年3月,徐锦堂和石家庄村的四五个小孩搭伴,到五里地外的车家坡上小学,读二年级。"学校只有一名张老师和20多名学生,在一个破庙里上课。张老师对同学很好,有时下大雨回不了家,孩子们就住在张老师家。"②

这年6月,日寇又一次扫荡隰县。徐锦堂的父亲去做买卖谋生,他们母子三人背着行李往山上逃跑。听南方有枪声,向北方跑。北边响起枪声,转向南面跑。他们看到山沟对面有两个日本兵搜山,赶快藏到草丛中。但是有两个老太太,她们是石家庄的村民,藏在一个躲雨的小凹洞中被日本兵发现,人们眼睁睁地看着她们遭到日本兵的强奸。这一幕,在徐锦堂幼小的心灵里留下了不灭的印记。

徐锦堂他们逃到一条只有一家人的山沟里,父亲找到他们,一家团圆。

---

① 徐锦堂访谈,2013年2月18日,北京。资料存于采集工程数据库。
② 同①。

一天来了一位商人打扮的人，戴着一顶火车头帽子，父亲让徐锦堂叫他于叔叔，他就是上次帮父亲要卖猪账的八路军。在一家村吃水很困难，父亲三十几岁就患了气管炎，不能干重活，全靠徐锦堂用一担小桶到山下三、四里的可兰井村挑水吃。一天徐锦堂去挑水，于叔叔担了一担大水桶非要一起去，父亲拦不住，他们挑水上了山顶。突然有三个当兵的拿两支步枪要抓走于叔叔，徐锦堂认识他们是李吉玉的部队。由于留恋小媳妇，李吉玉未跟大部队开发到吉县，现在已成了七八个人，十几支枪的游击队。徐锦堂跑回家，告知父亲，父母商量半天，只有让徐锦堂去要人。徐锦堂找到李吉玉向他要人，他说："现在国共分裂了，上级命令正抓八路军，不能放人。"徐锦堂又哭又闹，说："他原来是八路军，现在不干了，家里有老婆孩子，找我爸爸要人怎么办？"李吉玉没有办法，才答应放人。徐锦堂到另一个窑洞，看到于叔叔还绑在那里，就把于叔叔带出窑洞。于叔叔说锦堂，你一定要取回我的帽子。徐锦堂进去和当兵说："你们把人家的帽子放哪去了？""破帽子在那儿。"徐锦堂取回帽子，于叔叔很高兴，翻看了一下。至今徐锦堂也不知道，他那顶帽子里藏着什么宝贝。

1940年初，在一家村住了半年后，全家搬到距隰县县城两里的窑上村。这年的2月，徐锦堂转到隰县城关民革两级小学读二年级，他学习成绩很好，几乎门门优秀，一家人都为他高兴。

转眼到了第二年的7月，学校成立高小（初小是一至四年级，高小是五至六年级），选拔初小学习成绩比较好的学生直接升高小。徐锦堂被选上，读五年级，等于少读了初小的三至四年级，一下跳了两级。拔苗助长的苦头，徐锦堂记了一辈子。本来成绩优异，转眼间变成了学习吃力，上课听不懂，苦不堪言。1942年的3月，隰县城关民革两级小学改为省立第三小学，徐锦堂读六年级，功课仍然跟不上。

1943年7月，徐锦堂在隰县省立第三小学毕业。由于跳级成绩不佳，正规初中没有考取，只考上了进山中学补习班。校址在离隰县近200里的大麦郊，这是徐锦堂第一次较长时间离开父母离开家。学校设在温泉的大庙里，卫生和医疗条件极差，同学们身上都长了虱子。1944年，学校无粮食供应，同学们去几十里外的地方背土豆吃，一日三餐都是土豆。

这年的 6 月,可怕的斑疹伤寒袭来,许多同学都病倒了。学校最初将病号集中起来居住,但是染病的人太多,只好将未传染者集中起来。徐锦堂班上 50 名同学中只有四五人未传染上伤寒。徐锦堂父母听说后赶紧将他接回家。随之更不幸的事情发生了:徐锦堂病未见好,反而把一家人全传染上了伤寒。"父母将我接回家,姐姐、父亲、母亲先后都感染了病,当地人称作'窝子伤寒',谁也不敢探望,也找不到人服侍。"[1] 所幸几天后,徐锦堂病情渐好。可父母的病越来越重,整日昏迷不醒,姐姐虽不昏迷,却下不了炕。徐锦堂每天晚上轮流喂三个病人喝水,白天喂稀饭。

那一天,徐锦堂看着父亲情形不对,赶紧请来一位老中医给父亲看病。把过脉后,老中医到院里对徐锦堂说:"你父亲情况不好,准备后事吧!"此言似晴天霹雳,徐锦堂顿感天昏地暗,仿佛天塌了下来。晚上他给父亲饮水时,一口黏液从父亲的口中溢出。父亲走了。

当时母亲还昏迷不醒。缝寿衣、买棺、打葬都靠徐锦堂撑着病体去请人完成。那时他们一家人住在隰县县城南窑上村,周围都是大山,常有野狼伤人,房东七岁的男孩就是被狼咬死的。徐锦堂住的大院,院墙都被军队拆去盖炮楼,四面都是旷野。"父亲入殓后停放在一个房屋的过道里。老乡传说,死人的气味,常会引来猫头鹰和狼群。每天夜里我都得去父亲灵前给'长明灯'添油拨灯捻。姐姐病体刚愈,还不能陪我。夜深人静时分,我手握一根木棒,替自己壮胆。"[2] 其时,风鸣狗吠,猫头鹰哀鸣,天昏地暗,令人毛骨悚然,每次拨灯捻回来,徐锦堂总会吓出一身冷汗。

举债读书　无奈辍学

1944 年 6 月徐锦堂父亲病故,正所谓人生三大不幸之首[3]。有父亲

---

[1] 徐锦堂访谈,2013 年 2 月 18 日,北京。资料存于采集工程数据库。
[2] 同①。
[3] 旧时所谓人生三大不幸:少年丧父、中年丧妻、老年丧子。

图 2-1 1944 年父亲去世，15 岁的徐锦堂挑起养家糊口的重担，这是母亲为了完成父亲的心愿，给他相亲时照的照片

在，生活不论多么艰难，一家人都有主心骨，徐锦堂更觉得有靠山，从没有吃不上饭的压力。父亲突然离世，仿佛天塌下来一般。不要说继续读书了，解决一家人的吃喝成了压在他身上的磨盘。作为家中唯一的男人，徐锦堂必须担起养家糊口的重担。其时，徐锦堂年仅 15 岁。

徐锦堂父亲在世时，养了两头骡子一头驴，靠长途贩运货物、搞运输赚点钱维持生计。黄河边的中阳县三交镇，是八路军边区与阎锡山控制的二战区物资交流的口岸。从三交镇过黄河就是陕北绥德县，边区生产大量食盐，运过黄河在三交镇换取需要的物资。徐步青从三交镇购买食盐运到隰县贩卖，偶尔也从隰县买点生铁和煤油运到三交镇换盐。但二战区对这些物资控制甚严，只能偷偷摸摸运输。

父亲去世后，徐锦堂接过了搞运输的生意养家糊口，但是生意越来越难做。于是"我和别人合伙租种了四亩菜园，常将蔬菜卖给相邻的进山中学食堂。"[①] 看到学生们坐在教室里听课、唱歌，在操场奔跑跳跃，徐锦堂常常走神驻足，流连忘返，直至放学的钟声敲碎他的梦幻。他不由自主地跑到父亲的坟前，放声痛哭。但一想到盼他早点回家的老母亲，只得收住泪水，挑担归家，从不敢让母亲知道自己心中的悲苦。

1945 年 8 月中旬的一天，徐锦堂像往常一样挑着一担菜给学校送去，

---

① 徐锦堂访谈，2013 年 2 月 18 日，北京。资料存于采集工程数据库。

走到校门口，突然看到很多学生欢呼雀跃，校园里敲锣打鼓，看门人对徐锦堂说："日本鬼子投降了，我们胜利了！"听到飞来的喜讯，徐锦堂顾不得去送菜，将菜丢给看门人说："菜我不卖了，你们拿去吃吧！"

徐锦堂上气不接下气地飞跑回家，进门就喊：日本鬼子投降了！母亲和姐姐开始直愣神，当明白了日本鬼子投降了的时候，母亲和姐姐眼泪夺眶而出，徐锦堂也忍不住哭了。这是激动的泪水。八年的辛酸，今天终于盼到了胜利，我们要回家了。但父亲和二姐却长眠隰县，一家五口少了两口，怎不让人伤心呢？

母子三人来到父亲坟前，母亲说："他爹，抗战胜利了，我们要回家了，我们会回来接你的。"

抗战胜利后，一家人返回太原，母亲坚持让徐锦堂继续上学。母亲说：你父亲一辈子没上过学，他最大的心愿就是培养你读书，我不论吃多大的苦受多大的累，一定要帮你完成学业。"我于是考入太原中学进修班读初一，母亲和姐姐开始给人缝衣服，给医院洗病人换下的被服"，[①] 挣点辛苦钱。但是在物价飞涨的内战时期，这点钱不敷家用，还需借钱度日。钱大多是向朋友亲戚借的，也有一些是借的高利贷。借银元每月利息五厘，借法币10厘。为了拆东墙补西墙，于是越欠越多。日久天长，已借债200多银元。

1947年的一天，家中已有几天揭不开锅了。没办法，母亲将父亲留下的一件大衣拿出去卖了两块银元，准备去买点豆饼。一出大门正遇到一个债主，欠他20块银元。他把母亲堵在家里逼着要债，说了很多难听的话。母亲求他说："我家几天揭不开锅了，我刚卖了一件旧衣服，去买点豆饼，你再缓我几日吧。"

"没有钱还账却有钱买粮食，本钱不还，两个月的利息不给不行！"

"母亲只得将两块救命钱给了他，躺在炕上闷头大哭。她实在无法支撑下去了，决定回老家建安村凑点钱。老家院子里还存放着一些木料，那是抗战前父亲准备翻修房子买的，因为战乱一直存着未用，母亲打算把木

[①] 徐锦堂访谈，2013年2月18日，北京。资料存于采集工程数据库。

料卖掉，暂渡难关。"[1]

从太原市到五台县有近200里，中间还要经过晋军和解放军打仗的封锁线。当时他母亲已是50多岁的人了，还是一双半大脚。所以徐锦堂不同意母亲这个决定，但又能想出什么好法子呢？母亲要动身了，徐锦堂把她送到城外，母亲催他回去，但他怎能放心一个老人去冒这么大的风险呢？他送了一程又一程。他们走饿了，在路边拿出炒熟的豆饼粉吃几口，母亲坚决让他回去。徐锦堂看着母亲爬上了山岗，背上还背着一小袋豆饼粉，一缕灰白头发在微风中飘动，她的背影至今还深深地镶嵌在徐锦堂的记忆里。

在借的200银元中，有40元是从他族兄贵哥手里借的。他们一个村一个姓，过去徐锦堂父母没少帮助他。贵哥为了获得高额利息，将银元换成法币再借给他们，并说这是他帮徐锦堂家从太原女子师范教书的姐夫那里借的。后来银元疯涨，法币越来越不值钱，贵哥有点着急了。一天他跑到徐锦堂家说，他姐夫急等用钱，而且不要法币，要按当时的40块银元还钱。徐锦堂告知："母亲回老家了，等母亲回来再说。贵哥不答应，每天都来逼我还债。"[2]

徐锦堂能到什么地方借钱呢？只有躺在炕上抱头痛哭。想到早逝的父亲，"爹！你为什么忍心丢下我们孤儿寡母，让我们受这份罪呢？"突然，徐锦堂想到在隰县时和父亲一块工作过的安东齐叔叔，他人很仗义。徐锦堂找到他家，哭着将前前后后的事告诉他。

安叔听后很生气，替他抱不平，安慰他说："孩子，叔叔借给你40块银元，但这钱不能还给你贵哥。他借给你的是法币，收的是法币利息。你用现大洋换成法币，本利一块还给他姐夫。"

徐锦堂说："这钱明摆着是贵哥的钱，与他姐夫无关。"

"不管这些，喝酒感谢把壶的，他既然说这钱是他姐夫的，你也认识他姐夫，还给他姐夫理所当然。"

听了安叔的话，他只卖了30多块银元，就够还法币的本利钱了。徐

---

[1] 徐锦堂访谈，2013年2月18日，北京。资料存于采集工程数据库。
[2] 同[1]。

锦堂到了女师见了贵哥的姐夫说:"姐夫,贵哥帮我从你这里借的法币,我本利都拿来了,请你收下。"

"你放下吧!其实不着急。"

徐锦堂一身轻松走出女师,不但还了债,还余了钱。"母亲也从老家回来了,她老人家卖了木料,带回 70 多块银元。我真不敢想在兵荒马乱中,母亲是怎样把 70 多块钱平安带回来的。"① 他们还了部分的债,总算松了一口气。

1948 年,徐锦堂一家的生活实在太困难了,常常是吃了上顿没下顿。看着母亲姐姐一脸菜色,满面愁容,书,徐锦堂实在读不下去了。一天,他鼓起勇气,语气坚决地对母亲说:书不读了,我要挣钱养家!虽然断了儿子的前程,母亲于心不忍,但是总比一家人饿死强,只能含泪默许。

徐锦堂放下书包,再次失学。他"每日去太原市柴市巷劳务市场出卖苦力,每天天不亮就戳在马路边。"② 这期间,徐锦堂做过泥瓦小工、裱糊匠等活计。有的活儿靠把子力气,有的需要手艺。徐锦堂毕竟念过书,加之心灵手巧,很快学会了一些手艺,这样就比纯卖苦力挣得多些,少让母亲、姐姐受些累。比如,裱糊匠是一门手艺比较强的活计,不光是糊顶棚,凡是红白喜事都离不开裱糊匠。如果赶上喜事,先是给洞房糊墙糊窗户糊顶棚,然后是扎接待亲朋好友的喜棚。徐锦堂学的这门手艺,曾经在多年后自家平房糊顶棚中露过一次,让房管局的师傅大开眼界。当然,泥瓦匠的手艺后来也用上了。"五七"干校时期,盖宿舍、盖礼堂,徐锦堂都曾一显身手。

最困难的时候是 1948 年下半年,徐锦堂经常找不到一点活儿干,往往在人市上戳一天,一分钱没挣饿肚子回家。那时解放军已包围太原,晋军每天向商店摊派民夫去火线挖战壕,常有民工在火线上被流弹打死或打伤。买卖人有钱怕死不敢去,就雇徐锦堂这样的穷孩子,每天八毛到一块银元。徐锦堂"每天收工回来时,母亲总在大门口望眼欲穿地等着他。常

---

① 徐锦堂访谈,2013 年 2 月 18 日,北京。资料存于采集工程数据库。
② 同①。

常拉着他的手说:'儿子,明天妈不让你去挖战壕了,要饿死咱母子就死在一块吧!'"①

  第二天徐锦堂还得去。十块银元才买一块豆饼,不去怎么办呢?现今作肥料的黑豆饼和豆腐渣是当时徐锦堂娘俩的活命粮,要靠命去换。

---

① 徐锦堂访谈,2013年2月18日,北京。资料存于采集工程数据库。

第三章 解 放

新 生

1949年4月24日,太原解放。解放的第三天,一个解放军战士背着一袋小米送到徐锦堂家。母亲说:"老总,吃你一袋小米,我实在还不起。"

"大娘,我们听说你家已经没有粮食了,这袋小米是政府救济你们的,不用还。"

徐锦堂和母亲手捧黄灿灿的小米,眼含热泪,感谢救命恩人解放军。这件事很快在街坊邻居中传开了。大杂院里住着九户人家,大都是五台县的乡亲,邻里间相处和睦。徐锦堂家是其中最穷的一家,也被一些人看不起,常遭白眼。自从解放军来过徐锦堂家,谁都知道共产党是解救穷人的,因此改变了一些人的看法。连平时老嫌他们家穷的人,也过来和他母亲套近乎。吃饭时东家送一碗粥,西家送一碗面。全靠解放军送来的一袋小米和邻里间的帮助，一家人才渡过了难关。① 当地有一句老话："宁给穷人吃一口，不给富人送一斗"，徐锦堂对此有了更深刻的体会。

那些日子，母亲顾不上看街上的秧歌队，坐在炕上用心钉 20 套军装的扣子和锁扣眼，她做得是那么认真。这 10 套人字呢军官服和 10 套士兵服，是新中国成立前徐锦堂从附近一个军队的被服库领回来的，锁一套军服给几两米。活儿干完后打好包，母亲让徐锦堂送到军库去，邻居都劝母亲不必送了。这是国民党军队的东西，解放了谁还记得这件事，再说送给解放军也不会给锁扣眼钱。"的确，这 20 套军装如能留下来用颜料染成黑色、灰色，够我穿一二十年，对我家来说也是一笔不小的财富。但母亲坚决要我送回去，并说：'孩子，八路军救了你爸爸的命，解放军又救了咱母子的命，这 20 套军装是公家的东西，我们不还回去能对得住八路军解放军吗？'听了母亲的话，我背起军装送回军库。"②

还有一件事徐锦堂一生也忘不了。新中国成立前，徐锦堂家借了别人 200 多块银元的债，这些钱是利滚利滚出来的，新中国成立后还有 100 多元没有还清。解放了，一些借钱的人也不敢上门要债了。1952 年，徐锦堂参加工作后，母亲要还这笔债。当时徐锦堂担任教职员团支部书记，该不该还高利贷他也拿不准，但"母亲坚决要还。她认为新中国成立前真正放高利贷赚钱的人，上门逼债都比较凶，咱们惹不起，借的债都还清了。余下的都是叔叔、大爷，朋友亲戚的，当时咱们孤儿寡母，人家借给我们钱就没打算要，实际上是救济我们的。现在你工作了，有能力还钱，忘了这些恩人，我们良心过得去吗？"③ 于是按银行牌价折合人民币还清了债务。许多借给他们钱的亲戚都没想到他母亲还会还钱，有些人坚决不要，对他母亲说："嫂子，你借钱时我们就没准备再要了，你孤儿寡母不容易，我哥（指徐锦堂父亲）在世时没少帮助过我们，你能帮我哥带大几个孩子很不容易。"

徐锦堂母亲再三表示感谢，还是还了大家的钱，她感到一身轻松。

---

① 徐锦堂访谈，2013 年 2 月 18 日，北京。资料存于采集工程数据库。
② 徐锦堂访谈，2013 年 2 月 19 日，北京。存地同上。
③ 同②。

1949年，徐锦堂已经20岁了。按他的想法，新社会了，找个事做，不让母亲再吃苦受累了。可是母亲却说：新社会更要有本事才能干好工作，你还是上学去，我再熬几年没关系。这样，徐锦堂就和几位中学同学去考山西太原农业技术学校。因学制三年，很快就能毕业分配工作。徐锦堂考上了。

　　山西太原农业技术学校的"前身是榆次初级农业职业学校，始建于1942年，校址在榆次北关窑上村。1945年日本投降后，与太谷初级农职校（在原铭贤学校校址内）合并，改名为榆次农业职业学校。1948年榆次解放前夕，学校从榆次迁至太原，借居于太原工职校（在西羊市街内）。1949年4月，太原解放，学校由人民政府接管，改名为山西省太原农业技术学校（在上马街内）。当时仅有119名学生，20余名教职员，其他设备一无所有。当年12月，在校学生发展到260余名，设有中级农艺科两个班，农田水利科一个班，兽医科一个班，普通初中两个班。"[①] 徐锦堂正是

图3-1　1950年，徐锦堂（第二排右三）当选太原农校第三届学生会文体部长

---

① 校史编写组：《山西农业大学校史》。山西太谷，1987年，第71页，未刊发。

第三章　解　放

此时入校的，他分在了农艺二班。

"1951年9月，山西省太原农业技术学校与从四川省迁回的原铭贤学院（抗战期间铭贤学校升级为铭贤学院）的初中部合并，改名为山西农学院附属中级农业技术学校，校址在太谷县城东杨家庄村。当时，全校除太原农业技术学校六个班、铭贤初中三个班外，又增加了农艺一个班、初中三个班，共13个班。学校设有农艺、水利、林业、畜牧兽医等专业。在校学生530名，教职员83名。校长郝寥夫[①]，副校长李彝亭[②]、程子青[③]，教导主任刘敦道[④]。"[⑤]

尽管农校历经艰难曲折，此时却赶上了前无古人后无来者的特殊历史阶段。首先，它成为了山西农学院的附属中级农业技术学校，而因战争离开山西多年的著名的铭贤学院，刚刚返回太谷改名山西农学院，大学生很少，比如兽医系仅一名学生。第二，因为都属农学院，两校教职员工在一起工作。农校学生多老师少，农学院学生少老师多。于是就发生了只有那个时代才有的怪事：大学的著名教授教中专生，比如全国知名的小麦专家刘敦道教授，不但在农校教书，还担任了农校的教导主任。当年因为有众多的农学院教授在农校授课，所以徐锦堂那个时期的

[①] 郝寥夫，1951-1953年在农校工作时，农校尚未归属山西农学院。1953年农校与山西农学院合并后，调到农业厅工作。

[②] 李彝亭（1898-1987），山东淄川市人。齐鲁大学文理科毕业。1935年到铭贤学校任职。在铭贤学校南迁和准备复员太谷工作中，任领导小组成员，担任往返联络筹划等重任。为学校复员，先后在艰险的川陕公路（那时还没有铁路）上来回走过11趟。曾任铭贤学校中学部训导主任、副校长。山西农学院农业专科学校副校长，入山西农学院任基础部副教授。民盟山西农学院支部委员，并连续担任太谷县六届人大代表。

[③] 程子青（1891-？），1925-1926年任学校行政委员会委员长。山西太谷人，于1909年由铭贤学校中学毕业，留校担任小学教员。后赴华北协和大学深造，获燕京大学文学学士。1915年起，在铭贤学校任职，曾任铭贤学校小学部主任、大学预科、中学部主任、总务主任等职。山西农学院成立后，曾任学院后勤管理工作。程子青在校埋首苦干，辛苦备尝，精神活泼不让青年，可谓青年之楷模。铭贤校友这样评价程子青：半世多辛苦，先生道未孤，潜心惟教读，不仕愿为儒。

[④] 刘敦道（1914-1997），山西繁峙人，教授。1941年毕业于西北农学院农学系。曾任陕西省农业改进所主任推广员、西北农学院附属高级农业学校教员。1958年加入中国共产党。历任山西农学院讲师、实验农场场长、山西农业大学农学系副主任。撰有《旱地农业技术措施考查》等。

[⑤] 校史编写组：《山西农业大学校史》。山西太谷，1987，第71页，未刊发。

农校同学，不论后来是否上了大学，成名成家者众多。比如农校同学武世明[1]，毕业后因工作需要，无缘考大学，后来担任了山西省农科院代院长、党委书记。

"中专二年级时，我迷上了米丘林遗传学，买了一些书，作了许多笔记，并参加了同学组织的米丘林小组，这个小组在棉花育种方面已做了一些工作，在太原市参加了交流，已小有名气。我对小麦春化发生了兴趣，小麦通过人为控制低温能通过'春化阶段'，光照阶段需要红光，能不能将通过低温处理的小麦放在红日照下完成光照阶段，不是可缩短栽培期了吗？不管这个设想多么幼稚可笑，但我还是做了木箱，安上红电灯泡，精心管理，观察记录，开始了我第一次科学研究。失败是必然的，但它激发了我从事科学研究的兴趣。"[2]

图3-2 太原农业技术学校米丘林小组成员［徐锦堂（右二），景泉荣（右三），武世明（右五），牛天堂（左二）］

新中国成立了，徐锦堂郁积于胸的阴霾一扫而光，到处都是光明，到处充满希望，他为新中国放声歌唱。"解放初期，每月差不多都有几次上街宣传的任务，扭秧歌我是吹哨领队的，打腰鼓我是拍大镲的，军乐队我是打大鼓的。"[3] 他还如饥似渴地学习，一丝不苟地完成老师同学交给的工作，全身好像有使不完的劲儿，他被同学选为农校学生会的文体部长。

抗美援朝开始后，全校展开了轰轰烈烈的爱国主义和国际主义的宣传教育。"1951年，响应国家号召抗美援朝捐献飞机大炮，同时也为了大力

---

[1] 武世明（1929-），徐锦堂农校同学，退休前任山西省农业科学院党委书记、代理院长。
[2] 徐锦堂访谈，2013年2月19日，北京。资料存于采集工程数据库。
[3] 同[2]。

图 3-3　1951 年为抗美援朝捐献飞机大炮及宣传新婚姻法。[农技剧团排演了 12 场大型歌剧《刘巧儿》，徐锦堂（右上角二排五）扮演男主角赵柱儿，先后在太原市、榆次市租戏院演出，票房收入除开支外，全部支援了抗美援朝。]义演结束后，在山西农学院假山合影留念

宣传婚姻法，我们利用暑假排演了 12 场大型歌剧《刘巧儿》。剧中我饰演男一号赵柱儿，我的同学周雅秋饰演刘巧儿。剧团虽小但五脏俱全，除团长、副团长外，设有剧务、总务，下设前台管理、后台管理、乐队、布景、票房会计、生活管理等诸多部门。我担任副团长兼任剧务主任、前台总指挥。在太原市租赁了剧场，印刷了海报，将宣传牌树在市内最繁华的柳巷街口，卖票公演了一个多月，后又移师到榆次专区所在地榆次市演出。当时正值农业技术学校合并入山西农学院，《刘巧儿》成为山西农学院成立大会的公演节目。票房收入除购置布景、演出花费及几十人的生活费用外，结余部分全部捐献给抗美援朝。虽然数额不大，但作为一名中国人，我也尽了微薄之力。"[1]

"我还是学校排球队和田径队的队员，我的专长是百米短跑和跳远，

---

[1]　徐锦堂访谈，2013 年 2 月 19 日，北京。资料存于采集工程数据库。

在全省中学生运动会上常拿到冠军,我的百米速度最快达到11.7秒,跳远成绩是6.3米。刚解放时山西省百米纪录只有12秒",①所以他在省中学生运动会上常拿冠军。在山西省首届运动会上,徐锦堂除参加擅长的100米短跑和跳远项目,400米、800米接力和1500米异程接力赛,以及200米跑、三级跳、撑杆、跳高等项目也积极参与。农业学校获得山西省首届人民体育大会高中组田径赛总分第一名,其实队员就是徐锦堂等五六个人。徐锦堂还代表农校上主席台领了一面"贯彻新民主主义的体育方针"的锦旗。他的运动生涯一直保持到大学毕业,始终是校排球队和田径队的主力。农学院所在地太谷县归

图3-4 1950年,在山西省首届人民体育大会高中组田径赛太原农业技术学校获总分第一名,徐锦堂(左二)代表学校上台领奖旗

榆次专区管辖,徐锦堂多次代表地区参加省运会并获奖。为此他每日坚持几十里地的长跑锻炼,这也为徐锦堂工作后日行百余里、被山区人民视为"飞毛腿"奇人,打下了坚实的基础。

  山西农学院校园是原铭贤学校的旧址。校舍俨然,建筑宏伟,中西合璧。人工湖,小桥流水,曲径通幽。园内丁香、刺梅飘香,校园风景秀丽。"1953年春,在太谷县东郊山西农学院的校园里举办了山西工学院、山西师范学院、山西农学院和农业技术学校四院校大联欢,大家推选我作为联欢会的总指挥,有一千多人参加,举行篮球赛、排球赛,跳集体舞,还有联欢会、歌舞会。"②徐锦堂颇有大将风度,指定各个活动区的负责人,职责明确,各负其责。联欢会开得很好,没发

---

① 徐锦堂访谈,2013年2月19日,北京。资料存于采集工程数据库。
② 同①。

生任何差池，会后进行总结，徐锦堂受到领导的表扬，也得到组织大型活动的锻炼。

初为人师

1952年徐锦堂农校毕业，通过选拔留校教书。他担任初农一班班主任和作物栽培课教学工作，还担任教职员团支部书记和农学院教育工会组织部长。为了提升教学水平，徐锦堂旁听了农学院无机化学、有机化学、作物栽培、遗传学等多门课程，计划自修完大学课程，以圆大学之梦。

1954年春，校领导安排徐锦堂讲授达尔文主义课，这对徐锦堂是个考验。首先，他授课的对象是低他几届的校友，他们能服气吗？其次，原来三个大学毕业生，带三个班的达尔文主义课，同学们尚且对授课有意见，现在换了一个刚刚毕业的中专生给三个班讲课，同学们能满意吗？再次，徐锦堂读书时未学过达尔文主义课，他能讲好吗？所幸达尔文主义的下册，主要内容是米丘林遗传学，他有一些基础。那一个假期他不分昼夜，专心备课，精心准备每一堂课的教案，如讲清课程内容、正确选择每个论点例证、考虑好同学们可能提出的问题，等等，凡是能想到的他都一丝不苟地做好。不清楚的地方，就去请

图3-5 1953年，徐锦堂在农业技术学校教书时是母子最幸福的时光（摄于山西农学院田氏楼前草坪）

教农学院讲授达尔文主义的杜竹铭①教授。

"经过几个月的准备,我终于开课了。最初在讲台上讲课,一些同学在书桌上作几何三角方面的习题,我装着没看见,也不敢加以批评。讲了一段时间,同学们反映讲得还不错,我对同学的要求也渐渐严起来,期中考试时同学们都反映我课讲得好,大家爱听。这时,我向同学宣布,不爱听我的课,可以回宿舍做数学题,但在课堂上不允许看别的书,否则我将请你出教室。期末,我讲的达尔文主义课受到大家的好评。但大多数同学反映,徐老师肚子里没货,但嘴能讲出来。这个评语对我刺激很大,不就是因为我没上过大学吗?"②

图 3-6　1952年任农校教师时,徐锦堂与四位学生校园合影

---

① 杜竹铭(1909-1992),山东即墨人,教授,遗传及谷子育种专家。1937年毕业于日本东京帝国大学农学部遗传育种专业研究生班,获硕士学位。回国后曾任西北农学院、云南大学农学院、复旦大学农学院教授。新中国成立后,历任山西农学院、山西农业大学教授和系主任、遗传教研室主任。政协山西委员会委员,中国遗传学理事会理事,山西遗传学会理事长。专长遗传育种学,主讲细胞遗传学、摩尔根遗传学、谷子育种学。著作有《细胞遗传学》、《遗传变异学》、《谷子遗传育种学》及《沙棘研究文集》、《翅果油树共生固氮及其应用的研究材料》等。先后发表学术论文40余篇。20世纪50年代选育出"儿童号向日葵"品种和"晋农早1号"、"晋农早2号"谷子新品种。

② 徐锦堂访谈,2013年2月19日,北京。资料存于采集工程数据库。

在农校工作的两年，徐锦堂被评为优秀班主任，初农一班被评为模范班，教学工作也受到好评。这两年也是徐锦堂和母亲生活最愉快的时期，他每月工资210分，折合人民币50元，在20世纪50年代算是比较高的。母子俩每月最多用去30元，如果不还新中国成立前的欠债，他们可以攒下一笔钱。"母亲每天给我做饭、洗衣，还用熨斗烫平整了才让我穿。我酷爱教学工作，也非常满足安定、快乐的生活。母亲和我像掉在蜜罐子里一样，整天笑容满面。"①

喜结良缘

1954年暑假徐锦堂结婚了，这也许就是缘分吧！

新中国成立前在太原市的一条街道上，有两座四合院，徐锦堂家住在路西的院内。在街巷中行走时，常会看到路东贸易公司宿舍院里走出一个十三四岁的小姑娘，她个儿不高，白白净净，两颊一对小酒窝，留着两条小辫。当他们擦肩而过的瞬间，一个恬静的小姑娘面容就深深地印在了徐锦堂的记忆中。他们常打照面，但从未搭过话，谁会想到她就是陪伴徐锦堂度过50多个春秋的老伴。

徐锦堂在农校上学时，她读初中，互不相识。搞笑的是"在'三反'运动中，要调查每个领助学金学生的家境，正好分配我去调查她的情况，有关部门根据我的反映，取消了她的公费伙食补助，这成了后来我们对上号后常谈的笑料。"②

那时，在联欢会上、舞池中、运动场上，常会遇到一些条件不差的女孩。她们活泼、爱动，和徐锦堂一样喜欢文艺、体育，有的女孩还常到徐锦堂家帮助母亲干活、聊天，表示出对徐锦堂的好感。但徐锦堂太好动了，反而不喜欢太张扬的女孩，就想找一个文文静静、少言寡语，

---

① 徐锦堂访谈，2013年2月19日，北京。资料存于采集工程数据库。
② 同①。

更重要的是能够孝敬父母的贤妻良母型的女孩。命运就是如此神奇和不可捉摸，在同学的介绍下，徐锦堂和武兰英相识了。相谈中，徐锦堂了解到新中国成立前她住在太原哥哥家，和自己住在同一条街上，更拉近了他们的距离。

1952年徐锦堂工作后，没打算再升学。按当时婚姻法规定，男20岁、女18岁就可结婚。1954年8月10日他们喜结良缘。当时徐锦堂25岁，武兰英20岁。"由于我临时决定升学，工作后有点积蓄也都还了债，婚礼非常简朴，没请客人，没办酒席，床板、床凳、茶杯、暖水瓶等等，所有用具都是借的，连我穿的鞋和盖的被子都是旧的。"①

图3-7　1954年8月10日，徐锦堂武兰英结婚照

梦 圆 大 学

上大学

新中国成立之后，为适应经济建设发展急需人才的状况，全国的大学都在扩大招生。山西农学院"1951年招收新生14人，1952年招收59人，1953年招收57人。招生中，生源不足是遇到的主要问题，全省高中毕业生不能满足高校招生的需要。1951年，教育部规定的（山西农学院）招生

---

①　徐锦堂访谈，2013年2月19日，北京。资料存于采集工程数据库。

人数为30名，实际只招了14名，1952年的招生任务为87名，实际只招收了59名。1953年学院提出要招收150名，教育部规定80名，实际只招收了57人。为了扩大生源，高教部和省人民政府采取了很多措施，其中重要的一条是提出了'向工农开门'的方针。规定对工农出身的干部可适当地放宽条件，参加革命工作在两年以上者可以享受调干助学金的待遇，这使工农成分和党团员人数有明显增加，1953年入学的57名新生中工农出身的有26名，党团员25名。"[1]

"我们这个班呢是1954年入学的。当时入学的时候，学生的来源很困难的，怎么来解决学生的生源？就是由学校的人事单位、地区的人事单位、省农业厅三个单位主管人事的同志，去各个地区名册上去查，农业学校毕业的学生一律都抽过来，在这个地方补习两个月然后考试。大概抽回来的一共是200多人，经过考试以后录取的农学是80人，畜牧是40人，一共是120人。……学生百分之四五十都是调干生，那时候工作两年的都可以享受调干助学金，一个月给32块钱。徐锦堂就属于工作两年的调干生。"[2]

1954年暑期，山西农学院扩大招生。考试科目有语文、政治、化学、达尔文主义。徐锦堂农校同期和低一两届的同学纷纷回校准备参加高考。他们在校时都未学过达尔文主义，希望徐锦堂能给大家补补课。讲课时徐锦堂突然想到同学们提的"肚中没东西"的意见，觉得自己也应该参加考试。对他来说，语文、政治考试不用复习，化学已旁听完大学课程，达尔文主义是强项。但妻子已考上铁路中专，每月需要零用钱，母亲跟自己受了那么多年的苦，现在刚刚过上两年舒心的日子，考还是不考？徐锦堂矛盾极了。吃饭时，母亲看到儿子心事重重，问其缘由时，徐锦堂吞吞吐吐

---

[1] 校史编写组：《山西农业大学校史》。山西太谷，1987年，第30页，未刊发。

[2] 任国钧访谈，2013年4月12日，山西太谷，山西农业大学宿舍任国钧家。资料存于采集工程数据库。任国钧（1933—），山西省寿阳县人。1958年山西农学院农学专业毕业留校工作，历任农学系办公室秘书、系副主任兼农场副场长，校教务处主持工作，大寨农学院教务科技工作负责人，山西农业大学教务处处长。1962年参与主持半农半读教育改革试点，因工作卓有成效，出席了由农业部、教育部组织的全国高中等农业教育会议，受到毛泽东等党和国家领导人的接见。20世纪80年代，承办招收实践生试验，研究成果获得全国普通高等学校教学优秀成果奖一等奖。被评为省教育工会三育人先进个人，全国教育系统劳动模范。

说想考大学，然后又一再表示不考算了，我们现在生活不是很好吗？谁知母亲放下碗筷，"一脸庄重说：'你错了，为什么有这么好的机会要丢掉呢？不要考虑我，妈妈还能劳动，何况你工作已两年了，能享受调干助学金。现在共产党培养你上大学，上大学也是你爸爸的心愿，妈妈就是讨吃要饭、帮人做保姆也要供你上大学。'出乎我意料的这一席话把我震惊了。在母亲的鼓励下，第二天我就报了名，妈妈则马上到家委会报名参加劳动。"①

1954年金秋时节，徐锦堂以优异的成绩考入山西农学院农学专业。

名 校

山西农学院的前身是著名的铭贤学校，英文名称"Obevlin Shansi Memorial School"，中文直译为"欧柏林山西纪念学校"。欧柏林大学是美国俄亥俄州的著名大学，以"培养优秀人才，为人类服务"为宗旨。1882年前后，有一小队该校毕业生来到山西太谷传教，还开办了医疗诊所、戒毒戒烟所、儿童识字班、等等，联络乡民，传播基督教。1888年，家住太谷时年"8岁的孔祥熙，突患重病，命悬一线，经教会医院救治痊愈。家人感激之余送他到教会学校读书，12岁接受洗礼，成为基督徒。数年后经欧柏林传教士推介资助，到河北通州教会学校潞河中学读书（即现北京市潞河中学）。毕业后，远涉重洋赴欧柏林大学深造。"②

1900年，义和团运动兴起，北方各地掀起反洋教运动。山西省太谷、汾阳两县公理会的一些中外传教士被杀，其中多为美国欧柏林大学学生。事件发生后，"欧柏林大学校长和师生认为：纪念死难校友的最好方式是募集基金，在山西筹办一所'启发民智，服务人群'的纪念学校。"③

1907年，孔祥熙从美国欧柏林、耶鲁两所大学毕业。他受欧柏林大学

---

① 徐锦堂访谈，2013年2月19日，北京。资料存于采集工程数据库。
② 山西农业大学学报编辑部编：《百年回眸——校友回忆录第一辑》。山西太谷，2007年，第72页，未刊发。
③ 同②。

委托，在太谷城内明道学堂地址（即现在太谷人民医院后院）创办铭贤学校。两年后，因校址狭小，将铭贤学校迁入太谷县城东孟家花园。孟家花园为清代中叶所建，原为太谷大财主孟儒珍别墅，因他儿子触犯教案，孟家花园被教会所夺。这里小桥流水，波光潋滟，亭台楼阁，林木扶疏，假山翠叠，巍楼对峙。在北方干旱之区，可谓世外桃源、绝佳的办学之地。孔祥熙担任校长并亲自授课，规定了校歌，制定了校旗，还亲自为学校题写了校训："学以事人"。

从1907—1937年抗战爆发的30年，虽军阀混战，风云变幻，但偏安一隅的铭贤学校发展迅猛。学校规模由小学部、初中部、高中部扩展为大学预科，并开设农科、工科和乡村服务科。其发展蓝图是明确的：要和张伯苓由南开中学发展成南开大学比肩，把铭贤学校办成中国著名的大学。

铭贤学校的一大景观就是孔祥熙用美国友人的名字命名的一些楼台建筑，如田氏楼、韩氏楼、杭氏楼，还有以孔祥熙和宋霭龄父母的名字命名的嘉桂科学楼、亨兰图书馆，等等。所有建筑用材精良，做工考究，中西合璧。值得一提的是，早在20世纪30年代的内地小县太谷，铭贤学校内的楼里都配有暖气、电灯、自来水、电话、发电机、抽水马桶、壁炉和书橱等。实验室都配有完备的国外进口教学仪器和药品，这在当时的北方院校中是很少见的。

图3-8　铭贤学校时期的老建筑风采依旧，沿用至今

这一切源自办学经费的充裕和优秀的人才保障。比如，农科主任穆懿尔（Moyer），农业、牧业、园艺学术精湛，在他领导下有20多人，

多数毕业于南京金陵大学农学院并有海外留学背景,他们留下的业绩影响至今:

(1)农作物育种引种:"金皇后玉米 20 世纪 20 年代后期由美国引进,在华北地区赫赫有名,只要水肥有保障,那个年代即可亩产千斤以上,这一品种至今仍未凋谢。"[1] 还有 169 小麦、811 谷子、4198 高粱、3 号马铃薯,等等,都是深受农民欢迎的品种,曾经大面积种植。

(2)农畜的引种育种:"细毛羊、奶山羊、来杭鸡,这都是铭贤在 20 年代末引进的,奶山羊可能更早些。"[2] 今天的太谷县还是山西奶山羊基地县。说到来杭鸡,人们耳熟能详,因为它是"蛋鸡之冠"。但是不要忘记它来自太谷,来自铭贤学校。

铭贤学校卓尔不群,别具一格。1949 年夏天考入铭贤学校的杨宗源回忆:"学校不大,但是办学严谨。学校好像是一个大的校园,又是一个大的家庭社会这样的一个团体。师生关系融洽,学校教学认真负责。因为它有美方的经费来源。它不追求学生数量的多少。一个班有十个八个人,我照样一门课一门课地认真教学。我们入学的第一年,我们这个专业有 40 多个学生,第二年 20 多个人。为什么呢?一门不及格留级,两门不及格淘汰。"[3]

回忆新中国成立后上大学的情景,曾经任山西农业大学教务处长、徐锦堂大学同班同学任国钧说:"我们条件还算不错的了,每人可以用一台显微镜来看,老师先上来教你怎么用显微镜,怎么样保护它,怎么样排除故障,教会这个,特别是在显微镜下,开的植物学第一个试验就是观察细胞的形态。一个一个细胞,观察细胞以后,你要注意画一个图,大家用统一的绘图纸,什么细胞核啊,哪个膜啊,有很多这样的东西,你都得把这个表示出来,怎么表示呢?把那个需要画出来的画出来,其他部位都必须用绘图铅笔,一点点画出来。徐锦堂后来说,要是没有这

---

[1] 山西农业大学学报编辑部编:《百年回眸——校友回忆录第一辑》。山西太谷,2007 年,第 62 页,未刊发。

[2] 同[1]。

[3] 杨宗源访谈,2013 年 7 月 17 日,北京。资料存于采集工程数据库。

个基本功的训练，干好以后的工作是绝对不行的。在他们家里，他画的图还保存着。"①

名 师

1950年10月，因战争逃难到四川的铭贤学校，终于回到了故乡。1951年秋，随着全国高等院校院系调整，以铭贤学校农艺、畜牧等系为基础成立山西农学院，原机械、电化工、纺织等系并入山西大学工学院、陕西纺织学院等院校。应当说，铭贤学校的骨干部分留在了太谷，留在了山西农学院。特别是一批国内外知名的教授专家，如育种专家杜竹铭、黄率诚[②]、朵振华[③]，烟草专家康兴卫[④]，大豆专家王

---

① 任国钧访谈，2013年4月12日，山西太谷，山西农业大学党委办公室会议室。资料存于采集工程数据库。

② 黄率诚（1916-1969），江苏省阜宁县人，教授，遗传育种学家。1939年毕业于金陵大学农艺系，获学士学位。曾赴美国康得尔大学专攻蒙德尔、莫尔根遗传学。曾任金陵大学助教，铭贤学院讲师、副教授、教授，华西大学教授。1950年起任山西农学院农学系主任。山西省第三届人民代表大会代表，山西省第二、三届政协委员，山西省民进委员，山西省民盟常委，山西农学院民盟支部主任委员，山西农学院学术委员会委员。从事作物遗传育种，尤其专长棉花遗传育种研究。1966年前曾是国内学术界公认的棉花遗传育种学科奠基人。著有《作物育种学》、《棉花育种学》、《作物育种及良种繁育学中"棉花良种及良种繁育"》、《遗传学中争论的几个主要问题》等专著和论文。

③ 朵振华（1923-1997），山西省太原人，小麦育种专家，教授。1948年毕业于铭贤学院农学系。先后在铭贤学院、山西农学院任教。曾任山西省农学会理事、省种子协会副理事长、省小麦专家顾问组组长、省标准化技术委员会委员、晋中地区建设促进会顾问、山西农业大学农学系作物育种教研室主任等职。主持小麦育种学研究，培育成"太谷49"、"晋农27"、"晋农52"、"晋农134"、"晋农137"、"晋麦13"和"晋麦14"冬小麦优良品种，在各省区推广，增产效果显著。享受政府特殊津贴。被选入《中国普通高等学校教授名人录》。

④ 康兴卫（1896-1989），山西省文水县人，教授。1924年毕业于南京金陵大学。曾在齐鲁大学、复旦大学任教，重庆国立编译馆编译。兼任国立四川烟草示范场技术部首席主任。1944年起任铭贤学院教授、实验农场场长、山西农学院教授。山西省第一、第二届人大代表；山西省第四、第五届政协委员。从事烟草育种与烟草病害研究。选育出400-7烤烟品种，曾广泛种植，被誉为我国烟草育种及烟草病害研究的先驱。发表论文多篇，其中《论世界烟草专卖之概论》、《我国烟草发展之大势》影响深远，颇具指导意义。选育出"晋农一号"等烟草杂交新品种。

绶①，小麦专家李焕章②、刘敦道，养猪专家张龙志③，养羊专家吕效吾④，

---

① 王绶（1897-1972），山西省沁县人。1958年任山西农学院院长，一级教授。南京金陵大学农学院农艺系毕业后留校任教。美国康乃尔大学作物育种学系获硕士学位。1933年任南京金陵大学农学院农艺系主任，农艺研究部主任。1941年后历任西北农学院教授、教务长，中央农业实验所技正兼西北农业推广繁殖站主任，农林部农业推广委员会粮食生产组主任，农林部粮食生产委员会专门委员会联席会议主席，兼南京金陵大学农学院教授，农业部粮食生产司司长，粮食生产总局副局长，一级农业总技师，中国农业科学院作物育种栽培研究所所长，中国农学会副理事长，《农业学报》主编。主持山西农学院校务工作期间，建立了生物统计、大豆、遗传、生理、土壤等研究室，并主持大豆遗传育种和生物统计的研究工作。编写《中国作物育种学》《实用生物统计法》等十几部著作、教材。培育多个大豆、大麦新品种，曾在美国纽约地区推广种植的抗冻、抗锈大麦品种，被定名为"王氏大麦"（Wangs Barley）。

② 李焕章（1911-2001），河北省秦皇岛市山海关人，教授，硕士生导师。1980年任山西农业大学副校长。1983年加入中国共产党。1936年毕业于南京金陵大学农学院农艺系。此后历任金陵大学农学院农艺系助教、国立中央农业实验所技士、四川烟叶示范场技术股股长、华西大学理学院农艺系副教授、乡村建设学院教授兼华西试验区农业组组长。新中国成立后，历任山西农学院农学系教授、副主任、图书馆馆长，《山西农业大学学报》总编辑。政协山西省第三届委员，山西省第五、六届人大常委会委员，省自然科学基金委员会副主任，中国作物学会第一、二届理事，北方小麦栽培研究会第一届理事长，省农学会第一、二届理事，省作物学会第一、二、三届副理事长。从事作物栽培学、生物统计学的教学和小麦栽培研究。编著出版《小麦栽培》《作物栽培学（北方本）》《小麦田间调查》《生物统计及田间试验设计》《冬小麦栽培技术》等专著和教材。

③ 张龙志（1910-1986），陕西榆林人，畜牧专家。1980年任山西农业大学校长。1930年铭贤高中毕业后考入中央大学畜牧系。燕京大学医学预科，1939年中央大学畜牧兽医系毕业留校任教，后转入铭贤学院任教。1944年赴美国依阿华州立大学获硕士学位。1947年任铭贤学院畜牧兽医系教授、系主任。1951年任山西农学院畜牧兽医系教授、系主任、雁北分院副院长。1978年任山西农学院副院长。两次主编全国高等农业院校《养猪学》教材，出版《养猪学》《怎样使猪多长瘦肉》等专著、译著和科普读物6部，4部获奖。1957年首次引种育成了"山西黑猪新品种"。提出以青粗饲料为主、适当搭配精料的饲养方式。1978年出席全国科学大会并授予"先进工作者"奖状。还被授予"全国劳动模范"、山西省"农业劳动模范"等光荣称号。中国畜牧兽医学会第一、三、四、五届理事，山西省畜牧兽医学会第二至四届理事长。

④ 吕效吾（1916-2008），山西祁县人，教授，硕士研究生导师，著名养羊学专家。1980年任山西农业大学副校长。早期就学、就职于铭贤学校，1942年西北农学院畜牧系毕业后，即在铭贤学校任教。历任铭贤学院工会主席，山西农学院党委委员，畜牧兽医系副主任，校工会副主席，副教授，大寨农学院副院长。中国农学会理事、中国养蜂学会理事。从事畜牧教学科研工作。培育成功山西细毛羊、半细毛羊新品种，主编《养羊学》全国统编教材，获山西省著作科技奖二等奖。出版专著《山西省家畜家禽品种图谱》《宁华堂牧羊经验》《牧羊歌诀三百首》等，为中国的畜牧业发展做出了重要贡献。主持完成的科研项目"山西毛肉兼用细毛羊新品种培育"荣获省科技进步奖一等奖，"细毛羊品种培育"和"陵川半细毛羊新类群的培育"分获省科技进步奖二等奖。出席全国文教群英大会，被授予全国劳动模范。

果树专家贾麟厚[①]，土肥专家林成谷[②]、郭定成[③]、江家诚[④]，等等，使其薪火传承，蓄势待发。1979年扩大为山西农业大学，并列入全国重点农业院校。

"当时学校为什么能笼络一批比较好的师资呢？原因是多种多样的。一方面从抗日战争到解放，一些知识分子转移到后方去了。另一方面学校教职工有稳定的收入。学校给教职工发的不是法币，发的是美元。它不贬值，一个助教一个月拿一百多美元，在当时生活是富富有余。不像国民党办的大学，教授也可能一百两百法币，但它贬值不值钱了。所以一些好老师能够留在学校。第三，因为这是一个大的学校社会，也是一个家庭式的

---

① 贾麟厚（1910-1972），山西太谷人，教授。1935年金陵大学农学院园艺系毕业。曾受聘于金陵大学农学院、铭贤学校任教。1943年获金陵大学园艺学系硕士学位后，担任中国农民银行技术专员兼四川成都园艺推广示范场金堂分场副主任、中国农民银行农业专员、广西桂林桐油研究所研究员兼品种室主任、广西大学农学院园艺系教授。1951年调回山西农学院任园艺系教授、系主任。中国园艺学会理事、山西园艺学会理事长，山西省政协第一、二、三届委员。发表《柑橘种子天性胚之研究》论文。在任铭贤农科园艺场主任期间，创办了山西省第一个苹果园——太谷南山果园，首开山西省苹果栽培历史。对矮化苹果的研究积累了第一手资料，在矮生苹果的研究和应用上取得了重大的突破。遗稿由科学出版社出版，成为我国关于矮生苹果的第一部专著。

② 林成谷（1917-2000），四川成都人，教授。1941年毕业于南京金陵大学农学院土壤农化系。曾任中央农业实验所技佐，四川农业改进所技士，四川农业建设厅技正。1950年后在铭贤学院、山西农学院任教，曾任农学系副主任，土化系主任。省土壤学会理事长，第五、六、七届全国人大代表。主编《土壤学》教材，撰有《山西省磷肥的肥效》、《恢复农业生态平衡是建设山西西山黄土高原的关键》。科学研究成果获全国科学大会奖。曾获省农业科学大会奖，省优秀教师、先进科技工作者称号。

③ 郭定成（1921-），太原市晋祠镇人，教授。1945年毕业于西南联合大学化学系。先后在铭贤学校、山西农学院附设农校、山西农学院任教，曾任基础部主任。山西省化学学会会员，省生物化学学会第一届常任理事。享受政府特殊津贴。从事生物化学教学科研工作。获山西省优秀教学成果奖一等奖。主编出版了《植物生物化学》、《生物膜生物化学》。主持并参加"不同剂量γ-射线辐照苹果在低温贮藏中生化指标变化的研究"、"棉花、玉米苗期抗冷性的研究"以及"鸭梨黑心病生病机理及防治的研究"。曾获省高教先进工作者、山西省劳动模范、山西省优秀教师称号。

④ 江家诚（1925-），四川江津人，教授。1950年毕业于四川重庆市重华学院化学工程系，1951年到山西农学院任教，主要从事物理教学和科研工作。主持编写全国高等农业院校《物理数学最低标准》，第一副主编高等农业院校教材《普通物理学》，参编《物理实验》。山西农学院先进工作者，出席山西省文教群英会。

团体。所以师生感情非常淳朴和谐，互相关注。"①

铭贤学校的"校训是四个大字'学以事人'，孔祥熙写的。教学中对学生的教育很少用虚套的话，它切实地关心学生。有钱的子弟不在乎交几个学费，没钱的子弟如果学习的好，学校绝对保证给他勤工俭学。每年学校还要从毕业生里边选拔三个两个优秀的，它认为是多才优秀的、做人做事诚恳的，派出国外学习。所以这对年轻人很有吸引力和号召力。"②

忆及当年大学的学习，徐锦堂最难忘的是恩师的教诲、恩师的风采：

王绶院长是我国生物统计学家、作物育种专家，是他最早把生物统计学引入我国。他培育的大麦品种在美国被定为"王氏大麦"，培育的大豆"332"品种被定为"南京大豆"。在新中国成立前王院长曾任金陵大学（现南京大学）农艺系主任，为国家培养了大批著名学者，其中新中国成立后成为中科院院士的就有十几位。虽然王院长来校不久徐锦堂这届就快毕业了，但是他作毕业论文时，多次请教王院长有关生物统计学难题，永志难忘，受益终生。比如在黄连、天麻种子数量和发芽率的统计上，徐锦堂都有创造性的小发明，这都与当年王院长口传心授、谆谆教诲密不可分。

康兴卫教授是山西文水县人，1924年与王绶院长同班毕业于金陵大学，属大师级人物，极富传奇色彩。新中国成立初期，为发展生产开辟税源，"时任西南军政委员会主席的邓小平，召集社会名流、专家学者开座谈会，献计献策。会上决定由康兴卫教授起草发展云、贵、川烟草草案，"③ 草案受到领导好评。至今，西南烟草产区基本上沿着他设计的思路发展壮大，成为我国规模最大、质量最好的烟草产区，康兴卫教授功不可没。还有1950年，铭贤学校从四川返回山西的搬迁费难以筹措，"康兴卫教授倾

---

① 杨宗源访谈，2013年7月17日，北京。资料存于采集工程数据库。
② 同①。
③ 山西农业大学学报编辑部编：《百年回眸——校友回忆录第一辑》。山西太谷，2007年，第36页，未刊发。

其所有解决燃眉之急,"[1] 使阔别故乡 13 年的师生员工顺利回到太谷。康先生着装做派也别具一格。当时男老师穿中山装,女老师穿列宁装,康先生依然一袭长袍,千层底布鞋。康先生教授植物学,因植物器官、结构讲起来很抽象,需要图表示意,先生一定在上课前在黑板上亲笔画好。先生的板书绘画俱佳,课也讲得极好。而且讲课从不带讲稿,出口成章。慢条斯理,深入浅出,通俗易懂。比如"讲到植物体内运输,先生这样娓娓道来:植物和动物都是生物,动物靠血脉运输营养,植物靠导管、筛管运输营养。一堂课下来层次分明,板书工整。听者趣味盎然,记得有序,复习容易。"[2] 至今徐锦堂都保留着上康兴卫教授植物学课时的笔记。当年的严格训练,让他受益匪浅。后来进行天麻、黄连研究时,他所绘的形态、生态图,就是跟着康兴卫教授在课上和实习时打下的良好基础。

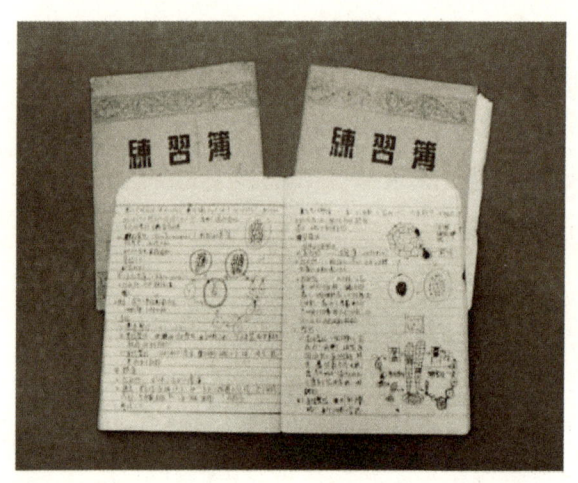

图 3-9 1955 年,徐锦堂在农大上康兴卫教授植物课时的笔记

老校友杨宗源回忆:"烟草专家康兴卫是极具特色的一个老教授,他上课不拿稿子不拿书。一支烟一支粉笔,他讲所有东西、农业植物生物学等所有知识熟练得很,好像他讲的这门植物生物学课他背过了。他很有点小脾气,很厉害地训人。他还爱好收藏古籍。宝藏在他家是琳琅满目,我去他家里看的时候,我说康先生你的书架上不止有书,东西一大堆。他笑了,他说,'不值钱买的,拿回来的。'曾经玩古玩的人到他那商量,在(20 世

---

[1] 山西农业大学学报编辑部编:《百年回眸——校友回忆录第一辑》。山西太谷,2007 年,第 35 页,未刊发。

[2] 山西农业大学学报编辑部编:《百年回眸——校友回忆录第一辑》。山西太谷,2007 年,第 62 页,未刊发。

纪）六七十年代给他几十万块钱收他的，他说我不发财我不卖，后来究竟怎么了？我担心"文化大革命"学生造反都打了。"①

　　郭定成先生是农学院公认的讲课引人入胜的化学教授。据说他与李政道、杨振宁同为西南联大的同学。徐锦堂和郭先生还有另一层关系，在农校教书时他们住在同一个家属院，是邻居，他母亲和郭老师夫人相处很好。郭先生的一堂关于种子萌发的生化报告，把徐锦堂深深地引入到种子的微观世界里。种子萌发并非百分之百能出苗，通常搞农学的简单归之为种胚生命力的差异，很少考虑胚乳在萌发过程中的因素。郭先生讲种子萌发，"不是从有生命的种胚讲起，而是从种子胚乳的化学成分与结构讲起，阐述种子萌发出苗的三个阶段：即种子胚乳吸水膨胀的物理过程、胚乳物质转化的化学过程及幼胚吸收营养细胞分化的生物学过程。"② 同样是种子萌发现象，用生化理论解释，与用生物学的解释是那样不同，却又殊途同归、入木三分。

　　"黄率诚是植物学教授，我的植物学是他教的。这个人非常心细认真，美国留学的。说不客气的话，他如果在北京农大、北京农科院，也能当院士。他和庄巧生③是同期的同学。庄巧生和我说非常怀念他。他是很认真很治学的专家，我的植物学是跟他学的，我虽然不是搞植物的，但是从他那里受益不少。徐锦堂上大学时黄先生就是他的系主任，他们的棉花课就是黄先生亲授的。黄率诚先生在"文化大革命"中被一颗飞子（流弹）、无名的一颗子弹打死了。现在想想"文化大革命"耽误了十年的国家建设，毁灭了许多人才。"④

　　"当时铭贤学院，关注学生的实践。我在农村住了一年多不到两年的

---

① 杨宗源访谈，2013年7月17日，北京。资料存于采集工程数据库。

② 山西农业大学学报编辑部编：《百年回眸——校友回忆录第一辑》。山西太谷，2007年，第42页，未刊发。

③ 庄巧生（1916-），福建省闽侯县人，毕业于金陵大学（南京大学），著名的小麦遗传育种学家。他长期从事小麦科研事业，带领几代科技人员选育出"北京8号"、"北京10号"、"丰抗号"系列等几批冬小麦优良品种，在北方冬麦区广泛种植。他参加主编和撰写《中国小麦栽培学》、《中国小麦品种及其系谱》、《中国农业百科全书·农作物卷》等专著，为发展中国小麦生产和育种事业作出了重要贡献。

④ 同①。

农村驻点。搞农村的生产发展，同行四五个同志，有搞棉花的有搞玉米的，有搞果树的有搞养马的，辅助这个大队搞生产。曲耀离[①]是棉花专家，全国劳模。什么时候补苗呢？他有个经验：中午最热的时间是补苗移栽的最好时候。一般人不会想大日头晒的时候，把那苗挖过来到这来种、到这来栽。通过实践证明，这个时间是正确的。日头晒的越厉害，移栽的成活率越高，这在理论上与实践上讲，有时候好像使人不大好相信的。养猪专家张龙志是我的老师，也是我们畜牧系的系主任，美国的留学生。这个人是从小吃苦长大。他是延安人，从小家里贫困，徒步从陕西跑到太谷，他也不知道从哪慕名到太谷铭贤学校上学。上学没有钱，学校看他很勤奋，安排他勤工俭学，管他吃管他住，他勤奋努力。他是我们系主任，我入学考试的时候，你别看1948年、1949年铭贤的考生啊，一般几千人来考试，它取两百人，才两百个。就我们这个专业大概就有二三百人考试，取四十个。他一个一个面试。美国回来的大专家，天那么热坐那里一个人一个人面试。他让你拿张纸给写一段中国话，写你觉得有意思有意义的中国东西。写完了以后我说张老师写这干什么？他笑了说：'写这个有用处，我就看你们考试的卷子是不是你答的，我要对笔迹。'张老师给我的第一个印象是蛮认真。每天晚上，他要到自习室检查他的学生有多少晚上安心地在学习，有几个没来，他要检查。我们一块去猪场、牛场、羊场生产实践，他和我们同行。打着行李包背上一块走，晚上在羊场没有地方住，就住在羊圈里边，地铺一拉稻草一铺，张主任和我们并排而睡。养羊专家吕效吾是个好老师，勤奋认真，我本来想跟他搞养羊，为什么呢？对山西来说，羊的发展有很大的潜力。我们对中亚地区出口羊肉，山西要占很大的比重，所以养羊有潜力。吕老师是全国劳模，1960年全国文教群英代表大会，吕效吾老师和我去参加，还吃了周总理的国宴。吕效吾老师是勤勤恳恳一丝不苟的好老师，他不但是养羊专家，还是养蜂方面的专家。应该说，铭贤的这些老师给学生的启迪是不要脱离生产，不要脱离劳动，不要怕吃苦。"[②]

---

① 曲耀离，20世纪50年代全国劳动模范，棉花专家。
② 杨宗源访谈，2013年7月17日，北京。资料存于采集工程数据库。

铭贤学校的管理是开放、民主的。"铭贤学校在新中国成立前后,一般的时候,食堂都是自办。我都办过食堂,几十个人的食堂学生自己管理,自己弄,大家要比较你这一届办得吃了多少次肉,打过几次牙祭。四川叫打牙祭,打过几次牙祭?群众的满意度多少?他那一届办得怎么样?都要比较。我自己想你吃过三次肉,我这届要吃四次肉。我们那会一天一毛钱的伙食,张龙志教授是系主任,他管学校的牧场牛场猪场。有时候小公牛喂得差不多了,他星期天出去玩把全系的学生带上,发个小公牛给大家打打牙祭,张主任在这方面关心大家还是很诚恳的、很实在的。"①

大学毕业的时候,全班绝大部分同学被分成若干个小组,安排到全国各地实习,最远是在东北。只选了徐锦堂等四位同学作毕业论文,他选的题目是"小麦穗分化和灌水的相关性",由刘敦道教授亲自指导,这是徐锦堂从事科研工作的开始。

品学兼优全面发展

山西农学院经过院系调整,1952年又进行了以学习苏联为主的课程改革,农学和畜牧专业的课程,几乎全面采用了苏联的教学大纲。

"1955年暑期前,高等教育部组织大批教师编审高等农业院校各个专业的教学大纲,令各校一律采用。暑假以后,山西农学院根据高教部颁发的全国统一教学计划,对各专业的课程设置进行了调整。农学专业把原来36门课调整为33门课,取消选修课,总学时数定为3445学时,畜牧专业由33门课程调整为31门,取消选修课,总学时定为3545学时。"②

"1956年8月,根据高等教育部召开的全国高等农林院校长座谈会的精神,检查了农学院在采用苏联教学计划和执行全国统一教学大纲一年来的情况和存在问题,主要是教学计划在某些方面未能结合我国的实际需要。而教师又盲目地搬用苏联教材,教学方法上也存在一些问题,以致形成学生学习负担过重,影响了教学质量的进一步提高。在此情况下,结合

---

① 杨宗源访谈,2013年7月17日,北京。资料存于采集工程数据库。
② 校史编写组:《山西农业大学校史》。山西太谷,1987年,第31页,未刊发。

农学院具体情况修订了教学计划，减少了课程门类。农学专业由33门课精简为29门，取消了达尔文主义、土壤改良学、森林学、农产品贮藏和加工四门课，总学时数减少为2915学时，即减少了13%。畜牧专业由31门课调整为26门，取消了达尔文主义，并将养牛学、养马学、养猪学、养羊学、养禽学五门课合并为家畜各论，总学时数减少为3275学时。由于总学时的压缩，周学时也随之减少，一二年级不超过29学时，三四年级不超过27学时。"[1]

为了开展生产实习和教学实习的活动，逐步重视自己农场的建设和同农场的联系。建立了场系联系制度，制订了实习计划和科学研究计划。一般是一、二、三年级的实习在本校农场，四年级毕业生产实习到国营农场和农业社。1955年和1956年，通过生产实习与长治中苏友好集体农庄和李顺达、郭玉恩、武候梨等合作社建立了联系，还经常派专人去进行技术指导。

从1955年以来，学院制定了不少有关教学方面的制度，从而保证了各项工作的顺利开展，其中主要的有[2]：

（1）考试考查制度。从1956年开始，全院考试课程都用口试进行。1956年以后，又采取了笔试、口试任择其一，或二者兼用即抽签笔答的办法，教师条件允许的教研组，还可以在统一评分标准之后，采取双轨制的办法口试。考查，大致可分为两种：一种是考试前的考查，只考查实验部分，凡平时完成实验及习题作业的给予及格，不再另外考查；另一种是不进行考试只进行考查的课程，如外语、气象学、测量学、体育等，凡平时完成作业，通过课堂提问、讨论、小测验、答疑、辅导进行了了解，教师已经知道学生掌握了这门课程的教学内容即给予及格，不再另外考查。这一制度的实行，不但督促了学生平时学习，也减轻了学生在期终考试时过分紧张和负担过重。

（2）辅导答疑制度。1956年暑假前，实行教师定期辅导的办法。暑假以后，开始改用答疑卡片制度来代替定期辅导。学生课后把存在问题填写

---

[1] 校史编写组：《山西农业大学校史》。山西太谷，1987年，第32页，未刊发。

[2] 校史编写组：《山西农业大学校史》。山西太谷，1987年，第30页，未刊发。

卡片，由教师定期收回，把答案写在上面，再发给学生。

（3）检查性听课。1955年，学院实行检查性听课制度，并把这一制度列入院长、教务长、系主任、教研组主任及经验较多的教师工作计划之内，每次听课要填写听课卡，提出听课意见，这一制度的实行，达到了互相促进、取长补短、共同提高的目的。

（4）教学经验交流会，每学期要举行一至二次。

（5）国家考试。学院于1956年根据高等教育部"关于在高等学校试行国家考试的通知"及有关专业进行国家考试的暂行细则，在农学、畜牧两个专业试行国家考试。两个系各组成国家考试委员会，分别聘请河北农学院、南京农学院两位教授为考试委员会主席。考试的课程，除中国革命史、社会主义农业企业组织外，农学专业有作物栽培学，畜牧专业有遗传学及农畜繁育学、家畜各论。两个专业参加考试的38名学生，全部通过了国家考试。

以改革考试制度为主采取的上述措施，大部分是有效的，使教学工作有章可循。徐锦堂学习用功，且善于学习，每次考试都能从容应答，成绩几乎全部是5分（优）。徐锦堂对自己的要求也极其严格，有一次考试得了4分，他找到老师要求重考。那时的考题是随考随取，所以平时不用功靠突击复习不管用，但是允许考两次。4分，一般同学还觉得不错呢，但是徐锦堂认为不行。几天后的第二次考试，他果然得了5分。

徐锦堂善于做社会工作，老同学徐世明说："我们俩同一届选上，他是学生会主席，我是学生会副主席，我虽然是班级高年纪小，因为我们到三年级一般就都不做干部了，到四年级就要做论文了，所以他刚来就是学生会主席。他是调干生，我高中毕业就上大学，他在我们农大附属的农业技术学校上过学，还工作了两年，所以我就觉得来了这么一个老大哥，太好了，给我撑腰了。什么事我一没办法就找他，虽然我好像高两年级，但是他的办法比较多。要组织一个文娱晚会，那他是主力。他非常全面，又会唱又会跳，会演话剧，还会演活报剧。我就演不了这些，我就会跳舞。演《放下你的鞭子》，同学演得不好没法拿上台去，还有一两天时间来不及了，我说这怎么办呢？我说徐锦堂你演吧。但是他说你先看看，要不然

图3-10　1955年，徐锦堂（前排左三）演出《森林里的火光》时的剧照

取消了吧。我说这都报了节目，不行。我说你演吧，你给人家指导，我看你可以演。后来他就用一天的时间排练，结果演出非常成功。这么多年我觉得跟他相处的感觉一个是自强，一个是智慧，一个是勤奋，还有一个是善良。我给他总结这么几个字。"[1]

"在抗美援朝那个时候，我们组织了一个剧团演《刘巧儿》，他当时演赵柱儿，是男主角。那个戏打得还挺响的，不仅在太谷县，还打到榆次，到太原还演了好几场。大概一共演过50多场，基本上满座，看戏的人还不少。他是一号主角，我管整个舞台的布景，画布景、布景设计是我。他有这些方面特长，他能演讲，他当过一段中学老师，口才很好。另外他人缘比较好，善于交际，这在现代教育中是比较重要的，他反映了一

---

[1]　徐世明访谈，2013年7月17日，北京。资料存于采集工程数据库。

种能力。"①

曾经与徐锦堂农校、大学都是同学的郝晓玲说他是德智体美发展的典型："我和徐锦堂从农校开始就是同学，他是农二班的我是农五班的。1954年山西农学院招生我们就直接考上了山西农学院，我们就成为同班同学了。回想起这四年对他的感触有这么几个特点：第一点就是在学习上，他是比较刻苦而且能够吃苦。他在学习上比较主动，我们就是从学校到学校，学习起来相对来说是比较被动的，而他非常注重实验实习课，也就是动手能力操作能力，实验实习课都是一丝不苟的。我记得有这么一件事：我们上遗传学的实验，就要用到显微镜来观察细胞内的结构，他那一台显微镜的镜头脏了，怎么办呢？他提出是不是可以用酒精来擦一擦，给我们带实习的杜竹铭老师说不行，绝对不行，那样会损害这个镜头的，因为一台显微镜最宝贵的就是镜头，所以这件事情给我留下的印象特别深。我一生都记得，要保护镜头，镜头是最宝贵的，那个是不能用酒精来擦的。另一个特点，可以说他是德智体美全面发展的典型。大家都说了他演大型歌剧《刘巧儿》，还有因为在50年代文娱生活比较贫乏没什么东西，不像现在

图3-11 1955年冬，在山西农学院的滑冰场上

---

① 苗果园访谈，2013年4月12日，山西太谷。资料存于采集工程数据库。苗果园（1934—），山西省河曲县人，教授，博士生导师。1958年毕业于山西农学院农学系，1961年山西农学院研究生毕业留校任教。曾任国务院学位委员会学科评议组成员、省学位委员会成员、农业部小麦专家组成员，享受国务院特殊津贴。从事作物栽培、旱作农业、农业生态研究。先后主持国家级、省部级重大科研项目多项，并获国家自然科学奖三等奖1项，山西省科技进步奖一等奖1项、二等奖4项、三等奖2项。主编出版了《东官庄旱地小麦》等著作两部，任副主编教材两部，受聘参加《中国小麦学》、《农业百科全书·农作物卷》等五部著作的撰写。在国内外重要学术刊物上发表论文60余篇。先后荣获国家教委、农业部、林业部颁发的支农扶贫先进个人奖、省先进科技工作者、山西省师德标兵、山西省模范教师、硕博生优秀导师等荣誉称号。

有电视、电影那么丰富多彩，所以能排练个节目就好像过节一样，每次演出排练都少不了他。在文艺方面他是很活跃、很活泼的，多才多艺的，在体育上也是。我们班人比较多，入学的时候是84位同学，每年的运动会都要得很多奖旗，所以我们班教室那奖旗都挂满了，这其中有很多都是徐锦堂争取来的。他的短跑100米、200米，都是拿奖的项目。"[①]

2013年5月，"徐锦堂教授采集工程小组"一行去了山西农业大学，徐锦堂在这里也是闻名遐迩。在学校的档案室偶然发现了他毕业时的成绩单。成绩单用的是新中国成立前铭贤学校留下的表格纸，几乎各科成绩都是5分。

徐锦堂不仅学习优秀，而且文娱体育社会活动也表现优异。大学一年级，他就担任了学生会主席，大二他担任学生会文体部长。徐锦堂所在班是一个80多人的大班，分四个小班。大学四年中，他年年被同学选为班主席。这个班在全校的文娱会演、歌咏比赛、体育运动会上都是总分第一，应当说徐锦堂功不可没。他虽然担负了大量的社会工作，不但没有影响学习成绩，反而锻炼了他的组织能力，这是在书本上学不到的东西。

1958年，徐锦堂以优异的成绩结束了大学的生活，分配到首都北京。

[①] 郝晓玲访谈，2013年4月12日，山西太谷。资料存于采集工程数据库。郝晓玲（1936－），山西介休人，教授，中共党员。1958年山西农学院本科毕业，留校在基础部生物物理教研室任教。从事生物物理教学和科研工作。主持"小麦辐射遗传育种研究"获中国农业科学院"小麦专项研究"三等奖；参加"小麦根－土系统研究"获省科技进步理论奖一等奖；主持"荞麦生长发育规律及生理生态研究"获省科技进步理论奖二等奖。撰写学术论文20余篇，其中在《国际荞麦学术会议论文集》及英、日等国际刊物上发表10篇。参加编写《中国荞麦》专著，《核技术农业应用》教材。获中国教育工会"育人杯"奖。

第四章
八年蹲点

黄连考察和立题研究

黄连为毛茛科多年生草本植物，我国是主产区。主要栽培品种为黄连（*Coptis chinensis* Franch.），也称味连、鸡爪连，三角叶黄连（*C.deltoidea*），也称雅连，云南黄连（*C.teeta*），也称云连。黄连主要分布在长江中上游鄂西和重庆东部地区30余县，占全国黄连总产量的80%。四川省石柱县（现为重庆市石柱县，下同）、湖北利川县（现为利川市，下同）为地道药材产区。

在我国，黄连入药已有2000多年的历史，《神农本草经》将其列为上品，是

图4-1 黄连全株及成品黄连（根茎）

我国常用中药材。具有泻火、清热、燥湿、解毒等功能，是多种中成药的原料药和临床配方中的重要药材。

据记载，长江中上游的鄂西和重庆东部地区，人工栽培黄连的历史已有300余年，自清代以后种植规模逐年扩大。黄连有荫生的生长习性，在直射光下会干枯而死，尤其在育苗期和移栽初期，最忌直射光照射。历史上一直沿用砍林垦荒、搭棚遮荫的方法栽培黄连。药农搭设棚架的技术相当娴熟：在十余亩山梁沟谷交错的自然林中，砍伐树林后搭起联厢荫棚，不用钉铆绳拴，即可"触一桩而动全棚"，且五至六年经风霜雨雪不垮，足以证明棚架相联得力，药农搭棚技艺超群。

毁林搭棚，世代相传。因此，谁也没意识到老祖宗传下来的砍山搭棚栽连方式，因破坏生态环境应该改革。

第一个身体力行的改革者出现了，他就是徐锦堂。

1958年秋天，徐锦堂以优异成绩毕业，分配到中国医学科学院药物研究所药用植物栽培室。到北京报到不久，徐锦堂的第一项任务是陪同陈瑛同志赴四川、湖北等黄连产区考察黄连栽培状况。临行前领导对他们说：知道这个课题是谁交给你们、交给我们研究所的吗？尽快地将一些野生的中药材变家栽，尽快地改革一些中药材的栽培方式，缩短生长周期，增加产量，这是党中央、国务院交给我们的一项重大任务。领导一番话，徐锦堂感到肩上担子分外沉重。

图4-2　徐锦堂1958年大学毕业分配到药物研究所时与妻子合影

当时全国正处在大炼钢铁的热潮，高炉林立，火光冲天，十分壮观，令人心潮澎湃。徐锦堂是第一次去南方，心情很激动，感到什么都新鲜。

"宝成铁路通车不久,封闭的天府之国门户刚刚打开,物产丰富,东西十分便宜。加之土地肥沃,雨量充沛,植物生长茂盛,放眼望去满目葱茏,这是一个在干旱地区长大的北方人从未见到过的景象。"①

他们的第一站是四川省石柱县黄水农场,这是全国黄连的主产区,栽连历史悠久,栽培经验丰富。两人观察了很多栽培黄连的荫棚,访问了多位经验丰富的老药农,观看了他们砍山搭棚栽培黄连的过程。他们两人提出的第一个问题是不搭棚栽连行不行?药农们说不行,敞阳下黄连很快就会死掉。看到药农们将参天大树砍倒、切断,分成几瓣,徐锦堂感到十分惋惜。

"至于缩短年限的问题,药农们都认为'栽连不如蓄连',多长一年产量会提高很多。"② 环顾荒山秃岭,满目疮痍,徐锦堂心情异常沉重。

从黄水农场辗转到相邻的湖北省利川县福宝山人民公社,公社所在地在福宝山下大畈营,徐锦堂先把介绍信交给了公社党委书记,听说离大畈营20多里有一药农黄连育苗技术很高,他们决定分头调查。陈瑛上福宝山考察,然后到山下汪营等徐锦堂。徐锦堂考察育苗技术后,再上福宝山调查黄连与陈瑛在汪营会合。

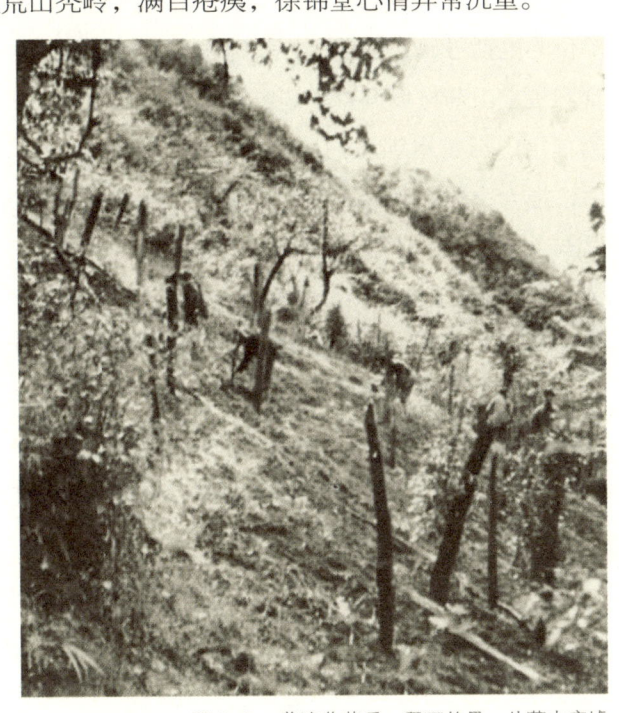

图4-3 黄连收获后,留下的是一片荒山废墟

———————
① 徐锦堂访谈,2013年2月19日,北京。资料存于采集工程数据库。
② 同①。

第四章 八年蹲点

徐锦堂考察黄连育苗技术后，当天即返回大畈营，准备次日上福宝山药材场。半夜，他突然被急促的敲门声惊醒，几个人把他带到办公室，气氛很紧张。有一位白天未见过的干部向他亮明身份，说自己是县公安局的，奉劝徐锦堂如实回答问题："你到底是干什么的？叫什么名字？从什么地方来？你带的照相机为什么介绍信上未注明？你在我们地区照了多少像，你还有一个同伙哪里去了？"一连串话问的他一头雾水。徐锦堂只好一一回答，解释说照相机在北京是家庭用品，用不着写证明。与他同来的那位同志已到了汪营，他在福宝山调查结束后就去和她会合。

　　旁边一个年轻干部有点不耐烦了，他猛然站起来说："你老实交代，你在我们地区的活动情况我们都掌握了，我们有权没收你的相机，把你押送到县公安局。"徐锦堂一看有口难辩，也不敢硬顶，只好告诉他们北京单位的电话号码，请他们打长途核实，好半天这才解了围。第二天，徐锦堂到福宝山药材场调查了药农栽培黄连的技术，观察了几个黄连棚，了解到福宝山与黄水坝虽同属武陵山系，但栽连技术有所不同。黄水坝选地后，把大小树都砍光，备料搭棚后，挖地栽双厢（畦），面泥为底肥，栽后五个饱（周）年收。福宝山选地后把大树砍倒，直径10至15厘米的小树尽量保留，搭棚时若遇到栽桩的部位或近处，距地面4.5尺左右砍掉树顶部，砍个弯口，将树根砍断一些，即可架檩，称作"自生桩"。栽单厢，本土不面泥，栽后五个年头收，比黄水坝少一年。有的自生桩栽连后复活，树枝叶长出一两年即可成为一株小树，荫蔽的黄连，生长正常，他将树荫下与附近棚下生长的黄连各挖了20株，去掉泥土和须根比较，无大差别，这对他有很大启发。

　　他到汪营后见到陈瑛，她说昨晚在旅馆也被盘问了许久。第二年徐锦堂上山蹲点才知道，问题出在那张介绍信上。他们出差前准备了五六张空白介绍信，内容和日期都是预先写好的，只留下台头的单位名称未填。到产区后哪里需要去调查，便临时填上被调查的单位名称。福宝山人民公社刚成立几天，而徐锦堂是进村时才填的公社名称。两人出差一个多月了，开介绍信的日子，福宝山人民公社还未成立呢，所以公社党委书记起了疑心。事也巧了，当时他们刚刚接到上级通知，有两个台湾美蒋特务空降在这一带山里。徐锦堂当时穿一件皮猴，陈瑛穿一件翻毛领子短大衣，这样的装束当地人没见过。公社干部与民警为抓不抓他研究了半天。有人把绳子找来说先绑起来再说，如果是特务跑了怎么办？最后还是公安部门的同志说，北京来的干部怎么能轻易抓？万一抓错了怎么办？有他留的电话，我们与北京核实后再抓不迟。他们真的挂长途与研究室进行了核实，若非这个电话号码，那天不被绑起来也要关进拘留所。

考察工作用了两个多月的时光，二人回到北京后立即向领导汇报工作。徐锦堂刚参加工作，工作汇报由陈瑛做。她汇报完后，所长问徐锦堂有什么要补充的？徐锦堂原以为不用他汇报工作，没做任何准备，但他满脑子全是黄连产区被砍光的荒山秃岭，随口就说：黄连产区毁林搭棚对自然破坏太厉害了。没想到，几天后所里通知他立题搞黄连栽培技术的研究。

图 4-4 黄连栽后五年（收获年）要把棚顶盖材都揭去，连农叫"亮棚"，使黄连叶枯根茎充实叫"下头"，桩檩作炕黄连的烧柴

从 1959 年开始，每到春天徐锦堂就背起背包奔赴四川、湖北黄连产区，一直要干到秋冬季才能回京。如同一只候鸟，春来冬去，直至 1966 年"文化大革命"开始，连续蹲点整整八年。

在四川石柱县黄水农场和湖北利川县福宝山药材场，徐锦堂经过深入的实地调查，进一步了解到旧式架子棚遮荫栽连对森林和生态破坏程度及其后果都相当可怕[①]：

[①] 徐锦堂：《徐锦堂教授论文集——药用植物栽培与药用真菌培养研究》。北京：地质出版社，2006 年，第 360 页。

（1）严重破坏森林资源。通过对福宝山药材场架子棚用材量调查，得出如下数字：每亩遮荫棚需桩160根、檩条74根、横杆550根、盖材5500—10000斤。经查材积表折算，每亩需用木材9.5立方米。

自然林生长不规则，有密有稀。他选择了五块当年砍伐栽连的地块测量，虽然几块地测量结果有差异，但仍可看出栽一亩黄连需砍伐近三亩森林。正如老药农所言"一亩黄连三亩林"，也即"一地三面积"。

图4-5 黄连搭棚栽培最后一道工序，拦好棚边后"关门插锁"

（2）土地无法循环利用。传统的栽培方式在黄连收获后，药农认为土性已寒不能再栽黄连，需要撂荒二三十年待植被和森林恢复才能复种。土地无法循环利用，种一片黄连毁三片森林，种的越多荒山越大。曾经的原始森林成为村镇、农田，近处的坡地变成了荒山秃岭，能栽连的地方越来越远。

在黄水镇有人住的地方，黄连棚很少，黄连分布在山沟里。药农说黄水镇原来叫黄水坝，曾经是方圆几十里的高山平坝。原本是一片森林，老祖宗种黄连，一代代种下来，大树都砍光了，所以现在的黄连都种在离住户较远的山沟里。

（3）水土流失严重。石柱县黄水镇老产区传统的黄连栽培方式，药农施基肥，不用厩肥。所谓施基肥，就是需要铲三亩地上的肥沃腐质土，堆在一亩地上准备栽黄连。具体办法是将林地表层三至六厘米厚的腐质土及部分垫积层土铲起集中，将树枝杈、树根及杂草晒干堆积，腐质土盖其上，点火后烟熏三至四天，过筛集中堆在挖松的厢面上，厚18—20厘米，作成瓦背形宽3.3米的双厢（高畦），称作"栽面泥"。深厚的腐质土做基肥，成为黄连生长五年中所需营养的主要来源，所以不注重追施厩肥。每年春秋季铲棚周围林地的表层腐殖土，火熏后撒施为追肥。搭棚时将树根及土中草根挖净，土壤翻动比较严重。栽面泥方法破坏了森林表土层及下层网状结构，水土流失严重。黄连栽植当年土壤侵蚀最严重，收获年次之，中间生长的第二至四年，侵蚀程度相对较轻。

黄水农场和福宝山药材场

根据第一次黄连生产调查，徐锦堂蹲点的地方选在四川省石柱县黄水农场和湖北省利川县福宝山药材场。黄水农场是栽培黄连历史悠久的老产区，福宝山药材场是刚开始种黄连的新产区，一老一新便于开展试验。

在这两个点，徐锦堂每设计一套试验计划，同时在两地开展，一是增加试验的重复性，二能广泛听取干部药农的意见。

石柱县黄水农场坐落在川东武陵山余脉的大山中，山高林密，是四川省涪陵地区的干部下放农场，分许多个大队。徐锦堂被分在一大队搞试验，农场还配给徐锦堂一名助手叫孔文彦，他原是地区药材公司干部，共产党员。俩人住在一间不足八平方米的小黑屋中，出门就是厕所。屋内放两张床，中间用一个小书桌隔开。窗户只有一尺宽，阴雨时节，白天看书都需点灯才行。1959年刚蹲点时，徐锦堂以黄水农场为主，铺盖卷都放在那里。

福宝山药材场1955年建场，地处鄂西武陵山余脉的深山，是由湖北省农业厅领导的国营黄连专业药材场，行政上归利川县特产局领导，为区级单位，下设四个分场。一分场在双河口，四分场在花角坝，他们大多是当地农民，带土地入场。二分场在亮柱房子，三分场和总场部在一起，总共

图 4-6　1961 年，徐锦堂（后排右一）在福宝山黄连棚前与科研队工人合影

有工人 900 余人，是从全县招来的，其中有少数懂技术的工人。整个药场分布在一座长 100 里、宽 30 里、海拔 1500—1800 米的大山上。

福宝山药材场场长尹明义年轻、思路开放，积极支持黄连栽培试验。先是组织有十几名工人的专业队配合徐锦堂工作，免去工人的生产任务。后来专门成立科研队，"调来技术骨干梁光友任科研队队长，还选派了三名有文化的青年协助我进行观察记录。每天的工作由我和梁光友商量安排，这给我创造了非常方便的科研条件。相比之下，在黄水农场一大队，我布置试验得由小队完成。田间试验必然要花费时间，投入较多的劳力，而他们每个小队的任务都很紧张，安排试验就比较困难了。1960 年，我将工作重点都安排在福宝山，只是每月去黄水农场观察已布置的试验。"[1]

"黄水镇离福宝山相距 175 华里，中间隔着三座海拔 1500—1800 米的高山和几十里人迹罕至的大森林。1959 年和 1960 年，我每月要两地往返一次。如果乘车坐船绕道走公路，单程就得五天。为了不误农时，不把时间花在路途上，我舍车弃船，翻山越岭步行前往。开始两地走三天，途中在小店住两宿，后来两天就可到达。再后来经过锻炼，我练出一双'飞毛腿'，顶着星星起程，踏着月光落脚，朝发夕至，175 里山路硬是一天走完。"[2]

天有不测风云，人有旦夕祸福。在山区雨多雾大，骄阳似火的天气，转眼就可能出现瓢泼大雨，雨水冲刷满身的汗水，反给疲乏的身体带来一

---

[1] 徐锦堂访谈，2013 年 2 月 19 日，北京。资料存于采集工程数据库。
[2] 同①。

丝凉意,小雨快走,大雨狂奔,这已成为那两年两地奔波的常事。一些陡壁险坡,前人用石板修成台阶,徐锦堂一步能蹿两个或三个台阶。"为了赶路,行前用手帕包一个饭团,饿了抓两把冷饭,渴了喝几口山泉。"①

走这样的山路一怕遇到生人,二怕撞到野兽。"遇到不认识的人,摸不清他的底细,互相让路时要靠紧山岩的里边,不能靠近岩边,以防被人推下岩去,这也是我多年走山路的经验。"②曾有两名地质队员常走这条路,徐锦堂和他们打过照面,还闲聊过几句。过了些日子,突然听说地质队寻找走失的两名队员的消息。连绵几十里的林间小道,清风徐徐吹来,深谷潺潺溪水,幽静美丽的景观,引不起诗情画意,反而常常毛骨悚然,徒增几分紧张。

徐锦堂在深山老林真的遇到过土匪。一天,徐锦堂由福宝山去黄水,在一条竹木混生的深沟里,听到竹林中有走动的声音。"我紧跑几步赶到前面,在我身后的林中走出一个年轻人,绑着绑腿,腰间插着砍柴刀,出现在距我不足20米的地方。我回头站在路中间看着他,个儿不高,身体偏瘦,他也瞪着我,也许是我较大的个子起了作用,他未敢动手。对视了几分钟后我快步赶路,并顺手在林间操起一根木棒,我走快他紧跟,我走慢他也放慢步伐。大约跟了我几里路,前面有一个几十户人家的小集镇叫双河口,我跑进一家供销社里和售货员说明情况,当我俩出门查看时已不见人影,我出了一身冷汗。售货员告诉我近期黄水地区有一股地主武装暴动,他们有几十人集中住在山洞里,并有明确的口号和行动纲领,在利川、石柱等地派有多名联络员,常在僻静的山沟里跟人,主要抢粮票、钱和枪,得下手就下手,没有机会就逃掉。出现这种情况,我不敢再向黄水走,准备在双河口住一天再作决定。正好有我办黄连学习班的一名学员路过双河口,要去黄水买黄连种子,我们得以结伴。农场领导告诉我,现正在剿匪,农场生产科张科长和一个队长下去检查生产,被土匪砍成重伤,现正住院治疗。在黄水观察完试验,农场派了两名民兵送我下山。"③

---

① 徐锦堂访谈,2013年2月19日,北京。资料存于采集工程数据库。
② 同①。
③ 同①。

三年自然灾害时期，走路常会遇到三三两两的饥民，他们看你是干部打扮，就会缠住你要粮票、要钱，使你很难脱身。徐锦堂十分同情他们，但实在无能为力。遇到这种情况，徐锦堂只好违心地先张口："老乡，饿得实在不行了，给点饭吃吧。""没得吃！我们还饿肚子哩！"这样才可顺利走过。但说这些违心的话，徐锦堂心中隐隐作痛。有一次，徐锦堂心中实在不忍，回头掏出二斤粮票塞在一位老人手里就赶紧离开。

在连绵起伏的大山深处，徐锦堂还遇到过猛虎都不敢惹的金钱豹。"那是1960年夏季的一天，我由福宝山到黄水观察黄连试验。那天，我去了一大队。在返回场部的路上，我想顺便下沟看一下试验田里的黄连。雨过天晴，山间小路中间积了一摊水，我发现水中有一个蹄印，水还有点浑浊，估计刚有动物来过。下到沟底观察完黄连，我未敢多停留，想找件防身的武器，一时也难找到。看到黄连棚上插着一个栽黄连的小铲子，它总算是件铁器，我急忙拿在手里。走在返回的路上，听到林中'刷拉'一声，我循声望去，就在七八米远的树丛里，有一个毛茸茸的大脑袋，张着大嘴和两只人眼睛——金钱豹，一股冷气从脊梁骨直通脑心。过去听人说，人猛然受到惊吓时，头发会竖起来，此时我感觉全身的汗毛都竖起来了！我不敢跑怕它扑过来，只有握紧铁铲当做防身武器，两眼一动不动地死盯着金钱豹，心想听天由命吧！就这样，在几米远的距离内，人与豹四目对视僵持着，渐渐地我察觉到金钱豹凶残的目光有所收敛，头也偏向他方，好像不再敌视我了。于是我慢慢移动脚步沿小路向山上爬去，但总觉得后面有跟踪的声音。我未敢回头一直走到大路上，心才算平静一点，足足出了一口长气，赶紧一路小跑回到黄水农场。短短几分钟与金钱豹对视，使我仿佛经受了几年的煎熬。"[①] 这一天徐锦堂迷迷糊糊，不愿说话，也不想吃饭，身体有点发软，可能是惊吓过度，人都有点吓傻了。

老猎户告诉徐锦堂，老虎听到声音它也躲人，但千万不要遇见顶头虎，所以走山路会大声吼一声，但是豹子就不然了，它会伤人的。几十年过去了，金钱豹一双大大的眼睛还不时浮现在徐锦堂的脑海中，每当他想

---

① 徐锦堂访谈，2013年2月19日，北京。资料存于采集工程数据库。

起那双眼,还会毛骨悚然,打一个冷战。

石柱县是全国黄连主产区,黄水农场的药农们拥有高超的黄连栽培技术和丰富的加工经验。1959年,徐锦堂一来就被农场安排到第一大队搞黄连栽培改革。徐锦堂是学农的,黄连是什么样子,还是头一年考察时才见到,对黄连栽培更是门外汉。徐锦堂想要研究它、改变它,就得先了解它。当时,徐锦堂除按计划在一大队布置试验外,还抽出一部分时间向药农学习黄连栽培和加工技术。

"当地有一位陈姓黄连生产能手,他是石柱县的人民代表,大家都叫他陈代表。我找到陈代表,表示想拜他为师,学习黄连栽培技术。当陈代表知道我是北京来的大学生,对我十分客气,就带我一块去看黄连棚搭棚,让我站在旁边看他砍桩。我觉得这样不好,就操起斧头按陈代表的方法砍起桩来。开始三棱的桩尖被砍成圆的,桩顶月弯口被砍成猪蹄叉。陈代表笑着说:'这不是你们大学生干的活。'可我还是一根一根砍起来,手磨出了血泡,膀子也砍肿了。陈代表拉着我的手说:'徐同志,你还真能下得力。'晚上睡在床上,我不知膀子放在什么地方才舒服。陈代表估计我第二天不会来了,但第二天我准时来了,而且仍然不惜力地干。开头几天是最痛苦的,双手打满血疱。又过了些天,双手结出了老茧,活儿也干的像模像样了。"[①] 这让陈代表很感动,他开始给徐锦堂仔细讲解黄连栽培的关键技术。最后,陈代表连黄连加工的技术也传授给了他,这可是轻易

图4-7 1959年,徐锦堂在黄水农场的黄连棚下做试验观察记录

---

① 徐锦堂访谈,2013年2月19日,北京。资料存于采集工程数据库。

不传授外人的看家本领。"新中国成立前,地主请师傅加工黄连,都要大酒大肉招待周到,不然到黄连细炕该出坑时他不出坑,反而多加两把火,这一坑就得损失好几斤黄连。打坑是炕黄连的关键,喉管口在坑中离前档头的距离和喉管的坡度都是非常重要的。打坑时我钻进火池挖喉管,弄得满头满身都是土。炕黄连最后一道工序,用槽笼打磨黄连,尘土飞扬,嘴和嗓子都是苦的,我干得比别人都出色。陈师傅终于相信我是真心实意想学技术。"① 在陈代表的帮助下,徐锦堂学到全套的传统黄连栽培和加工技术,为他开展黄连栽培方式的改革奠定了扎实的基础。

福宝山药材场1955年才建场,虽说是黄连专业场,也招了一些专业工人,但在加工黄连方面没有技术过硬的人。徐锦堂在黄水农场陈代表传授的技术派上了用场。在场长的安排下,他在几个分场选了一批年轻人,从打坑开始教到加工出黄连,这批年轻人都成了场里加工黄连的骨干。

在福宝山加工黄连过程中,徐锦堂发现以往加工黄连的坑存在着两个难题:"第一是挖坑时,喉管的长度和斜坡度不容易掌握,造成有的前坑火力大,有的后坑火力大。我把喉管的固定舌头改成石板的活动舌头,这样可支高可下降,解决了前后坑火力不均的问题;第二个是喉管口有一尺宽两尺长,每坑从竹蔑缝中漏下的黄连,掉进喉管滑到火池全被烧掉,有些漏在喉管里也被烧成'糊头',成了次等黄连。每坑烧七八两,一年一个坑就得烧几十斤黄连。经过反复琢磨设计,我在喉管中又挖了一个坎,只要竹蔑漏下的黄连落在这个坎里,保证烧不到黄连。因为这是在福宝山发明的,大家称它为'福宝坎'。"②

徐锦堂用行动赢得了干部、工人的信任,药材场将改进落后的生产方式、提高黄连产量寄托在"北京大学生"的身上。福宝山药材场成立的科研队,10多人的队伍全部是技术能手,而且不定任何指标,不上交任何利润,只有一个要求:听徐老师的安排,干好徐老师安排的工作。

---

① 徐锦堂访谈,2013年2月19日,北京。资料存于采集工程数据库。
② 同①。

自然林栽连

面对一片片荒山秃岭，徐锦堂冥想苦思：药农培育黄连秧苗，都采用撒茅林的育苗方法，撒秧苗后有不少秧苗遗留在茅林里，有在自然林下生长了七八年，成了野生黄连，另外福宝山"自生桩"下黄连也可正常生长。让黄连重返自然、让黄连在林中生长行不行呢？他的想法得到了福宝山药材场尹明义场长的大力支持。徐锦堂与场里派来的老药农周厚俊师傅，怀揣饭团，手持砍刀，进了深山老林，在一个叫杀牛湾的地方，选了一片森林做试验田①。

"大学生要在树林里栽黄连了！"消息就像石落深潭激起千层浪花，赞成的有，怀疑的更多。有的人还说："如果树林里能长黄连，我就能在手心里搭个灶煮饭。"徐锦堂没有动摇，坚持自己的想法，开始了史无前例的试验。

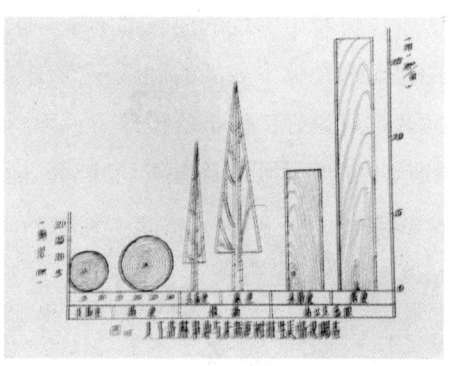

图4-8 徐锦堂1960年手绘的人工造林栽连与未栽连树林生长情况调查示意图

"黄连栽上后，出人意料地生长起来，长势比搭棚栽的毫不逊色，这可是件破天荒的大事。杀牛湾往日冷清的小路顿时热闹起来。药场领导在试验地召开了现场会。于是党员试验地、团员试验地、青年试验地的牌子一个个树了起来。"②

"根据田间试验与统计分析的要求，首先必须作小区对比试验，需要重复几次，收获后通过统计学分析，明确其显著性差异，才能得出正确的结论。而黄连林间栽培试验是在密林中进行的。假如只设两个处理，林间

---

① 《黄连林间栽培、玉米套作和种子湿沙棚贮育苗的研究》，案卷号黄连一。存于北京药用植物研究所档案室。

② 徐锦堂访谈，2013年2月19日，北京。资料存于采集工程数据库。

栽连与搭棚栽连做对照，势必要在林间栽连棚的旁边砍出一片空地搭棚栽连，如果重复五次，就得砍出五块空地，等于打开五个'天窗'。斜射光从'天窗'照到林间，必然会影响林下黄连的生长，而高大的树林阴影也会影响到棚下对照组黄连的生长，影响到试验的准确性。"①

为此，徐锦堂选择了小灌木林，做林连与棚连的对比试验，同时在几个生产队，按照试验要求，选了三块地进行了生产试验，解决了小区试验重复少的难题。"但未做对比试验即进行生产试验，犯了农业试验规范的大忌。按试验规范要求，小区对比试验重复几年后，才能进行生产试验，而黄连是多年生药用植物，移栽后五至六年才能收获。如按规范要求，没有二三十年得不出可信的结论。为此我大胆地采用了小区对比试验和生产试验相结合的方法，同时进行试验。"②

任何新生事物的成长都不是一帆风顺的。林间栽连试验，首先要解决的是黄连在林下成活的问题。"黄连在林下栽活后，有些老药农认为：'林间栽连好是好，但谁敢担保下大雨淋不死黄连？要知道棚栽黄连，棚高过四尺半都要淋死黄连哩！'正当福宝山药材场党委大力推广林下栽连的时候，三分场七队反映：有一片秧子栽下不久就死了。"③闲言碎语出现了，有的人还把刚立下的牌子拔掉了。但是失败没有使徐锦堂退缩，他通过观察发现，林中坡陡的地方，土壤挖松后，雨水冲击水土流失，以致连根被冲出而死，

图4-9　1984年，徐锦堂在福宝山观察林下黄连的生长情况

---

① 徐锦堂访谈，2013年2月19日，北京。资料存于采集工程数据库。
② 同①。
③ 同①。

这说明死连不能归结于林下栽连。

林间栽林坡度试验证明，坡度大于40度，黄连存苗率不足20%，坡度在34度以下，黄连成活率可保持60%。在一片遮荫良好、适合黄连生长的林地，坡度不可能一致。在坡陡的地块用挖出的石块砌成25度的小块梯田或鱼鳞坑，即可栽连。但究竟坡度多大合适？林下黄连究竟能承受多大的雨水冲击？还需要搞清楚。于是徐锦堂不分白天黑夜，只要下雨就到实验地观察。

"1960年7月18日夜，福宝山下了一场百年未遇的暴雨，一夜降雨达152.4毫米。雷鸣电闪，我从梦中惊醒，推门一看，雨夜茫茫，伸手不见五指，我想这可糟了，暴雨中的黄连会怎样呢？天刚蒙蒙亮，我准备去河对岸的试验地。雨下得太大了，咆哮的山洪沿河直下，木桥已被淹没。上游冲来的一个竹篓瞬间就被洪水卷走了，我心里打了个冷战。水下的木桥还在吗？雨下得越来越大了，河对岸林间栽连是死是活，我心里也没有底，真有点急眼了，好像自己的孩子要被洪水冲走似的。顾不得想那么多了，我找了根竹竿，浅一步深一步，摸了好久才踏上桥面，颤悠悠一步步挪过了河，不顾坡陡路滑跑到试验地一看，奇迹出现了，黄连依然活着。我既兴奋又纳闷，这样大的雨水黄连怎么没死？有的药农不是说棚高五尺，雨水就会淋死黄连吗？这里的树都有一两丈高，黄连怎么没淋死呢？为了探个究竟，我就冒雨蹲在试验田里仔细观察。一小时、两小时过去了，全身淋得湿漉漉的，冻得上下牙直打架。黄连淋不死的秘密终于揭开了：我观察和统计了不同高度搭棚栽连及林间栽连大雨冲刷对黄连苗的影响，搭棚栽连棚高4.5尺，下大雨时每平方尺雨滴冲出地面0.5寸深的水坑数为4.7个，冲出连苗根1.2株。棚高6尺，冲出的水坑数7.7个，冲出连苗数3.73株；而林间栽连2到3丈高的树，其最下层横向生长的树枝，距地面有8尺高，冲出0.5寸深水坑数2.8个，冲出黄连苗根数2.6株。下雨时都伴随不同程度的风，有风树叶就要摆动，雨点经过树叶四处飞溅，雨水是飘洒到黄连和地上的。而固定的棚架，雨水顺树枝集中一点下落，如同房檐水一样，棚子越高，雨水下落的重力加速度就越大，因此棚高超过5尺就会淋死黄连。我高兴地一口气跑回场里，急忙把自己的发现告诉大家，又把这一阶段总结出什么样的林子、多大坡度适宜栽连和一些试验数据讲给大家，大伙顿开茅塞。于是，林下栽连就这样推广开了，工人们高兴地称之为'万年棚'、'林间公园'。"①

福宝山药场有个不成文的规定，场领导每月都要集体到四个分场检查一次生产，要求每块地都到。徐锦堂有科研任务，但仍保证两个月随队检查一次生产，如发现林间栽连、坡度太陡、荫蔽不良，他提出问题，生产队必须改进，所以福宝山林间栽连按部就班，没出大问题，顺利推广。而黄水农场20世纪60年代看到林间栽连省工、省料，不讲条件大推广，结果失败，至今还沿用搭棚栽连方式。

黄连在林下生长三年后，地上部叶子长得很茂盛，但地下药用部分——根茎却比较瘦弱，重量轻。通过观察，徐锦堂估计是荫蔽度出了问题。黄连为荫生植物，但它在不同生长期，仍需一定的阳光照射进行光合作用，积累干物质。棚下栽连新棚的树叶、树枝密，盖在棚上荫蔽度大。年复一年，树叶细树枝脱落，光照越来越强，适应黄连对光照的生理需要。而林间栽连对黄连除草追肥，树也沾光。树生长愈来愈茂密，荫蔽度也越来越大。黄连遮荫度大，就会出现只长叶子不长根头的现象。

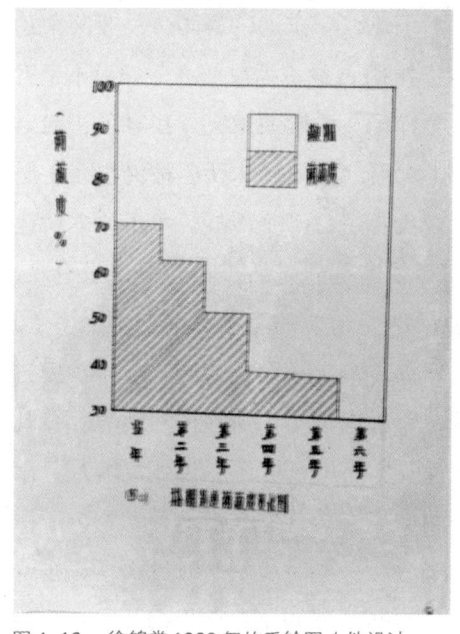

图4-10　徐锦堂1960年的手绘图（他设计用相片纸的重量测定黄连生长各年荫蔽度变化的方法，简单实用、准确可靠）

怎么办？必须测出棚连和林连生长各年的荫蔽度变化，有了科学数据才能指导生产。"当时没有测光的仪器，只有一部照度仪，镜头直径只有五厘米。而黄连棚是'花花太阳'，镜头放在荫棚透过的阳光下，就是全

---

① 徐锦堂访谈，2013年2月19日，北京。资料存于采集工程数据库。

日照；放在树枝遮挡的阴影下，就是全阴暗，都不是准确的荫蔽度。经过冥思苦想，我创造出一种用照相纸重量比，测量棚连荫蔽度的方法。我选择同期棚连和林连荫蔽度合适的地方，在地上铺一张一米见方的白纸。于是阳光的荫蔽情况完全反映在纸上，再用相机拍下，洗八寸大照片，用剪子和刻刀分别剪刻出阴面和阳面，称这两种相纸的重量比，即可算出荫蔽度的比例。这种方法，在产区应用多年，方法虽土但十分好使。"[1]

"根据计算出的各年棚连荫蔽度变化的数据，调节林间栽连透光度，进行修枝亮棚。同时还总结出：修枝亮棚看天不看地，修树中间枝杈，留低枝和树梢的方法，黄连和树的生长都不受影响。黄连前期长枝叶，后几年加强光照，使根茎充实，提高产量。"[2]

闯过第一关后，徐锦堂对影响林间栽连的成活率、存苗率、产量等主要数据展开了深入细致的调查研究，用科学分析得出的结论，构建起影响至今的林间生态栽连的重要理论基础[3]：

（1）雨水冲刷对黄连成活率的影响。黄连的成活率和存苗率是两个不同概念。黄连栽秧时要剪去连苗较长的根，只留一至二厘米长须根，栽后20余天，凡能发出新根的苗，证明其已成活，即可统计成活率。黄连栽植的株行距是"一卡三兜"，即10厘米×10厘米，相当于一亩栽苗六万株，栽后五至六年收获，实际收获株数与栽秧数的比，即为存苗率。构成黄连亩产量的因素，是收获时每亩的存苗株数和单株根茎重量的乘积，黄连存苗率的高低直接影响到黄连产量。

对林下栽连黄连能否成活，是当时林间栽连技术成败争论的焦点。

老药农的经验是，搭黄连棚的高度不能高于四尺半（1.5米），否则连苗会被雨水淋死。利用自然林栽连，树高都在二至三米，必然会导致黄连死亡，但在林连与棚连对比试验和大面积生产试验中，林连存苗率不低于棚连。原因是：棚连棚架固定不动，雨水会沿棚盖材向下突出的枝条，固定一

---

[1] 徐锦堂访谈，2013年2月19日，北京。资料存于采集工程数据库。
[2] 同①。
[3] 《黄连林间栽培、玉米套作和种子湿沙棚贮育苗的研究》，案卷号黄连一。存于北京药用植物研究所档案室。

点下流，棚高雨滴重力加速度增大，会冲出连根，造成黄连死亡；而林间栽连树下枝条都在两米以上，下雨必然有风，雨大风也大，树叶摇摆，雨滴被树叶分散下落，树虽高但不会冲出连根淋死黄连。1960年7月18日的百年未遇暴雨，1962年7月5日大暴雨的试验观察都支持了这一观点[①]。

（2）坡度对黄连成活率的影响。利用自然林栽连，选林时往往只注意到树林的荫蔽情况，尤其是在大片森林中，坡度很难保持一致，在林间栽连生产试验中，发现坡陡的地方黄连死亡严重，为此进行了不同坡度栽连观察试验。结果证明，坡度越大，黄连存苗率越低，坡度大于40度，黄连存苗率不足20%。因此林间栽连坡度应在25度以下[②]。

（3）冬季落叶林对黄连成活率的影响。据测量，自然林栽连冬季树叶脱落后，林间光强度必然会增强，而棚连棚下光强度比较稳定，随着光强度变化，温湿度也受到一定影响，但温度相差在1℃以内，大气相对湿度，林间反比架子棚平稳，常保持在90%左右，较高的空气湿度有利黄连生长。常绿的黄连苗，冬季也进入休眠期，老叶在树下，只靠树枝遮荫，完全可渡过冬眠期。未观察到落叶林中栽的黄连冬季死亡的现象。春季随着气温的升高，嫩叶在老叶庇护下发出生长，嫩叶冲出老叶层时，树叶已长齐，黄连老叶逐渐枯萎。树叶和黄连新叶同步生长，6月初林间荫蔽度反而大于棚间[③]。

（4）调节林间荫蔽度。黄连为荫生植物，但它在不同生长期内，仍需一定的阳光照射进行光合作用，积累干物质。旧式黄连棚，从栽连当年到第六年收获，据徐锦堂等人的测量其荫蔽度变化为：第一年71.1%、第二年63.5%、第三年52.7%、第四年39.0%、第五年38.9%，最后为0[④]。

随着生长年限的增长，荫蔽度越来越小，光照度越来越强，黄连根茎才能充实。否则叶子茂密黄连疯长，根茎空虚。林间栽连逐年施肥管理，树林越来越茂密，荫蔽度越来越强，正好与黄连生长习性相违背，不进行

---

① 徐锦堂：《徐锦堂教授论文集——药用植物栽培与药用真菌培养研究》。北京：地质出版社，2006年，第338页。

② 同①，第389页。

③ 同②。

④ 徐锦堂：《徐锦堂教授论文集——药用植物栽培与药用真菌培养研究》。北京：地质出版社，2006年，第377页。

修枝敞阳，会影响黄连产量。黄连栽后第三年，在生产试验地里，选择荫蔽度一致的林，一半进行修枝，另一半未修枝为对照，第二年取样100株，测根茎干重。与此同时，又进行了较大面积修枝敞阳试验，修枝后黄连叶片减少，植株较矮小，但芽数增加，产量提高32%。林间栽连黄连移栽初期，成活与否是主要矛盾，整地时应保持荫蔽度60%以上，提高黄连成活率。生长后期应防止疯长，使根茎充实，从栽后第三年，应逐年修枝敞阳，黄连收获期，荫蔽度应降至30%—40%为宜[1]。

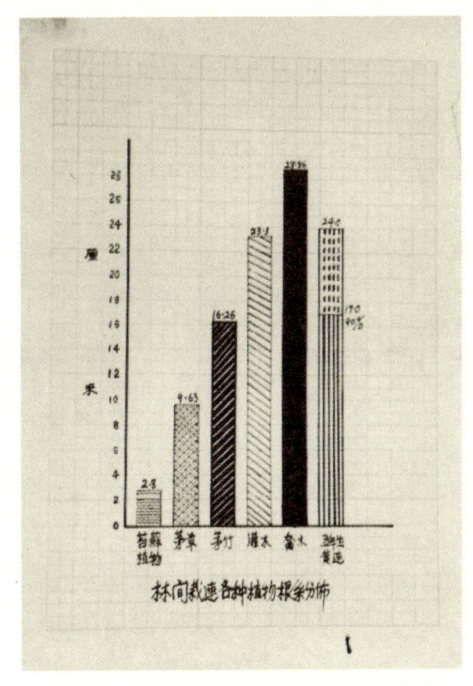

图4-11　徐锦堂1960年手绘的林间栽连各种植物根系分布示意图

（5）黄连与树并不争肥。黄连栽种在林下，树根必然会吸收部分养分，对黄连生长和产量有多大影响？带着几乎所有人都会想到的问题，1965年10月19日，徐锦堂等人调查了福宝山静家湾不同年代林间栽连地，黄连和灌木林树根分布的深度。黄连为浅根植物，须根一般都分布在土层5—8厘米的范围内，但根分布幅度较宽，达到8—14厘米。而灌木林由于栽连挖地时表层根被清除一些，在黄连生长的各年，大部分树根都在9厘米以下，所以黄连与树木搭配种植，可以分层吸收肥料，增加肥效的利用率，对黄连和树木生长都有好处；尤其是人工营造用材林、经济林和木本药材，两种植物双丰收，同时创造生态效益和经济效益，不存在争肥的利害矛盾。它符合耕作学间套做理论：一阴一阳、一深一浅、一胖一瘦、一长一短[2]。

---

[1] 徐锦堂：《徐锦堂教授论文集——药用植物栽培与药用真菌培养研究》。北京：地质出版社，2006年，389页。

[2] 同[1]，第390页。

熟地栽连与黄连套种

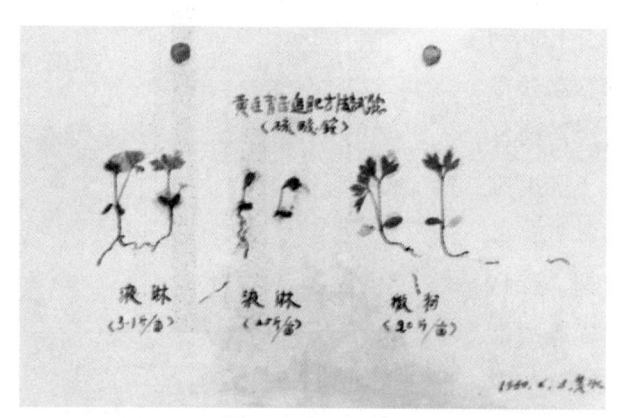

图4-12 徐锦堂制作于1960年的标本（黄连苗床施氮肥硫酸铵，不能液淋，只能撒施）

在黄连产区，自古以来没有用农田熟地栽黄连的先例。药农认为只有山地最适宜。而栽一次黄连五年收获后，必须撂荒20—30年，待土性和森林恢复后，才能再砍树搭棚栽种黄连。

徐锦堂认为只要根据需要施肥，熟地可以栽黄连。根据一高一矮、一阴一阳、一胖一瘦的农作物套种原理，大胆提出用农田熟地进行贝母、玉米套种黄连。他的想法再次得到了福宝山药材场尹明义场长的大力支持[①]。

试验设计为：玉米—贝母—黄连套种，具体实施在福宝山药材场药园。贝母是喜肥植物，1959年6月栽种贝母前，每亩施草牛粪21000斤，桐油饼266斤，猪水粪1470斤作底肥，上层盖约一寸厚腐质土一层。6月下旬种贝母后，上覆腐质土两寸，土壤肥沃，物理结构性能良好。

玉米叶子有从种子扁平方向定向生长的特性，播种玉米时把种子的方向摆好，长出叶子就会像守纪律的士兵一样两臂伸直，两边的玉米叶封垄能够遮荫的时候，即可在行间栽种黄连。

1960年4月30日，在贝母地厢边采用定向播种法套种玉米，穴距一尺，以牛粪为底肥，播玉米三至四粒；玉米种为白马牙品种，出苗后每穴定向留苗两株。6月中旬收获贝母，7月6日玉米叶片封垄后再栽种黄连。

---

① 《黄连林间栽培、玉米套作和种子湿沙棚贮育苗的研究》，案卷号黄连一。存于北京药用植物研究所档案室。

设两个处理，玉米套种黄连与对照组搭棚栽连，同期栽种当年黄连秧子。株行距3寸×3寸，冬季和春季靠玉米秆为黄连遮荫，次年4月下旬，在上年玉米株间再播种玉米，随着玉米的生长，老玉米秆与新玉米秆交替为黄连遮荫，直至黄连收获。

贝母、玉米、黄连套种的试验结果[①]：

（1）贝母产量。尖贝6月下旬栽种，每亩栽种鳞茎150公斤，分瓣繁殖，次年6月初地上部枯萎后收获，亩产570公斤，为种栽重量的3.8倍。利川市为湖北贝母（尖贝）主产区，福宝山的气候条件很适合贝母生长，贝母经济价值高、施肥量大、根浅生长季短，同时喜微荫的条件，套种玉米反而对贝母生长有利。同时贝母返青时，玉米生长还矮小，利用贝母地套种玉米，贝母收获后栽黄连，玉米已封垄正好为黄连遮荫，是一种较理想的套种搭配方法。

（2）黄连存苗率和产量。黄连栽后五年收获，搭棚栽连存苗率42.91%，玉米黄连套种地存苗率43.47%，两处理无大差异。搭棚栽连黄连亩产量400.3斤，玉米黄连套种亩产336.7斤，低于棚连15.8%。

徐锦堂分析套种产量低的原因是：由于试验当年秋季玉米收获后，至次年5、6月早春新栽玉米叶封垄前，玉米秆未进行编棚，只靠残存的玉米秆为黄连遮荫，荫蔽度低。随后早春播种的玉米被鸟雀啄食严重，玉米全苗率低，影响了为黄连遮荫，故黄连产量低于搭棚栽连。但棚连和玉米套种的黄连都达到亩产300斤以上，高于药场搭棚栽连的平均亩产80—100斤，创造了当时全场产量的最高纪录。这是由于前茬栽培贝母，施入草牛粪、桐油饼及猪水粪等为基肥，在其上又覆盖火熏腐殖质土，土壤肥沃，物理结构性良好，贝母收获后立即栽入黄连，黄连生长旺盛。玉米套种虽遮荫不良，亩产量336.7斤，仍为当时较高的产量。棚连亩产400斤，说明栽连用基肥的效果。

（3）玉米产量。玉米选用高秆的白马牙玉米，由于底肥充足，三年平均玉米亩产量达到497斤，高于山区玉米产量。

---

① 徐锦堂：《徐锦堂教授论文集——药用植物栽培与药用真菌培养研究》。北京：地质出版社，2006年，第380页。

第四章　八年蹲点 | 75

图 4-13　搭棚栽连与玉米黄连套种对比试验（秋、冬两种棚下生长的黄连）

选择玉米和黄连套种，完全符合耕作学间套种搭配的原则。黄连为荫生植物，而玉米喜光向阳，阴、阳搭配提高光能的利用率；黄连株高只有30厘米，而白马牙玉米株高达230厘米，高、矮搭配可充分利用立体空间的光、气、温度；黄连80%的须根分布在七至八厘米土壤中，而玉米须根深都在10厘米以下，深、浅搭配分层吸收土壤中的营养，提高肥效的利用率；黄连幅宽只有20厘米，而玉米叶幅宽有250厘米，而且可根据黄连不同生长年限对光强度的要求，调整玉米株间距离和每穴留苗株数。在满足黄连荫蔽的前提下，加大光合作用强度，使根茎充实提高黄连产量，同时玉米行距宽通风透气，为玉米生长也创造了优裕的条件。黄连和玉米套种两者互不妨碍，且相得益彰。

本期试验最重要的结论是：熟地可以栽连，套种方式可行，生态栽连有希望，具体工作需要改进。随后，徐锦堂带领福宝山药材场科研队，进行了三项重要技术改进：

（1）利用残存玉米秆编织矮棚为黄连遮荫。秋季玉米收获后，第二年4月下旬定向重新播种玉米，至7月底玉米叶封垄后，才能起到为黄连遮荫的作用，期间长达8个月多，黄连仅靠残留的玉米秆遮荫。尤其是移栽的第一、第二年，需要60%—70%的荫蔽度，较强的阳光抑制黄连的生长。于是徐锦堂等人变玉米秆为"玉米棚"。他们在玉米收获后，靠近玉米插入40厘米高的树杈，树杈上搭树枝或竹竿，两竿中间搭横杆。然后将玉米秆距地40厘米处折曲，互相搭联成棚，不动玉米根，防止冬季大风雪压垮玉米棚。次春4月，再种玉米，待玉米能遮荫后，旧棚顺其自然脱落沤肥，秋季玉米收获后再编矮棚，直至黄连收获[1]。

（2）改定向播种玉米为营养钵育苗移栽。最初进行玉米黄连套种，主要利用玉米种子扁平方向生长的特性，每穴定向播种子三至四粒，玉米出苗展叶后都向厢中间整齐伸展，个别不定向生长的弱苗，间苗时拔掉，在厢中间形成荫蔽环境，即可移栽黄连。以后随着黄连对光照强度要求的递增，加大玉米株距，适应黄连对光的需求。

图4-14　早春先育玉米，然后定向移栽，可提早栽连时间一个月左右

但这种方法存在着两个缺点：首先，山区春寒。4月底玉米才可下种，5月上旬出苗，7月玉米叶封垄才可栽黄连，敞光时间太长；其次，山区鸟雀数量多，玉米播种后，鸟雀啄食种子，防不胜防，很难保证玉米全苗，影响黄连遮荫度。

为此，徐锦堂决定用营养钵育苗移栽。3月初用牛粪、腐殖质土、过磷酸钙等精肥加水和均匀呈泥团状，用压眼器以行株距三寸压眼，播入一粒玉米种，用刀将泥切成三寸见方块，种子留

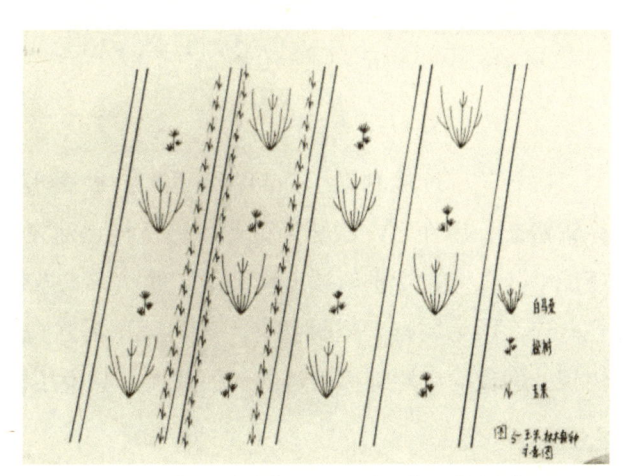

图4-15　徐锦堂1960年的手绘玉米树木套种示意图

---

[1] 徐锦堂：《徐锦堂教授论文集——药用植物栽培与药用真菌培养研究》。北京：地质出版社，2006年，第381页。

在泥块中央，顶用塑料布搭矮棚覆盖；玉米苗高一尺左右时，穴中施入基肥带营养土定向移栽，6月中旬玉米提前一个月封垄，即可移栽黄连[①]。

（3）玉米黄连套种与人工造林相结合。在调查旧式架子棚的时候，徐锦堂发现有些胳膊粗细的小树，药农没有砍掉就当桩子使用，他们管这叫自生桩，并且利用"自生桩"长出的树叶遮荫。这是徐锦堂人工林栽连设计思路的萌芽与启迪。当玉米黄连套种搞成后，他又把"自生桩"的概念移植过来。

人工造林栽连，大约得植树六七年后才能达到黄连需要的遮荫度。为了植树与栽连同步进行，尽早获得经济效益，在栽连前以行距五尺扦插马桑树或其他速生树种，便开沟作厢，将树苗留在厢中间。营养钵育出的玉米苗，移栽封垄后栽入黄连。数年后黄连收获，马桑树封林，变成新的林间栽连基地，实现了栽一亩黄连造一亩森林的宏伟设想，真正实现了黄连生态栽培[②]。

1984年，徐锦堂的"栽培黄连的玉米与造林遮荫技术"，荣获国家发明奖三等奖。

简易棚栽黄连

望着一片片被剃光了头的荒山秃岭、被雨水冲刷而日益贫瘠的土地，徐锦堂想：用什么办法既让黄连生产规模迅速发展、解决供药紧缺矛盾，还能够让荒山秃岭重新披上绿装呢？他从旧式搭架子棚栽连，联想到简易棚栽连。因为同样是搭棚栽连，简易棚不需砍伐高大用材林，利用树枝、树杈，间伐的小树都可搭建简易棚栽连，减少用材，节约投资，减轻劳动

[①] 徐锦堂：《徐锦堂教授论文集——药用植物栽培与药用真菌培养研究》。北京：地质出版社，2006年，第381页。

[②] 同①。

强度[①]：

（1）简易棚与旧式架子棚栽连对比试验。试验地布置在福宝山药材场的药园，为新开垦的荒山，试验分两个处理，简易棚和架子棚。简易棚是用树枝编织的活动矮棚，离地1.5尺高。小区面积225平方尺，未设重复。1960年10月2日栽当生秧子（即当年的黄连秧苗），1965年9月20日收获，共生长五整年。田间管理比较粗放，每年除草二至三次，栽秧当年每亩追施过磷酸钙八斤、腐殖土1000斤作为刀口肥。1961年及1962年7月追施两次化肥，第一次每亩追施过磷酸钙20斤，第二次每亩追施过磷酸钙25斤。1962年和1963年冬天追过两次冬肥，第一次每亩追腐熟的牛粪3000斤，第二次每亩追牛粪1500斤。最后两年未追任何肥料。

（2）简易棚与搭棚栽连对比试验结果。黄连成活率：1965年试验地收获后，统计存苗数，简易棚的黄连存苗率低于架子棚7.5%。

黄连生长势：简易棚为活动矮棚，两棚之间有一尺距离，沟间遮荫不良，影响黄连生长，植株高度及叶片数都较架子棚低。

黄连种子产量：1962年开始采收黄连种子，四年采收种子的总重量，简易棚比架子棚低9%。但也说明在简易棚遮荫条件下，黄连可以正常开花结果，收到饱满的种子。

黄连产量：简易棚栽黄连，亩产量202.8斤，比架子棚略高8.3%，单株根茎重量高15.5%。简易棚产量的提高并不是由于株数的增加，而是单株根茎重量的增加。简易棚栽连平均每株根茎重3.76克，比架子棚重0.5克，棚矮雨水冲刷力

图4-16 简易棚和造林栽连相结合

[①]《黄连林间栽培、玉米套作和种子湿沙棚贮育苗的研究》，案卷号黄连一。存于北京药用植物研究所档案室。

小，可保持土壤肥力，对充实黄连根茎有一定影响。

（3）不断改进的简易棚。为了既节省材料又让荒山披上绿装，徐锦堂等人开展了许多种简易棚栽连试验。开始用树枝与竹枝编织成单厢矮棚。由于具体操作较繁琐，管理时用树杈在旁边顶起矮棚，操作不便，改成木桩木杆联厢简易棚，它比架子棚省料三分之二，但是这种简易棚由于桩檩细，不能连续支撑五年。随后又试验用铁丝石桩或水泥桩做简易棚，这类棚经济环保实用。

为了使植树造林与栽连能同步进行，还将简易棚栽连与人工造林栽连有机地结合起来。前期搭简易棚栽连，同步植树造林，树林封垄能遮荫后，拆去简易棚，黄连即可在林下生长。

图4-17 栽连5—6季后，树已有一人合抱的粗细，不再栽连，起连还林，连起林丰

从1959年开始，徐锦堂等开展的生态栽连可以致富的事实，让当地的药农转变了观念，保护环境生态栽连成为普遍的栽培方式，药农们还因地制宜搞生态栽连。

利川市钟灵村搭简易棚时，每根桩下种一棵速生的椿树，由于给黄连施肥，加速了椿树的生长。三年以上的椿树高达五六米，胸径10厘米，黄连收获后，即可在椿树林下继续套种黄连。据调查钟灵村用椿树套种黄连280亩，其中三年生60亩、二年生12亩、一年生100亩，有的大户用椿树套种黄连面积达10亩[①]。

由于药农多年习惯用架子棚栽培黄连，而简易棚对黄连的荫蔽度与架子棚基本一致，且有多种简易棚可供选择，药农们对简易棚情有独钟。在利川全市6.7万亩黄连留存面积中，简易棚栽连有三万亩，占44.8%。简易棚栽

---

① 徐锦堂：《徐锦堂教授论文集——药用植物栽培与药用真菌培养研究》。北京：地质出版社，2006年，第394页。

连，成为今后药农栽连的主要方式。尤其现在土地分给一家一户，在住房的周围搭简易棚，或在果树下栽黄连，都成为分田到户农民的选择[①]。

目前简易棚栽连多与人工造林栽连相结合进行，冬季以株行距1.7米栽各种用材林、木本药材，或一些速生的树种，次年搭简易棚栽连，不但保护了自然生态，同时也发展了黄连生产。此外简易矮棚作为精细育苗的遮荫棚架，为目前大多药农所采用。

黄连种子湿沙棚贮与精细育苗技术

1959年，徐锦堂到福宝山后发现黄连种子和秧苗短缺是一大难题。大量的秧苗和种子需要从几百里外的四川石柱县购买，翻山越岭，舟车劳顿，不但增加了生产成本，还满足不了需求。为什么如此短缺呢？他发现问题出在了传统的播种方式上——撒茅林。不解决落后的育苗技术，黄连不可能有大的发展[②]。

黄连种子属胚后熟类型。5月上旬种子成熟采收后，胚还未开始分化，必须保持在凉爽湿润的条件下，种子才能完成生理后熟阶段。如将种子晾干贮藏，胚则不能分化，种子丧失发芽力。几百年来代代相传的方法是种子收获后，直

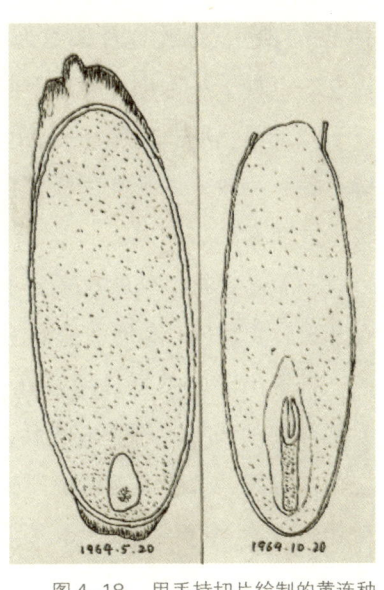

图4-18 用手持切片绘制的黄连种子切面（图示种子5月收获后胚还未分化，10月种皮裂口，初显胚，经冬季低温后，胚分化完全，次年春才发芽）

[①] 徐锦堂：《徐锦堂教授论文集——药用植物栽培与药用真菌培养研究》。北京：地质出版社，2006年，第394页。

[②] 《黄连林间栽培、玉米套作和种子湿沙棚贮育苗的研究》，案卷号黄连一。存于北京药用植物研究所档案室。

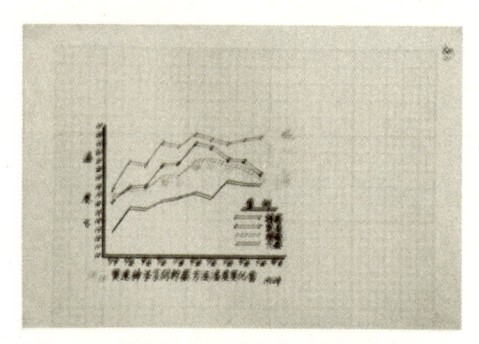

图4-19 徐锦堂1960年手绘的黄连种子不同贮藏方法温度变化示意图

接撒在茅林里,称作撒茅林。由于种子脂肪含量高,鸟雀喜食,每天成群飞来啄食,加之虫蛀、种子被雨水冲走等等问题,黄连出苗率非常低,造成秧苗短缺。

在福宝山,黄连种子5月上旬立夏前后成熟,适宜收获期只有10天左右。黄连果实尖端有裂口,如不及时采收,种子则由裂口处脱落,降低种子产量。徐锦堂经过认真观察后发现,黄连种子分三个成熟期[①]:

(1)绿熟期。4月30日至5月1、2日,为黄连种子缘熟期。此期黄连种子黄绿色,存放五六天变为黄色,如继续贮藏种子呈淡褐色,千粒重1克左右,种子不饱满,发芽率低。

(2)黄熟期。5月4—8日立夏前后两三天,为种子黄熟期。此期种子绿黄色,存放五六天变为板栗色,贮藏数月后变深褐色,千粒重1克以上,种子发芽率高。

(3)老熟期。5月10—20日为黄连种子老熟期,此期种子米黄色,贮存三天后变栗色,最后变深褐色,种子饱满,千粒重1.3克,种子发芽率高。

种子虽以老熟期质量最好,但如拖到5月中下旬收获,则影响产量。尤其在阴雨天气,种子成熟后,花薹中部变褐色腐烂,果实下垂,药农称之为"翻窝",种子则由裂口脱落,严重时颗粒无收,因此收获期最迟不得超过5月10日。由于海拔高度、山向、荫棚荫蔽度等条件不同,种子成熟期有先后之别,因此掌握种子成熟规律,合理安排采收期和采收方法,是获得种子丰收的关键。

摸清了种子成熟的规律后,怎么妥善地把种子贮存起来呢?他整日冥思苦想也不得要领。忽一日北京领导来信了,领导的几句话让他茅塞顿开:如有问题,请教老药农。他先找了熟悉的周厚俊,经验丰富的周师傅

---

① 徐锦堂:《徐锦堂教授论文集——药用植物栽培与药用真菌培养研究》。北京:地质出版社,2006年,第403页。

并没有存贮的经验，只是听说有人在潮湿的屋里把种子摊开，经常洒点水。后来他终于打听到马前公社金银坎大队，有个老药农叫王松柏，对育苗很有经验，徐锦堂喜出望外，一连翻了几个山包，跑了 30 多里山路去访问。王老汉告诉他：在阴山里挖洞，把黄连种子与细沙拌起来，可以保存好几个月。他听了觉得办法好是好，可是一个洞只能藏十多斤，全场上千斤种子得挖多少洞啊。虽然老药农没有给予他规模化的存贮方法，但使他明白了"阴凉、潮湿"是种子保存的关键，种子与细沙拌贮是重要的技术手段[①]。

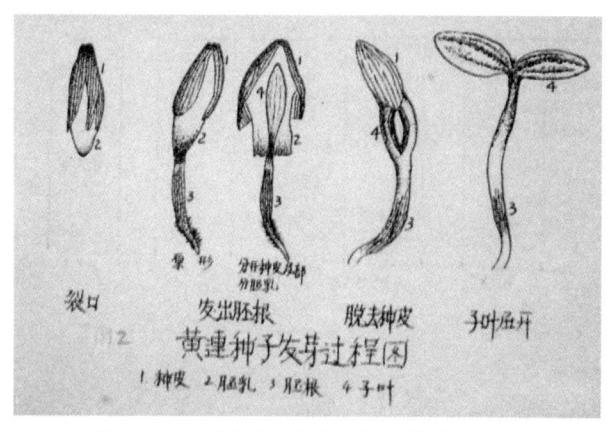

图 4-20　黄连种子贮藏后，经冬季低温，春季种子裂口发芽生长过程

对于植物育苗，山西农学院给徐锦堂打下了良好的功底。1959 年 7 月，他做出了一整套的试验设计，与周厚俊师傅一道进行试验[②]：

（1）黄连种子采收。黄连种子采收及规范采收技术，主要在福宝山药材场大田里进行。通过大量采收和调查工作，及室内考种结合进行。地点选在海拔 1200 米的福宝山药材场一分场和海拔 1500 米的三分场进行。

（2）试验地土壤及种子质量。黄连种子贮藏方法和育苗技术试验，布置在海拔 1500 米的福宝山药材场，种子为该场 5 月初采收的黄连种子，试验地为 10 度缓坡地的混交林，有茅草、油竹、灌木和松杉等乔木生长，荫蔽度 75% 左右，土壤为砂壤土。

（3）黄连种子贮藏方法。1959 年进行了黄连种子湿沙棚贮试验，1965 年又进行了重复试验。试验分为三个处理：

---

① 《高山引来栽药人》，湖北日报，1962 年 10 月 18 日。随后湖北人民广播电台全文广播。
② 徐锦堂：《徐锦堂教授论文集——药用植物栽培与药用真菌培养研究》。北京：地质出版社，2006 年，第 402 页。

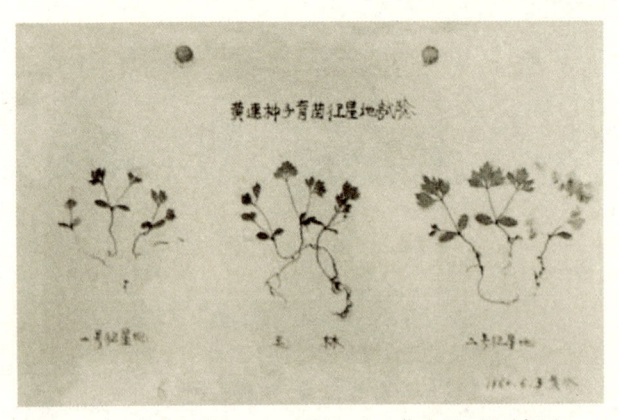

图 4-21 徐锦堂制作于 1960 年的标本（黄连种子湿沙棚贮精细育苗技术应用试验：一号卫星地与撒茅林播种量相同，因出苗过密生长不良；二号卫星地播种量由 30 斤/亩降为 5 斤/亩，育苗率大幅度提高，秧苗生长苗壮）

①湿砂棚贮种子。开 1.3 米宽厢，挖去厢中间土壤，成深 10 厘米的方形窖，种子收获后用清水选种，去掉瘪子、颖壳与杂质，用种子量二至三倍的湿沙拌后平铺入窖中，上覆河沙三厘米厚，厢面搭 1.3 米高荫棚，拦好棚边，防止鸟雀危害并起降温作用。②罐藏种子。种子清水选种后，与等量的腐木粉拌匀，装入洁净的陶瓷罐中，置于室温条件下，15—20 天洒水一次，常搅拌保持种子湿润[①]。③茅林贮藏种子。过去黄连种子收获后，乱撒在茅林里播种，次年 3 月初出苗，种子在林间休眠 300 余天，其主要作用是能使种子在自然温湿度条件下，完成胚后熟生理阶段。5 月种子收获后，直接撒在茅林中，用作取样观察和测试材料。

11 月初，取部分棚藏与罐藏及去掉瘪子的撒茅林种子，分别与湿沙、腐木粉及腐殖质土拌和，置于 0—5℃冰箱中。贮藏期间每月取样观察一次，统计瘪子率、胚分化裂口动态，12 月下旬在培养皿保温滤纸上作发芽试验。

（4）种子发芽率统计。除掉瘪子，剩余的饱满种子在 0—5℃冰箱内存放 40 天后作发芽试验，在室温 11—14℃条件下，10 天内种子发芽。

棚藏种子发芽率最高达 98%，发芽势整齐。罐藏种子发芽率低，为 39.5%，这与贮藏期间室温高于林间或棚下温度有关，如延长其在冰箱中存放时间达到 98 天后，发芽率会提高到 91.5%，但其发芽势不及棚藏种子整齐，同时会延误播种季节。撒茅林的种子是撒在林间地表，受雨水多

---

① 罐藏种子是陕西镇平老药农冯祖伟的经验，1958 年报纸报道后，医科院聘其为特邀研究员。

少，表土干湿度变化影响大，有些种子的胚分化不整齐，发芽率低于湿沙棚贮种子。试验表明，湿沙棚贮种子，避免了种子撒在茅林里的虫蛀鸟食及其他不利因素影响，但与茅林中的种子处在相近的自然环境条件下，完成胚后熟生理过程；与罐藏种子相比又可避免人工加水干湿不均、操作繁琐及室温较高影响胚分化的进程。

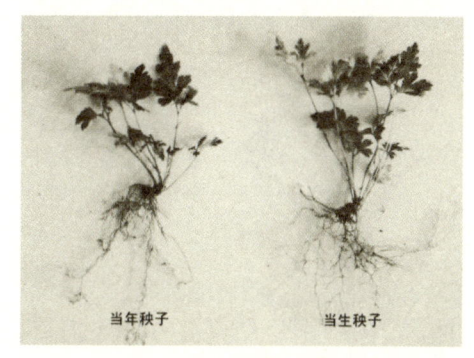

图4-22　当生秧子为播后第二年出苗生长的黄连秧子，当年秧子为播后第三年的秧子（用湿沙棚贮精细育苗方法培养的当生秧苗，比撒茅林育苗的当年秧苗健壮）

黄连种子千粒重1.08克，清洁率86.6%，去掉杂质一公斤种子约有82万粒。旧式撒茅林一亩播种子30斤，育苗30万株，一斤种子育苗一万株。采用精细育苗法，一斤种子可育苗八万余株，提高了八倍。

黄连种子湿沙棚贮及精细育苗技术，在20世纪60年代即在利川县及恩施州地区推广应用，利川县每年采用精细育苗播种2025亩，可提供23万亩大田用苗，成为全国黄连苗生产供应基地。生产的黄连苗，不仅满足了本区生产需要，还有大批秧苗供应周边省市县的黄连产区，取得了巨大的经济效益。比如过去的黄连主产区四川省石柱县，曾经是利川黄连秧苗供应基地，现在每年都要到利川采购大批秧苗。而且，利川县也取代了石柱县黄连大县的位置，成为全国黄连最大的生产供应基地。

湖北贝母

湖北贝母（*Fritillaria hupehensis* Hsiao of H.C.Hsis）主产于湖北省利川、恩施、鹤峰、宣恩等县市。由于其小鳞茎尖圆形，故也称作尖贝。历史上以恩施板桥为集散地，故也称作板贝。鳞茎小者直径只有一厘米大小，主要加工作药用，大子尖贝直径两厘米以上，呈扁圆形，主要用作无性繁殖材料。

图4-23　湖北贝母

在利川福宝山药材场，尖贝是黄连之外的第二大药材品种。因经济价值高，每年都投入大量的人力和资金，人畜肥料也主要投在贝母种植上。20世纪60年代尖贝病虫害猖獗，造成毁灭性的灾害，药场损失惨重。作为科技人员，徐锦堂主动开展攻关。

尖贝种植方法较特殊，翻挖地后作1.2—1.3米宽的高畦（厢），施入饼肥后，铺两厘米厚一层厩肥，畦面再铺两厘米厚的火熏腐殖土，以株行距三厘米将分瓣的鳞茎摆在畦面，上盖火熏腐殖土五至六厘米厚。贝母病虫害严重，不能重茬。收获贝母后的土壤肥沃，物理结构性能良好，为栽黄连最好的前茬地。

"1960年4月30日，我布置了新的试验。在贝母地厢边定向播种玉米，穴距一尺，穴中施牛粪为底肥，每穴播玉米种子三至四粒，玉米出苗后定向留苗两株，不会影响行间贝母生长。6月中旬收获贝母，7月上旬玉米叶封垄后在厢面栽黄连，玉米收获后，用玉米秆编棚，冬春为黄连遮荫。以后各年黄连都靠玉米叶遮荫生长。由于前茬作物贝母底肥充足，曾采用这种方法做试验：在种贝母前茬地上栽黄连，亩产量达到200公斤，是20世纪60年代全场最高的黄连产量纪录，说明黄连高产是有希望的，增加了人们夺黄连高产的信心，但必须增施基肥。同时创造了一种贝母、玉米、黄连套种的新技术，成为黄连生态栽培的一种模式。"[①]

作贝母基肥种类试验时，必须用人干粪。开始工人们跳进厕所粪坑中，在半腿深的粪水中拿竹箕捞干粪，一天记10个工分。后来每天记30个工分也没人愿再下去。在这种情况下，徐锦堂只好挽起裤腿跳进粪坑。工人看他都跳进了粪坑，一个个都争着下粪坑。"2004年，利川电视台拍摄《寻访黄连之圣的足迹》专题片时，药农还提到下粪坑这件事。由于经

---

① 徐锦堂访谈，2013年2月19日，北京。资料存于采集工程数据库。

常和粪便及不洁的食物接触，工人中染蛔虫病的很多，我每年冬季返京，都要吃几次宝塔糖及驱虫药，虽然打下了不少蛔虫，但总除不了根。后来给住在我家的外甥也传染上蛔虫病，孩子感冒发烧，呕吐时，会把蛔虫从口中吐出来。一次医科院南城的几个所集中在先农坛一个大殿中听报告时，我感到肛门有东西动，赶快上厕所，拉出一条近15厘米长的蛔虫。后来听说长辛店铁路医院将氧气由食道打入胃中驱虫效果好，由于我不是铁路职工，医院不给治疗。我找到内科主任，介绍我的情况，总算给我治疗。我上山坡树林中大便，几乎是一团团虫扭曲到一块，我用木棍数了一下，足有100余条，小的有七八厘米，大的十余厘米。我接连治疗了两次，总算除了根。后来我带外甥去治疗，效果也很好。"[1]

农民过去只知道将大子贝母的鳞茎瓣分切成小瓣栽种，如果准备加工商品，鳞茎瓣分切得小一点，产量虽低但可卖个好价钱。通过观察研究，徐锦堂把尖贝鳞茎瓣分为内皮、外皮及鳞茎盘，试验证明分瓣时应直切不能横切，并保留部分内皮和鳞茎盘。通过这种规范的分切方法，大大提高了尖贝的成活率。

"尖贝病害猖獗，严重时能感染90%的鳞茎，造成大面积绝收。我发现贝母腐烂是由一种茎线虫为害鳞茎盘造成的。6月中旬贝母收获后堆放在一起，互相传染最为严重。通过药剂筛选试验，采用2%—5%的福尔马林浸种（鳞茎）10—30分钟，即可杀死线虫，效果非常好，解决了药场一大难题。"[2]当年贝母就大获丰收，年底药材场评选先进，干部工人一致推选徐锦堂。

尖贝加工是药农的看家本领，靠它吃饭养家，一般不愿传授别人。老工人周厚俊有一手加工贝母的绝活，每年收获贝母后都由他集中加工。徐锦堂到福宝山后，和他吃住在一起，亲如兄弟，他教会了徐锦堂这套技术。

"贝母加工过程中，用石灰水浸泡后，放在竹箕里，然后用生石灰粉拌成皮蛋状（松花蛋），即让贝母裹上一层石灰粉，两手搅拌，一不小心竹箕上的细竹刺会扎破手指。由于石灰粉烧灼，会烂成豆粒大小的伤口，下次加工贝母时，生石灰会继续烧手，十指连心，十分疼痛。贝母加工期

---

[1] 徐锦堂访谈，2013年2月19日，北京。资料存于采集工程数据库。

[2] 同[1]。

间，我的十指都贴满胶布。"① 老周看了心疼，劝徐锦堂不要再受这份罪，但他坚持做，很快就成了药场加工贝母的行家里手。

尖贝栽培从整地、施肥，到切瓣繁殖、病虫害防治，徐锦堂都做了大量工作，取得一些科学数据和成果。当时只是为了协助药场解决生产中出现的问题，未列入研究所的试验项目，所以没有进一步做深入细致的研究工作。试验资料在学术刊物上发表了"贝母福尔马林浸种试验研究"② 和"尖贝分切繁殖经验介绍"③ 等几篇论文，未能系统地加以整理分析，徐锦堂觉得这是他科研生涯中的一大遗憾。1989 年，徐锦堂在湖北进行的尖贝分瓣繁殖技术，参加到李志亮教授主持的"贝母快速繁殖技术的研究"课题中，被卫生部评为科技进步奖二等奖，也算是画了一个圆满的句号。

---

① 徐锦堂访谈，2013 年 2 月 19 日，北京。资料存于采集工程数据库。

② 徐锦堂：《徐锦堂教授论文集——药用植物栽培与药用真菌培养研究》。北京：地质出版社，2006 年，第 535 页。

③ 同②，第 537 页。

第五章
自立课题

自掏腰包搞天麻研究

被人誉为"天麻之父"的徐锦堂与天麻结缘纯属偶然。起初搞天麻研究完全是他个人行为,因为"组织"根本不知道,经费全部来自个人的腰包,还要承担种种风险,甚至引火烧身。

天麻(*Gastrodia elata* BL)是一种名贵中药,在我国已经有两千多年的药用历史。具有益气、养肝、祛风、定惊作用,对头晕目眩、口眼歪斜、肢体麻木、半身不遂、小儿惊风等症有明显疗效。《本草纲目》称"天麻乃定风草,故为治风之神药"。自古以来靠人工采挖野生天麻供药,自然资源遭到严重破坏,供应十分紧张。20世纪70年代初,天麻在我国中药材市场已经连续三年无货供应,药界称其为"天麻三年断线供应时期"。

天麻是中药单方和组方中不可替代的药材。几百年来,各地药农们想像驯化其他中药材那样进行人工栽培,全部以失败结束,天麻栽培也越传越神。比如,药农在某地发现野生天麻之后,移回栽种过几个月再去看时，好端端的块茎竟不翼而飞了。据传说，过去在东北深山老林，采参人一旦发现人参立即用红绳拴住它，防止人参娃娃跑掉。在天麻产区，老药农怕天麻跑也想尽了办法。后来有人用石头垒成圈，但是几个月后天麻还是不见了，所以在四川、湖北等地就流传"天麻是个宝，栽了就要跑；天麻是山怪，栽了也不在。"

天麻种子奇小，一粒花生米大小的果实里，包含着数万粒种子，细小如粉尘，也有人进行过用种子繁殖天麻的试验。20世纪50年代，陕西宁强县药材公司曾收购一脸盆天麻果实，播入土中数月，竟未见一粒发芽的种子。

一次次的失败，天麻人工栽培遥遥无期。

天麻在其漫长的进化过程中，历经大自然变迁；自然选择令其生长与众不同。它无根无绿色叶片，不能进行光合作用，在整个生长周期，除生殖生长期的两个多月冒出地面，使人见到它的花茎，其余90%的生长发育期都在地下完成，其过程鲜为人知。

第一次打破沉寂的是日本学者草野俊助（Kusano S.）。1911年，他发表的"天麻与蜜环菌共生（*Gastrodia elata and Its Symbiotic Association with Armillaria mellea*）"。研究报告首先提出天麻与蜜环菌营共生生活，但他未能栽培天麻成功，其切片绘图材料也都取自成品箭麻生长时期，在该文的讨论中写到"对（天麻）种子萌发及幼苗成长至今还一无所知"。在此后半个多世纪里，尽管天麻越来越受到世人的关注，但从种子萌发到出入药的商品箭麻，供应全国医药市场者还未见先例，国内外天麻研究一度曾踯躅不前。

半个世纪后，再次打破沉寂的是一个学农学的中国年轻人徐锦堂，最初的科研经费他自掏腰包。

当年，徐锦堂一分配到研究所就听老同志讨论研究计划时常常提到天麻。但天麻无根无绿色叶片，不能进行光合作用；怎样繁殖、生长，怎样吸取营养，谁都说不清楚，既无现成资料，也无经验可循。因此，议论时挺热闹，落实到谁来承担课题时便陷入一片沉默。

1959年春天，徐锦堂到黄水农场和福宝山药材场蹲点时，常常见到药农挖到野生天麻，人家很兴奋，他也拿到手里仔细观察。联想到研究所议论天麻热闹、立题冷清的尴尬，让他既感神秘又觉好奇，眼下武陵山区就有野生天麻分布，这得天独厚的条件，让他心中禁不住产生跃跃欲试的冲动。"开始研究，本想购置一些天麻做试验，但当时正值困难时期。农民个个面黄肌瘦，主要精力都放在采挖野菜度饥荒。自开研究课题属于'黑题目'，我又不愿欺骗领导，把购置天麻的费用改为黄连费用。自己采挖麻种谈何容易，首先农民对容易生长天麻的地方十分保密，不愿告知他人，我又不熟悉地形，只凭着一种信念和执拗的决心，顾不了自己饥肠辘辘、骨瘦如柴的身体，钻进深山老林、竹林沟洼，有时翻几个山沟也挖不到一窝天麻。"[①]

他在黄水农场采挖了一些天麻，按照栽块茎作物土豆的方法，把箭麻顶芽打掉，或切取芽眼等几种处理后栽种下去。秋天收获季节到了，挖开一看全部是空穴。他第一次尝到了天麻栽培的苦涩。到福宝山他把苦水倒给老药农周厚俊，老周劝他千万莫搞了，他第一次听到这样的民谣："天麻是个宝，栽了就会跑。天麻是山怪，栽了就不在。"

徐锦堂不信那个邪，一定要干到底。那时他每月工资是62元，研究所会计这个月把工资寄给他妻子，下个月就将工资寄到他蹲点

图5-1　1959年，徐锦堂（左一）在黄水农场采挖野生天麻，开始了首次天麻人工栽培试验

的农场。当时一个人每月生活费有31元，日子是相当不错的。可是搞天麻就要有经费，钱从何来呢？第一是从嘴里省。当时家中四口人和岳母的

[①]　徐锦堂访谈，2013年2月20日，北京。资料存于采集工程数据库。

生活费全靠爱人每月 52 元和他 31 元工资度日；孩子得了麻疹转肺炎和水痘，"三炎一疹"无钱住院治疗，几乎要了小命。这一边是母亲、妻子和孩子，一边是他已着迷不愿丢掉的天麻研究，这沉重的担子只能由他担起来。当时正值三年困难时期，工人每月每人定量 15 斤玉米，主要以野菜代粮，男劳力每月工资 12 元，还得养家糊口，徐锦堂不嗜烟酒，不喝茶，每月全部生活费压缩在 10 元之内；第二就是车票补贴——不坐卧铺坐硬座，卧铺票价的三分之一——将近 20 元归个人。当时的艰难至今仍令徐锦堂唏嘘不已：每次产区北京两地的往返坐火车需要三天两夜，下车后腿脚都肿了，为了天麻研究他咬咬牙挺住了。幸亏利川县科委黄德炳同志知道情况后，千方百计支援了 1000 元，放在福宝山账上，作为天麻研究的专款，支撑着天麻研究工作踯躅前行。

图 5-2　因它而立题的天麻

1962 年夏天，一次徐锦堂将一个碰掉顶芽的箭麻埋在沙土中，一个多月后长出了像鸽子蛋大小的天麻。当时徐锦堂欣喜万分，第一次人工干预下的天麻终于长出来了！回京后汇报工作，他将天麻标本拿给所长看。天麻，这个长期被关注但无人接手的"烫山芋"竟被这个年轻人搞出了点模样，领导十分高兴，支持他继续进行下去。

1963 年，天麻正式列入研究课题，天麻研究小组也成立了，徐锦堂不再孤军奋战。研究所派冉砚珠同志加入天麻课题组，进行天麻菌的分离试验，第一次分离到一种菌种，这种菌可以长菌索。后来冉砚珠患肺结核，长期疗养，调离天麻组。徐锦堂将长有菌索的试管菌种拿到产区，倒在箭麻旁边进行栽培实验，过了半个月观察发现菌种都长霉了，天麻也没有发生任何变化。天麻如何栽培仍然是个谜。这时他清醒地意识到，盲目栽种不会有多大希望，应当从源头抓起。只有深入实地考察，只有对天麻的生态条件和生长繁殖全过程有了清晰的了解，摸清它的生长规律，才可能完成天麻的人工栽培。否则凭空想象去设计试验，成功的希望实在渺茫。

据此，徐锦堂利用利川县科委下拨的 1000 元经费，总结了自 1959 年以来天麻生长繁殖等生物学特性的观察研究和多次人工栽培失败的教训和经验，提出并开展了天麻野生生态定时、定点的系统调查和人工栽培的研究，计划是三年。

三年野生天麻生态调查

从 1962—1965 年，徐锦堂连续三年进行摸清野生天麻生态环境与繁殖规律的野生生态调查。1965 年又增加了一位同志成立课题组，每月定期 1 日、10 日、20 日在福宝山采挖 10 穴天麻，进行定时、定点统计调查并走遍了川东、鄂西、川西南、陕南等主要野生天麻生长区，访问了 50 多位采挖野生天麻经验丰富的药农，观察了数百穴野生天麻，进行了自然环境、生长及繁殖规律的考察、标本采集、资料收集整理，为天麻人工栽培奠定了坚实的基础。

野生天麻的生态环境调查[①]：

（1）地理分布。通过查阅我国天麻野生分布区的资料和对四川、陕西、湖北部分产区的重点调查，了解到我国的绝大多数省区都有野生天麻的分布。受气候条件限制，天麻一般分布在山区。从南到

图 5-3　1965 年，在野生天麻生长垂直状态的调查现场——福宝山赶场坡，徐锦堂在挖掘土壤剖面

---

① 徐锦堂：《中国天麻栽培学》。北京：北京医科大学中国协和医科大学联合出版社，1993 年，第 35 页。

北随着纬度的不同，垂直分布的高度也相应下降。如云南省一般分布在海拔 2000 米的高山；四川、湖北省多生长在 1300—1800 米的山区；陕南天麻常在 1000—1500 米地区生长；而东北长白山天麻多散生在 300—1000 米的地区。在同一纬度，天麻垂直分布集中在一定的高度范围内。如四川峨眉山，从海拔 1050—2800 米都有天麻分布，但以 1800 米左右的地方为多；湖北恩施、宜昌地区，海拔 1400—1800 米的山区是盛产天麻的地方，超过 2000 米或低于 1000 米左右的山区，天麻数量不多，块茎也小，这可能是温湿度所决定的。

（2）气候条件。徐锦堂在福宝山药场双河口一分场工人罗开殿屋后围起一亩多一片盛产天麻的白家竹林地，安装了不同深度的地温计和气温计，并派专人记录，定期取土样测水分，保护自然出土的箭麻苗，观察开花及结果、果实开裂的动态，取得自然生长的野生天麻与环境生态的科学数据，另外收集和调查全国一些盛产天麻的几个地区不同海拔高度的气象资料，初步了解适宜天麻生长的气候条件。如四川峨眉山、湖北恩施及陕西汉中地区盛产天麻的山区，年平均气温 11℃ 左右，元月份最低平均气温 -4℃ 左右；年降水量 700—1700 毫米；相对湿度 70%—90%；无霜期 180—220 天。东北地区虽冬季气温低，但有厚雪覆盖，一般天麻在 30—50cm 厚的积雪层下越冬，温度不低于 -6℃，才能安全渡过严冬。

（3）土壤。野生天麻在多种土类中均可以生长，如南方的红、黄壤酸性土，北方的棕色或灰化森林土等，但主要是生长在含有腐殖质或比较疏松湿润的砂壤土中。湖北省利川福宝山及寒池山区盛产天麻，这两个地区天麻多生长在农民称作紫红泥、黄泡泥、白膳泥中。紫红泥沙性较强，粗砂及碎石较多，白膳泥土质较黏，黄泡泥介于两者之间。三种土类都有两厘米厚的枯枝落叶层，但腐殖质层却有差异，以白膳泥最厚。因此其土壤质地虽较其他两种土类黏性重，但仍有天麻生长。由于鄂西山区常年阴雨蒙蒙，同时土壤腐殖质含量及落叶较多，故土壤含水量都较高，但不同土类土壤含水量不同，土壤上层含水量较下层高。

从以上调查数据看，天麻多分布在砂壤土至轻砂壤土中，地表覆盖枯枝落叶，土壤 0—30 厘米的湿度在 50% 左右。

（4）植被。野生天麻常生长在竹林、竹木混交林及杂木林中。主要伴生植物种类有：白夹竹、麻栎、板栗、茅栗、水东瓜、牛奶子、水马桑、槲栎、猴栗、桦树等，以及禾本科植物，蕨类、苔藓等植物。这些植物能形成荫蔽的环境，使土壤湿润。更重要的是它常伴生着天麻的共生菌——蜜环菌。特别是砍伐后余留在土中的残根，更是蜜环菌根滋生的场所，天麻往往在这种环境中生长。野生天麻一般很少生长在针叶林中，而阔叶林特别是板栗、猴栗、青冈、锥栗、桦树等伴生天麻最多。

（5）地形。在大森林的深处很少有天麻分布，天麻多生长在森林的边缘地区和次生林中。天麻对地形、坡度和坡向要求不严格，但以向阳的山坡平台处分布较多，陡坡分布少，这与枯枝落叶不易停落、腐殖质层的厚度及土壤含水量有关。

通过调查不难看出，野生天麻所需要的生态条件，并不是单一的，是不同条件的综合。其中以竹木为主要因素，因为天麻共生真菌——蜜环菌需要从树根、竹根或腐木上获得营养。

1965年3月29日，徐锦堂等人在福宝山一个叫东向坪的地方，

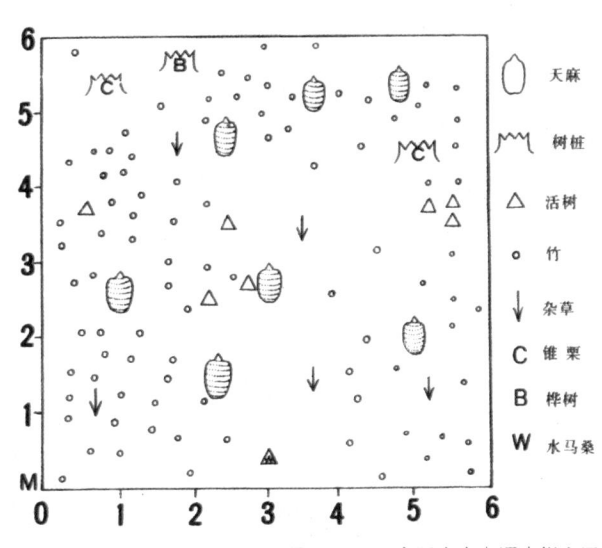

图 5-4　天麻野生生态调查样方图

展开的野生生态调查颇具典型性[①]：

东向坪海拔1500米，阳坡，是一片以竹为主的竹木混交林地，荫蔽度为70%—80%。在一个上坡度45度，下坡度20度中间的小平台上发现有野生天麻。他们在此划出36平方米为调查样方。该样方中有：白夹竹91

---

① 徐锦堂：《中国天麻栽培学》。北京：北京医科大学中国协和医科大学联合出版社，1993年，第37页。

株、四季青七株、水马桑一株及禾本科草本植物、蕨类、苔藓等。其中白夹竹常被当地农民间伐取用,并有被砍伐数年的锥栗树桩两个、桦树桩一个。这些残留在土壤中的半腐竹根、树根上附生着许多蜜环菌菌素,附近伴生有天麻。该样方地共挖到箭麻19个,重2.45公斤,白麻76个,重0.75公斤,麻米数多,总重3.65公斤,最大箭麻300克。天麻生长在腐殖质层中,箭麻常向上生长,有的甚至只要扒开表面的枯枝落叶就可见到,白麻常水平或向下生长。土壤为紫色森林土,剖面如下:

0—2厘米:枯枝落叶层。

2—8厘米:腐殖质层,暗紫色,砂壤土,有团粒结构,pH值5.65,活性有机质含量6.93%,竹根密生。

8—32厘米:紫红色,轻黏壤土,核状结构,pH值为5.0,活性有机质含量2.17%,18厘米以下有很多风化的紫红色岩石碎块。根据当时的试验记录,徐锦堂绘制了天麻野生生态调查样方图,此图真实形象地反映出这个地区天麻野生生态的状况。

这样的例子很多。经过三年艰苦的天麻野生生态调查,基本摸清了野生天麻的生态环境①。天麻在土壤中分布的调查②:

(1)天麻在土壤中平面分布。徐锦堂等人调查了数十窝天麻在土壤中的平面分布情况后,觉得以下两个调查实例很有代表性:

1964年4月27日,在福宝山一个叫金竹林的地方,挖到一大窝天麻。此地海拔1400米,晚阳山15度坡,为金竹及白夹竹林地,稀疏间杂有油竹、尖栗、冬青、麻桑等树种。轻轻刨去表层土

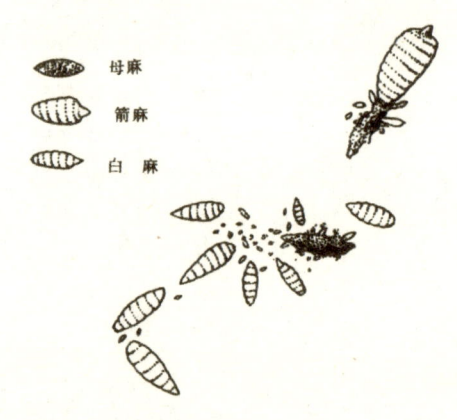

图5-5 野生天麻平面分布图(一)

---

① 徐锦堂:《中国天麻栽培学》。北京:北京医科大学中国协和医科大学联合出版社,1993年,第35页。

② 同①,第38页。

壤，在一米见方的样方中生长有箭麻一个，重 127 克，白麻八个，平均重 19.09 克，米麻 101 个，药农称其为窝天麻。根据当时的试验记录，徐锦堂绘制了野生天麻平面分布图，颇为传神地记录了"窝天麻"野生生态状况。

第二个调查实例也很有代表性：1965 年 4 月 19 日，在福宝山叫赶场坡的地方，它的海拔是 1400 米，向阳 5 度坡的小平台，较密的油竹林高 2—3 米，白夹竹稀少，表面枯枝落叶厚 3—6 厘米，天麻分布在 5—15 厘米深处，有一株头年留下的枯干天麻地上茎杆，在一平方米的样方中天麻分 5 小窝，挖得箭麻 6 个，重 511.9 克，白麻 27 个，重 529.6 克，总重 1041.5 克，另有米麻 156 个。徐锦堂亲手绘制的野生天麻平面分布图，让人一目了然地看到了 5 窝天麻的分布状况。

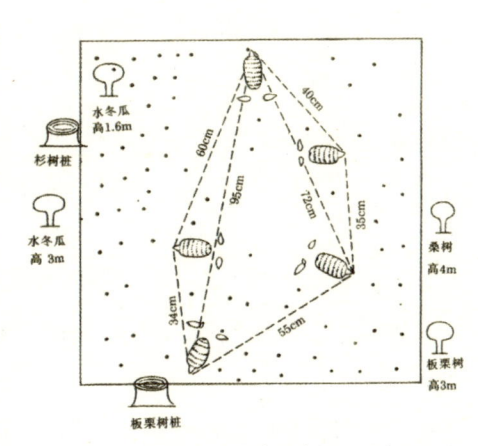

图 5-6　野生天麻平面分布图（二）

从以上两个调查实例中可以看到，箭麻和白麻的顶芽基本都是以中心为点向外放射状生长，说明其中心有一个共同的母麻；母麻腐烂后新生麻都游离生长，中间可能还会生长有多个白麻和米麻，由于未能和蜜环菌建立营养关系，因营养亏缺而死亡，只在现存的箭麻后边，还有两个以上的白麻及多个米麻。

（2）天麻在土壤中垂直分布。根据 1965 年 4 月 19 日在福宝山叫赶场坡这个地方的实例表明，箭麻多分布在表土 5 厘米以上，有时扒开枯枝落叶层便可发现半裸露的箭麻。白麻在土壤中分布较深，一般在 10 厘米以下，甚至在 30 厘米深处，在不同的土壤中分布的深浅

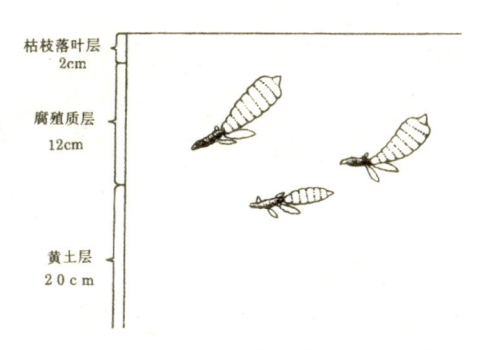

图 5-7　野生天麻垂直分布图

有区别。竹林地分布较浅,二荒土或较疏松的土壤则分布的较深。由此看出,白麻一般向下或水平生长,而形成箭麻后,顶芽却向上生长,几乎露出地面。如果箭麻生长在深土层,或其顶芽上压有小石块,就不易冲出地面,不能繁殖后代,这一特性也是自然选择的结果。这幅徐锦堂亲手绘制的野生天麻垂直分布图,极为传神地表现了白麻、箭麻在土壤中的生长状态。

天麻繁殖与生长的调查[①]:

野生天麻的生长繁殖规律是天麻野生生态调查中的重点观察项目。为了观察天麻的生长动态,在1964年定期调查的基础上,1965年3月至1966年元月,每十天调查一次,每次采挖十个野生天麻,对其主芽进行测量,与母麻作比较。由于野生天麻采挖十分困难,调查的数量较少,且不是定株调查,个体有很大差异,测量数据有上下变幅,但仍可看出有一定的规律性。

《中药通报》1958年发表了胡胜传、白凤的"四川古蔺县天麻栽培方法",这是最早报道天麻栽培的文章,但一直未见后续的研究消息,1965年8月30日,徐锦堂来到四川省古蔺县德跃区香楠公社鱼丰大队大土堡,拜见了古蔺县药材公司胡胜传和苗族麻农古海荣,才知道他们所说的天麻栽培方法就是将野生箭麻移回栽植,长出花茎,与蜜环菌毫无关系。我们同胡胜传调查了该地区野生天麻的生长情况,这个调查实例真实地反映出天麻无性繁殖的生长过程。

生态环境:杂木林地,有竹、蕨、杉树、马牛光树等,坡度10°,土壤为紫红泥。挖开表土五厘米发现箭麻,在十厘米深处挖到白麻两个,周围有米麻59个。箭麻与其母麻仍连在一起,母麻后又有一个已成空皮的小白麻。后一段是1963年的小麻米,1964年顶生长锥

图 5-8 野生天麻无性繁殖过程

---

① 徐锦堂:《中国天麻栽培学》。北京:北京医科大学中国协和医科大学联合出版社,1993年,第41页。

长出中段较大的白麻后已腐烂成空皮，1965年在1964年生长的白麻（中段）顶生长锥长出更大的新生麻，其顶芽已开始分化，9月、10月份即可发育成箭麻，而中段的白麻称之为箭麻的母麻，在其麻体上还生长出数个米麻。

"天麻野生生态调查是天麻研究中比较艰苦的阶段。每月定期调查，到日子必须出发，风雨无阻。每次必须挖到10窝天麻，才能取得平均值。天麻产区雨天多，竹林中露水大。雨水和露水会把棉衣都湿透了，人们冻得上下牙直打战，无奈之下只能脱下棉衣拧干再穿上。遇到农家，就进去烤烤火，稍暖和一下再去找天麻。有时晚上10点多还凑不够10窝天麻，那就打着手电继续寻觅。"[1]

每月1日、10日、20日，定时采挖10穴野生天麻，测量其繁殖和生长状况，观察与蜜环菌的关系和土壤中的分布情况，绘出平面、剖面天麻分布图。在天麻集中生长的地方，画出样方，测量样方中的天麻和其他物种与土层结构，获得许多珍贵的第一手资料。通过定点观察，将一年内八个多月定期调查的天麻标本，由小到大一溜排开，它是怎样繁殖生长的就鲜活地展现在人们的面前。再结合各天麻产区的气象资料，基本摸清了天麻分布规律，掌握了天麻生长所需温度、湿度、土壤质地、伴生植物等生物链和生长条件。天麻生长的全过程在徐锦堂脑海中逐渐清晰起来：天麻属多年生草本植物，如果更准确地计算，它是三年生草本植物，生长期大约24个月。

初识蜜环菌

俗话说：庄稼一枝花全靠肥当家。那么，天麻靠什么呢？资料、经验，一切皆无。但徐锦堂坚信：无论是自养生物还是异养生物，它们要生长繁殖，都需要从外界环境中摄取所需要的物质和能量，这是植物的

---

[1] 徐锦堂访谈，2013年2月20日，北京。资料存于采集工程数据库。

生长规律。当时听说日本人草野俊助1911年发表过"天麻与蜜环菌共生"论文，那是天麻研究屈指可数的文献。于是，徐锦堂从1959年搞天麻开始，就一心想找到这份资料。北京的医科院图书馆、北京图书馆、农科院和农大图书馆，他都跑遍了，不仅这篇论文没有找到，其他任何天麻营养来源的资料也一无所获。天麻与蜜环菌是什么关系呢？应当从何下手呢？

路漫漫其修远兮。"1962年的一天半夜，我一觉醒来奇怪地发现，堆放在床底下的天麻发出一种蓝光，下床掰开这种发光的天麻一看，发现是快要腐烂的母麻，里面长满了白色菌丝和红黑色菌索，发光的东西就是这些菌丝。联想到前几天工人劈树根掉在地上的木楂，晚上上厕所时看到发出的蓝光，与床下天麻的发光一模一样，这些发光的菌丝，是否就是草野俊助所说的蜜环菌？"[1]

木头、朽树根发光和天麻发光联系起来，徐锦堂突然产生用这些发光的木头栽天麻的想法。这也是以后利用野生菌材栽培天麻的思路来源。

在野生生态调查中，徐锦堂特别留心蜜环菌的分布，以及它的出现与天麻生长的关系。"有药农反映：挖野生天麻的时候，常常挖到像线绳那样的黑丝丝，我们管它叫'报信'。只要看见报信，就可能挖到天麻。"[2]另外，当地9月、10月间苞谷（玉米）收获时，在一些死树桩上常会生长出蘑菇，味道鲜美，当地人称其为"苞谷菌"。苞谷菌常在烧过山或砍过山后三至四年的老树桩或死树干的基部生长。特别在阴雨连绵的秋天，雨后春笋般地长出来，药农在采摘苞谷菌的树桩下还经常挖到天麻。

联想到草野俊助关于"天麻与蜜环菌共生"的说法，徐锦堂想"苞谷菌"是不是蜜环菌呢？为了证实这种推测以及探究它与天麻的关系，天麻组的同志在福宝山采收了50株"苞谷菌"子实体进行形体观察和鉴定。

---

[1] 徐锦堂访谈，2013年2月20日，北京。资料存于采集工程数据库。

[2] 同[1]。

苞谷菌丛生，子实体平均高 8.5 厘米，菌盖直径平均 5.9 厘米，偏半球形至平展形，浅土黄色，中央有毛鳞，菌柄平均长 7.5 厘米，直径 0.59 厘米，纤维质内部松软，菌柄基部稍膨大，基部与黑褐色菌索相连，菌柄上有双环，菌褶直生至延生，孢子无色透明，圆形或椭圆形，大小（7—8）微米 ×（5—5.5）微米。孢子银白色，菌丝可发光。

根据以上苞谷菌外观形态、生长形状，经鉴定苞谷菌即为蜜环菌。

在蜜环菌子实体生长季节（10 月份），调查发现一个典型情况，在一根羊奶子树根下挖到了一窝天麻，其母麻块茎上分布有黑色的蜜环菌根状菌索，并与树根上根状菌索相连，树根基部丛生着蜜环菌子实体。

根据调查归纳如下结果[①]：

（1）凡是能挖到野生天麻的地方，它周围树根（桩）上都生长有蜜环菌的根状菌索，有的秋季能生长出子实体，天麻分布的树种就是蜜环菌分布的树种。

（2）分布有蜜环菌根状菌索或秋季生长子实体的树根下不一定都能挖到天麻。

图 5-9　天麻、蜜环菌、树桩之间的关系示意图

（3）不是所有生长蜜环菌根状菌索的树根树桩上均可长出子实体。

据此，徐锦堂得出这样的结论：蜜环菌是一种兼性寄生菌离开天麻可以生活，而天麻生长离不开蜜环菌。

但如何将纯菌种接在天麻种上却费了不少周折。开始将试管菌种放在

---

① 徐锦堂：《徐锦堂教授论文集——药用植物栽培与药用真菌培养研究》。北京：地质出版社，2006 年，第 13 页。

种麻与木段之间，培养基很快染杂菌腐烂。接不上种麻，研究工作再次进入茫然阶段。

天麻种子繁殖的启示

搞天麻野生生态调查之后，徐锦堂就意外发现野生天麻的有性繁殖。所谓有性繁殖即用种子繁殖的方式。在自然条件下天麻是否可用种子繁殖，虽然理论上的推理是肯定的。但是在天麻研究的记录上却是空白。作为知名的天麻学者，日本人草野俊助在其1911年发表的著名论文中写道"对（天麻）种子发芽及幼苗成长，至今还一无所知。"

1963年，在利川福宝山及寒池山区，一种奇怪的现象引起徐锦堂的注意：过去从未长过天麻的山坡，因为种党参烧山开荒三四年后[1]，在死树桩旁经常能挖到天麻。他想：如果只靠无性繁殖（用天麻块茎繁殖的方式），决不会在这么短的时间内就会传播到这么远的距离。尤其是他在寒池药材场一个垂直陷落深五米、直径六米的陷阱内发现阱底有一窝生长着的天麻。在这块与四周隔绝的特殊地形中，天麻采用无性繁殖方法传播到阱底的机率几乎为零。那么唯一的解释是——天麻采用种子繁殖，即天麻有性繁殖。

陪同徐锦堂野生生态调查的福宝山药材场工人黄家财，是有多年采挖野生天麻经验的老药农。他告诉徐锦堂说：每当我看到林中树叶下有一些"蚂蚁蛋"就记下来，等过几年再到这里来，一定会挖到很多天麻。这给徐锦堂很大的启示，这些"蚂蚁蛋"会不会是天麻种子发芽后的小天麻呢？如果是的话，天麻种子靠什么发芽呢？

天麻种子奇小，一粒花生米大小的果实里，包含着数万粒种籽，细小如粉尘。它由胚及种皮构成，无胚乳和其他营养贮备，发芽非常困难。半

---

[1] 徐锦堂：《中国天麻栽培学》。北京：北京医科大学中国协和医科大学联合出版社，1993年，第60页。

个多世纪以来，国内外众多专家对此进行过研究，但未见成功的报道，这是兰科植物种子萌发的一道难题。20世纪70年代，特别是天麻供应紧张的70年代后期，一些科研人员开展了大量的促使天麻种子萌发的实验，但是未见实质性的突破。

天麻野生变家栽首次成功

利川县寒池药场海拔1800米，与恩施县接壤，恩施板桥生产党参，质量极佳，称作"板党"。寒池药场1955年建场以生产板党为主业，原是个林区，砍林种党参，收获后即成农田，野生天麻多。当年徐锦堂到那里是从县城坐车到柏杨公社，再爬100里山路到寒池。场长吴厚繁是个老学究，写一手好字，又懂些医术，人很和气，在县里开会时徐锦堂和他见过几次面。徐锦堂在寒池农场，两人吃住在一间场长办公室兼卧室的小房子里。

寒池山高雨多气温低，夏天也需烤火。当地产一种含硫量很高的煤，这种煤在火盆里垒起来燃烧，直冒蓝烟，一股呛鼻子的硫黄味使人难以睁眼。几天之后就会出现两眼红肿的症状，点眼药水后奇痒难忍，需两手狠搓才好一点。

在寒池，徐锦堂对野生天麻的生态环境进行了调查，发现十余个种党参时砍伐的树根蔸下都生长有天麻。这些半腐的树根蔸夜间都能发出荧光，并生长有菌丝索，这与在福宝山看到的母麻发出的荧光一样，启发徐锦堂用能发光的树根蔸伴栽天麻的想法。另外，他还在供销社收购员老李那里学到了天麻加工技术，并从他收购的五批134.3斤天麻中计算出白麻（种麻）和箭麻（商品药材）的个数比和重量比，重量只占13.9%的白麻，数量却占40%。有经验的药农采挖野生天麻时只轻轻挖出箭麻，不动土层和种麻，成为他连续几年采挖天麻保密的地区，这为野生的天麻资源保护积累了宝贵资料和理论依据。

图 5-10 徐锦堂 20 世纪 60 年代的"天麻野转家初报"论文手稿

徐锦堂根据蜜环菌能够发光的特性，从老乡那里一分钱一斤，收购了不少发光的树根蔸。收购交易全在晚上，他根据是否发光决定是买还是不买。

1965 年 4 月 16—23 日，徐锦堂在利川寒池农场进行了菌材伴栽天麻的试验[①]：

试验分为三类处理。①每穴埋入一个完整的发光树根；②每穴埋入一个发光树根并加入半挑竹根；③每穴埋入发光的竹根半挑。每处理栽 15 穴，每穴栽入 11 个白麻，用腐殖质土垫底并覆盖。不少树根蔸砍伐后，时间长，腐朽较重，或树根蔸小，加入了新鲜木棒，原计划第二年采挖，统计试验结果。应当说，这是徐锦堂人工培养菌材伴栽天麻的最初试验，是 20 世纪 70 年代大面积人工栽培天麻成功的起点。

1965 年，由于黄连研究工作获得非常好的经济效益和生态效益，得到利川县委和福宝山的领导和群众一致的好评，12 月 14 日卫生部召开"京内直属单位学习毛主席著作经验交流会"，徐锦堂被药研所和医科院推选作大会发言，1966 年春天，他去一些兄弟院所报告发言，又忙于一些室内试验和资料整理，他晚去了福宝山几个月。而天麻课题组又增加了一位同志，冉砚珠同志又回到天麻课题组，他们先期去了利川，并去寒池观察了徐锦堂 1965 年布置的试验。

徐锦堂最近整理冉砚珠因患病住院手术后退休留下的科研资料时，发现两位同志写的截然不同的 1965 年寒池药场天麻培育方法的试验总结，

---

① 徐锦堂：《中国天麻栽培学》。北京：北京医科大学中国协和医科大学联合出版社，1993 年，第 42 页。

还有几份相关的材料。徐锦堂经过互相对照、汇总、整理，才还原了1966年收获检查1965年他在寒池进行试验收获的本来面目。

1966年4月14日和10月7日春秋两季，各收获测定了每处理的第一穴和第二穴的产量，也就是处理I的第一穴、第二穴，处理II的16穴和17穴，处理III的31穴和32穴。两次收获的六穴天麻都成活，有四穴有箭麻，最大的箭麻重45克，其他各穴都有白麻和米麻，而且春季测产时发现处理III，用竹根伴栽的31穴，生长最好，白米麻总产量达到193克，是原栽11个种麻总重量159克的1.25倍，表现有增产的势头。从1966年6月9日开始，他们准备学农民的经验，只收出土的箭麻和带出的米麻，而不翻动全穴，到10月7日共看到六穴有箭麻出土，而且6月9日处理I第五穴收获一个160克的大箭麻，特别是6月10日第II处理21号穴，有四株箭麻露出地面，共计516.9克，平均重129.2克。最大的箭麻215克，最小的95克，在其原栽母麻的周围还挖到米麻15个；该穴原栽白麻11个，重105克，按穴计算收获量为栽种量的4.9倍。而全穴11个白麻只有四个生长出箭麻，如按11个白麻单株平均重9.6克计算，四个白麻共重38.4克，箭麻为白麻的13.5倍。

还应该说明：1966年天麻组人员是住在福宝山，隔一段时间才去寒池观察，期间工人看到出土箭麻挖出卖到供销社，数量无法统计。1966年10月观察处理III竹根全部腐烂，看来感染蜜环菌的竹根，只能作培养菌材的菌种，而伴栽天麻还必须用木棒培养菌材。

如果1966年将1965年的试验全部收获观察统计，则会获得完整的菌材伴栽天麻及培养菌材方法的总结资料。由于某种原因未能及时观察和采挖，以后陆续出土的箭麻都被人采挖，无法统计最终试验结果，但足以说明利用蜜环菌材伴栽天麻的方法是成功的。

这是国内外首次人工栽培成功的天麻。主要依据是：①首次人工菌材伴栽成功的天麻——利用发光并带有蜜环菌索的树根与竹根作菌种，加入一些木棒培养出的菌材；②第II处理的21号穴它的种麻是平均9.6克的11个白麻，而新生箭麻重量为栽种种麻重量的13.5倍。③1966年采挖和观察了出土天麻的穴共13穴，除秋季观察用竹根伴栽的全部腐烂外，其余 12 穴完全成活。依据自然菌材（带菌索树根）加新鲜木棒培养菌材的方法，奠定了人工栽培天麻的基础。

  1970 年，徐锦堂由卫生部"五七"干校返京后，1972 年才看到标本柜中 1966 年收获寒池种的天麻，他激动得手抖、心跳，狂喜、兴奋、委屈交织在一起。2013 年又看到 1966 年完整的收获材料，这真是在利川开花，汉中结果，到目前为止利川市的天麻还未能大发展起来，这对湖北利川市来说是一个不公平的结果。

第六章
蹉跎岁月

"三　同"

徐锦堂步入科研的时代正是中国近代极其特殊的历史时期——中国人既激情燃烧，又饱尝大跃进苦果；知识分子既要发挥聪明才智，又要改造思想走与工农相结合之路。当年知识分子与工农大众实现"三同"，即同吃同住同劳动，是知识分子必须遵守的金科玉律，也是判断知识分子思想改造是否完成的试金石。

1958年，徐锦堂从石柱县黄水坝到比邻的湖北省利川县鱼龙公社搞调查，接待他的公社妇女主任安排他的食宿。晚上，他与一位小学男老师睡一张床，两人同盖一床被子。他知道这是当地的习俗，可怎么也接受不了，只好披着一件大衣坐了一宿。1959年，他在四川的黄水农场和湖北的福宝山药场两地蹲点。他的行李放在黄水农场，到福宝山就和老工人睡在一个被窝。人家睡觉一丝不挂，他开始也不习惯，后来和大家混熟了也就习惯了。有时分场同志到总场开会，半夜突然钻到被窝里也是常事。

"由于这种习惯,加之长时间不能洗澡,招了一身虱子!记得那年布置贝母试验,工作十分紧张,我和工人睡在一块,20多天没换过衣服,也没觉得身上痒痒。工作结束,我下山住进旅馆才感到不舒服。脱下内衣一看,天哪!已无法把它们一个个杀死,只好捏在一个破碗里,集中消灭。冬天回家,洗澡后换掉内外衣,但没注意换毛衣,结果造成大人孩子都遭虱灾。后来有经验了,回家将所有的衣服都喷敌敌畏,大包包好,冻在院里过20天再喷一次,然后用开水烫过才可除根。"[1]

1958年大跃进,全国各地放高产卫星,亩产千斤、万斤,甚至十几万斤,小孩躺在稻穗上睡觉。报纸上公开登载"鼓足干劲生产、放开肚皮吃饭"。全国公社化、食堂化,好像快要进入共产主义社会了。徐锦堂等人在湖北咸丰县调查时,生产队听说他们是北京来的客人,这个队一餐作30个菜,那个队就招待40个菜,互相攀比。大食堂吃饭不要钱,吃完饭抹嘴走人。

当年,全国基本风调雨顺,粮食普遍丰产,但粮食丰产没有丰收,劳动力都拉去大炼钢铁了。从产区返京是12月31日,沿铁路两旁晒着许多白薯干,长霉了都无人收。西苑一带水稻很有名,但是隆冬季节水稻还戳在稻田里没人收。转过年就开始了所谓的"三年困难时期"。外地饥馑始于1959年,北京晚一年。那年徐锦堂他们的户口都在所里,不用领粮票,食堂饭票还可随意买。但1960年北京也进入困难时期了。

号称"天府之国"的四川省,因为放卫星、搞浮夸,1959年就闹开了粮荒。四川省执行的粮食政策非常严,干部一般口粮定量24斤。因徐锦堂不是一线劳力,每月将北京定量的32.5斤粮票交食堂,给他重新定量为每月19.5斤。每天6两每顿2两粮食怎么吃呢?蒸饭时每个人的碗是固定的,按你的定量放米加水蒸好后,再加二遍水蒸,美其名曰"双蒸法"。菜呢?用挂在房梁上发霉的干萝卜叶,加把盐煮一大锅汤。就这个吃法,顿顿如此。徐锦堂咬住牙挺住了。说来也巧,因为能定时、定量并能吃到热饭,几个月后,徐锦堂原来的慢性胃溃疡反而好了,可能是胃负担长期

---

[1] 徐锦堂访谈,2013年2月20日,北京。资料存于采集工程数据库。

减轻的结果,也算是因祸得福。

在福宝山药材场,1959年春天全场工人口粮陡然降到每月15斤。玉簪花叶成了主食,洗净切碎后掺些玉米面,抓把盐熬粥就算正餐了。有时挖到土茯苓或油菜打菜籽后的根,用生石灰水浸泡腐蚀后,打碎磨成粉蒸窝头吃。这种窝头吃下去先是肚胀,后又解不下大便,能吃到洋姜或野蕨根粉算改善饮食了。

"有一天我到食堂打饭,老炊事员悄悄对我说:'徐老师,你的定量高,户口又不在场里,不用在食堂打饭,拿粮票到粮站买粮,自己做着吃吧!'我一口回绝:'全场工人都吃野菜,我怎么能吃得下!'仍然坚持每月32.5斤粮票全部交给食堂,自己没开过一顿小灶。那几年,粮票就是人的'命'。工人同志都说:'北京来的大学生真能吃得住苦啊。'"[1]

饥饿的生活,使很多人坚持不下去了。福宝山药材场900多人,有390人下了山。而徐锦堂像候鸟一样,依然冬去春来。他的行动感动了很多工人,布置试验时,不论脏活儿、累活儿,即使饥肠辘辘也没有人打退堂鼓,徐锦堂的研究计划从未延误过。

福宝山来了个长着"飞毛腿"、特别能吃苦的北京人,他的一些故事不胫而走,

图6-1 在三年困难时期,瘦骨嶙峋的徐锦堂坚持在产区蹲点开展黄连天麻的研究

---

[1] 徐锦堂访谈,2013年2月20日,北京。资料存于采集工程数据库。

不仅传到利川县领导的耳朵里,还传到了恩施地区机关。"恩施地区特产局林局长,特意接我去'研究工作',其实主要是安排我到局领导的中灶吃饭。局长们一餐只吃一两个馒头,我一餐吃十几个,炊事员都惊呆了。"①

那几年,利川县有几位老红军、老干部,享受"四个一"的特别照顾,即每月特供一斤糖、一斤油、一条烟、一斤肉;利川县委决定也给徐锦堂"四个一"的待遇。药材场工人们长期见不到油花,徐锦堂自己又怎能独自下咽,所以每月都是和大家在一起打"牙祭"。

参加过长征的老红军、利川县特产局李三涛局长,经常打电话叫徐锦堂去"汇报工作",实际上是给徐锦堂"打牙祭"。"每次到李局长家,李局长的夫人都专门为我包饺子。困难时期照顾老干部的白面,也是李局长夫妻和三个孩子从嘴里省下来的。"② 这让徐锦堂终身难忘……

"困难时期人饿坏了。1959年国庆节,蹲点的黄水农场一大队杀了一口猪,晚饭做了几个菜,每人增加到半斤米饭,大家饱饱地吃了一顿饭,饭后每人可买半斤饼干。十点多钟,我和同房的孔文彦都躺在被窝里,但谁也睡不着,在床上翻来覆去。小孔忍不住说:'徐老师,咱们把饼干吃了吧!''好!'。于是点着灯,坐在被窝里吃完半斤饼干才安然入睡。"③ 此刻徐锦堂才深深体会到老人说的"要饭的不放过隔夜食"。

"1962年,药场大食堂解散,以生产队为单位建立小食堂。科研队商量自己开伙,但粮食是大家的命根子,放到哪里也不放心,最后讨论还是放到我的卧室里保险,这是工人对我的信任,我成了粮食保管员。我又发动大家利用棚边、地角种了好多包包菜(洋白菜)。结果,我们的小食堂办得最好,除定量外还可吃一大碗包包菜。我想,夏天吃包包菜,冬天吃什么?想到我小时候种过南瓜,南瓜好吃产量又高,又可长时间存放,我们就在试验地周围种了许多南瓜。我精心追肥管理,并打掉多余的侧芽,秋天南瓜丰收,堆起来占去了我的半间卧室,大的有40多斤重。有工人提议说:'徐老师,你种的南瓜收了那么多,咱们吃一顿吧!''现在吃南

---

① 徐锦堂访谈,2013年2月20日,北京。资料存于采集工程数据库。
② 同①。
③ 同①。

瓜，冬天你们吃什么？'种了那么多南瓜我没有尝过一口鲜。"[1]

"我还从花台乡买了两只羊牵到福宝山，五里路走了多半天。这些羊是群放的，用绳捆住羊角往回拉，一个向东，一个向西，一蹿老高，简直把我整惨了。我回京后，工人来信说，一个冬天他们都吃南瓜，吃瓜时大家都会想起我。过春节时杀了羊，还给我留了一只羊腿。"[2] 徐锦堂和工人们真的就像是一家人，工人们能把他当成家里的主心骨，说明他与工农大众"两张皮"的问题彻底"解决"了。

1964年，黄连试验已近尾声，除了留下几名观察记录和管理黄连的人员外，科研队其他工人都并入人参队。一天徐锦堂去看大家，梁光友拿出一把挂面招待他。"挂面在福宝山可是稀罕物，平时见不到。吃挂面不是一人一碗，而是将一斤挂面一锅煮好，放在桌中间当菜吃。灶台和锅高度相同，抹得一样平。我说我来煮，水开后下入一斤挂面，刚煮了几个滚，一只小老鼠一下跳到锅里，我一勺捞出来，毛已秃噜光了。三年自然灾害时期刚过，生活还很困难，一斤挂面来之不易。大家都看见了，谁也没吭声。我把挂面煮好，放在桌中间，大家就着挂面吃米饭，有个工人开玩笑说：'徐老师煮的老鼠肉挂面还真有点荤味哩。'"[3]

以 苦 为 乐

1960年，有一天上级通知要黄水农场倒粮库，从悦来镇倒到30里地外的鱼池镇。一大队把任务分给每个人，徐锦堂不是下放干部，没有给他派任务。但是连炊事员都得去挑粮，他留在家里坐不住，也准备了扁担和皮篓，一起去运公粮。一大队到悦来镇50里，天不亮就动身，天黑才能返家。"我没有长途挑担的经历，人家女同志都挑八九十斤，我只能挑七十

---

[1] 徐锦堂访谈，2013年2月19日，北京。资料存于采集工程数据库。
[2] 同[1]。
[3] 同[1]。

第六章 蹉跎岁月 *111*

图 6-2　1965 年，在福宝山药场挑运收获的黄连

斤。会挑担的看着就挺轻松的，担子在肩膀上一起一落，分量不死压在肩上，且边走路边换肩。我不会，担子一直死死压在肩上又累又痛，换肩时得把担子放在地上，影响了后面排队走的人。那天还下着蒙蒙细雨，两个肩膀已压起大大小小的血包，从左肩倒到右肩，后颈一拧一层皮。我咬紧牙关，一天天坚持下去，经过十几天的苦熬，我挑的重量增加了，能挑百十斤，扁担一上一下颤起来，反而轻松多了。经过这次运粮，我练出一副'铁肩膀'，以后每年在福宝山给黄连冬季追肥，从马场把马粪运到试验地有三四里路，我每担挑 100 多斤粪，十几天追完肥，挑担的事再也难不住我了。"①

一大队离黄水街 15 里。一个休息日，队长说："咱们要修猪圈，急等用瓦，谁要上街赶场，可带条扁担，挑一挑瓦回来。""我正好上街寄信，上午挑了一挑瓦，百十斤重已不在话下。下午没事儿，我想待着也是待着，反正队里需要瓦，就又拿起扁担，挑一担瓦回来。当时总觉得自己是解放了，浑身仿佛有使不完的劲，只要需要我都心甘情愿地去干！"②

徐锦堂蹲点时，除了要完成分内的研究工作外，还需要调查所在省的

---

① 徐锦堂访谈，2013 年 2 月 19 日，北京。资料存于采集工程数据库。
② 同①。

药用植物栽培技术情况。1959年夏，他在黄水农场布置完试验后，又抽时间去了一趟英山县，调查茯苓培养技术。动身时队长对他说，带点茯苓种回来，咱们在农场试种一下。他乘船到武汉，转乘小火轮到黄石市，正赶上大雨冲垮公路，下船后走100多里路到英山县。调查了茯苓栽培、管理、加工技术后，写了调查总结，买了30斤茯苓菌核带回黄水农场。从汉口坐船到万县，换小船到西沱，下船后得爬30多里一条坡，再走几十里才能到黄水农场。他在万县买了两斤高价肉松，爬到半坡，背着30斤茯苓感到越背越重。路边没有农户，饿了就抓把肉松吃。肉松盐多，吃完后嘴干，只好喝沟里的水。谁知这些水是从上面稻田里流出来的不干净水，闹得肚子疼得要命。徐锦堂挣扎着把茯苓背上山，但人已虚脱，躺在地上。过了很久，一个放牛的小孩叫醒他，告诉他前面不远就有个小店。他在小店里住了一晚，次日回到农场。由于喝了不洁水染上了痢疾，病情越来越重，一天到底拉多少次也数不清，他也想请人抬他到县医院，又怕耽误了试验地的观察。这场病可不轻，几乎要了命。后来他看到司务长买回一捆大蒜，就求他卖给自己一些，每顿饭他吃两三头大蒜，也许是大蒜能杀菌，总算死里逃生一回。

　　第二次命悬一线发生在回京路上。长江自万县以下穿过巫山山脉，形成举世闻名的长江三峡，以险著称。西从奉节县白帝城的夔门入峡，东至宜昌市南津关，全长204公里，分为瞿塘峡、巫峡、西陵峡。巫峡由巫山县入口，有著名的巫山十二峰，挺拔青翠，是三峡中最险峻的江段。水流急，江水贴着峭壁，无岸无边，水深莫测，江水由两岸向江中倒翻，就是鹅毛也会顷刻翻到江底。

　　三峡是徐锦堂回京的必经之路。那年从万县上船，下午抵巫山县，稍事休息即起航进入巫峡。他搬了把藤椅坐在舱外观景，忽见船员急急忙忙跑过来，让旅客回舱，不准走动。不知发生了什么险情，接着听到一声震响，船慢慢调头，退回巫山。一个船员对他说："太危险了，船长救了全船人的命。"原来这条船在重庆修理时，就发现润滑油管有点问题，准备回武汉后大修。谁知进入巫峡，润滑油管堵塞，尾舵发热粘连不能转动，等于汽车没有了方向盘。更严重的问题是船正下水航行，无法退出峡口。

船长经验丰富、驾船技术高超，他选了巫峡一处比较宽的江面，可以使船调头，然后抛了锚船才调过头来，砍断锚链，弃锚后靠船左右两部小发动机交替开动掌握方向，推船前行到巫山县。船员说："如果在巫峡翻船，全船人在劫难逃，据说武汉直升机已准备起飞救人。"船在巫山县修理后，次日才起航安抵武汉。

第二年徐锦堂从武汉乘船上行，向船员打听此事，人家很惊讶："你坐那条船吗？太危险了，舵机失灵本来就是一件大事故，在三峡舵机失灵，那可是灭顶之灾。"那条船回武汉后停航三个月，全长江航运的人员都上船参观，以防类似事故再次发生。徐锦堂又躲过了一劫。

不怕吃苦又勤于动脑是徐锦堂的过人之处，他在产区的崇山峻岭间找到了天高任鸟飞的感觉。他搞的林间栽连试验，第一年便取得了喜人的结果，从观察数据和黄连生长情况比较，与搭棚栽连不相上下，福宝山药材场也准备在全场推广这种方法。

1959年研究所元旦献礼学术报告会上，徐锦堂被推选作"林间栽连试验初报"的学术报告，并将论文收入1959年药物研究所论文集中，这对于刚参加工作一年的年轻人来说，是莫大的肯定和鼓励。1960年初，全所开展"跃进奖"评选活动，30多人的栽培室有两个名额，徐锦堂被选上了，奖金30元，在当时的事业单位发奖金，还是破天荒头一次。

在黄连产区，他坚持与工人同吃、同住、同劳动，与当地群众打成一片。不怕吃苦的精神，被干部群众看在眼里记在心上，他被蹲点的福宝山药材场选为劳动模范，树立为标兵、青年人的榜样。1962年10月18日，《湖北日报》发表了记者郭方的长篇通讯"高山引来栽药人"，随后湖北人民广播电台全文广播。

徐锦堂的事迹引起药物所和医科院领导的重视，医科院党委宣传部长找他谈话，肯定他扎根山区搞科研、扎扎实实干工作的精神，中国医学科学院院报记者对他进行了专访。1966年2月12日，中国医学科学院院报第三版用一个整版发表了长篇通讯《长期深入山区和药农三同为增产药材贡献力量》。1965年12月14日，在卫生部京内直属单位学习毛主席著作经验交流会上，徐锦堂作了《高举毛泽东思想伟大红旗，深入药用植物生产第一线》的大会发言，并被邀请去劳动卫生研究所等单位演讲。1966年3月3日，《光明日报》头版头条发表了《扫除个人杂念才能挑起重担——山区蹲点七年同药农结合研究黄连栽培改造思想的经过》，中央人民广播电台进行了全文广播。不成想这些活动和宣传，后来竟成了挨整的材料。"文化大革命"中单位揪走资本主义道路的当权派，被当权派树立的典型自然也在劫难逃。造反派成立了徐锦堂的专案组，专门派人到福宝山调查他的黑材料。所幸当地群众竭尽全力保护他，没调查出什么"有用材料"，专案就不了了之。

上　干　校[1]

"五七"干校是"文化大革命"时期全国各地根据毛泽东《五七指示》兴办的农场。1968年，黑龙江柳河干校命名为"五七"干校，成为中国第一个以此命名的干校。此"五七"干校一出，全国"五七"干校迅速应运而生，许多老干部、知识分子被下放到干校劳动。当时中央国家机关在河南、湖北、江西等18个省区创办了105所"五七"干校。

1969年，卫生部的"五七"干校在江西永修农村建立，卫生部系统的大规模干部下放随即开始。

对于下放，徐锦堂应当说是有一些思想准备。"文化大革命"前栽培室差不多每年都有下放任务。在药物所，药理、植化、合成是重点研究室，下放任务栽培室是重点。他作过一个统计，20世纪五六十年代，栽培室共调出40多名老同志，有些是照顾夫妻两地分居，大部分是下放基层。1958年，分配到栽培室的五名同志，留下的只有他一人。下放干校劳动，是一时的事还是一辈子的事，谁心里都没底。徐锦堂想，下放"五七"干校，原来学的专业无用武之地，将来当农民总得有点手艺，他这辈子饿怕

---

[1] 徐锦堂：《仙药苦炼》。北京：中国文史出版社，2006年，第147页。

了，首先想到的是养家糊口。

当年，解放军快速针灸疗法很火，徐锦堂决定先学针灸。单位的公费医疗在虎坊桥一家中医院。"文化大革命"中，他患肩周炎，因早有学针灸的想法，就每天挂针灸科号。针灸科主任是一位中年大夫，刚从部队学得快速针灸疗法。徐锦堂每天跟在人家身后转，人家问他缘由，他赶紧把想学针灸以备去"五七"干校的想法说了。人家很同情他的境况，也有感于他的诚心，像带徒弟一样每天给他一边示范一边讲解。徐锦堂白天跑到医院学，晚上背穴位，并在自己身上试针感、作记录。有时睡到半夜突然想起某个穴位拿不准，开灯在孩子身上摸穴位，把他爱人吓了一跳，以为他得神经病了！

徐锦堂还想学理发，设想在农村挑个剃头挑子也能够维持生活。他到理发店假装理发，但排队老往后面错。两眼全神贯注盯着人家理发员怎样给男客人剃头，怎样给女客人剪发，渐渐被他看出了门道。于是他买了一套理发工具，先在家人头上一试身手。几次下来推子剪刀就得心应手并熟能生巧了。他对自己的要求是不但要学会，还要学得好。一到干校，他们连100多人的理发基本由徐锦堂和一位女同志包了。后来从干校回来，每到春节前几天，他还得开几天"理发店"。研究室的同志、西北旺药场的工人、"五七"家属班的女同志都找他来理发。他还学会了裁剪缝纫，家里孩子大人稍好点的衣服都由他来做。他做的四个兜中山装，有位同志接待外宾时还临时借当礼服穿。此外，修锁配钥匙、修理钢笔、裱糊顶棚、做饭炒菜，等等，他都是"行家里手"。

虽说早有准备，但是下放来临时仍感茫然。1969年8月的一天晚上，徐锦堂躺在单位集体宿舍床上暑热难眠。隔壁就是药场革委会领导小组办公室，两间房隔音不好，那边正在讨论下放人员名单，这么保密的事情，他们竟未想到"隔墙有耳"。当听到念自己的名字时，他知道留下的希望破灭了。这一夜他想了很多——前途、研究课题、将来的生活，等等，但何去何从两茫茫。这天夜里下了半宿冰雹，第二天早上他想再去看看天安门广场，这一场冰雹把准备国庆节刚换的大圆灯罩都砸碎了，路边水沟里还有半沟未化的冰雹，最大的有鸡蛋大，广场一片狼藉。他在水沟边站了一会儿，看着天安门城楼，心想以后还能看到天安门吗？还能回到北京吗？

下放名单公布了，要求国庆节前必须离开北京，到江西省永修县卫生部"五七"干校报到，每人发了一条麻袋算临别留念。要下放的同志将试验室手头用具和原始记录、总结报告整理好交给指定接管的同志。徐锦堂整理东西时想带走一把小镊子，准备在针灸时夹酒精棉球，接管的同志说得请示领导，他只好表示作罢。看到与他一块下放的李志亮同志把手头用具和笔记本之类的东西装进试验台下的柜子里并加上锁。他就问她："你锁它干什么？"

"等回来用。"

"你还想回来，这次是'砂锅打脑袋—锤子买卖'没有下一回了。"这就是他当时的心境。

那段时间，别人都用异样的眼神看待下放人员，好像他们犯了什么大错，被打入另册。徐锦堂母亲知道儿子要下放，要去"劳动改造"，整日以泪洗面。邻居康奶奶安慰母亲："徐大哥是多好的一个人，怎么就下放了？"徐锦堂母亲硬撑着说："这是要走毛主席的五七道路。"康奶奶的儿媳在旁边不客气地说："好人？好人还能下放吗？"弄得康奶奶和徐锦堂母亲十分尴尬。

康奶奶患全身过敏性皮炎，奇痒难耐，全身都抓破了，在大医院治了半年多不见好转。徐锦堂刚学完针灸，很想显显身手。对康奶奶说："我给你扎扎针灸吧。"她当然不抱什么希望，但多年的好邻居，不好回绝他的好意。

"行吗？他大哥？"

"试试看。"

他按学到的穴位，给她针灸了几次，效果出现了。十天后，康奶奶完全康复，徐锦堂第一次领略了针灸的奥妙。康奶奶痊愈后，到处讲他针灸扎得好并请徐锦堂给她的亲家扎针灸。去前，徐锦堂母亲让他把火炉上的一锅开水端下来，他满脑子都在想针灸的穴位，不小心把开水倒在自己的小腿和脚面上，立刻鼓出一个个大水泡，疼得他直冒冷汗，赶快骑车到医院包扎好。稍事休息，他想已答应给人家针灸怎么好失信呢？于是骑车数里地，如约去给人家扎了针。康奶奶听说他脚伤后还去给她亲戚扎针，联想起她儿媳说的话，感到很对不住他，一再向他表示歉意。

让哑巴说话[①]

在缺医少药的年代，有针灸总比没辙强。徐锦堂下放一到干校，针灸果然派上了用场。不仅干校的许多同志都找他治病，周围村庄的老乡也找他治病。治好不少病人之后，徐锦堂渐渐在当地有了些名气，他还成了连队（当时学军队的叫法）与周围老乡联系的联络员。凡是家属探亲，他帮忙找房子。连里需要向老乡借东西，也由他出面，徐锦堂和周围乡亲们的关系最好。他的房东是安徽的移民，妻子便秘的痼疾已经好几年了，每星期才能大便一次，去南昌住了几次医院也未见效果。协和医院的医疗队到干校时，徐锦堂带她去检查，验了大便开了药也未管用，大夫说医疗队缺仪器设备，希望她能去北京住院治疗。但从江西去北京谈何容易？一筹莫展之际，徐锦堂和她商量："要么我给你扎针灸试试行不行？"他选择了上下肢和腹部几个穴位，扎了三四天就有了明显效果，扎到第十天，她的大便完全正常了。后来徐锦堂连队搬家到云山水库，他还像大夫一样追访了三个月，直到确认疾病完全康复。其实，治好了人家的病，他心中觉得非常愉快，在干校他为周围很多老乡治过病，都有不同程度的好转，在老乡中有了一点名气，找他治病的人也逐渐多了。

俗话说：艺高人胆大。云山水库住地旁有一家姓傅的老乡，其子傅义龙17岁了还不会说话。徐锦堂跃跃欲试，主动登门施治，可是人家父母并不欢迎，碍于面子才勉强同意让他给扎扎看。哑门穴是治疗聋哑的关键穴位，刚开始他给傅义龙进针，只敢进一寸深，傅义龙没有太大针感，效果也不明显。徐锦堂觉得首先得自己找到针感，才能治好别人的病，他决

[①] 徐锦堂：《仙药苦炼》。北京：中国文史出版社，2006年，第152页。

心在自己的哑门穴上试验。当进针一寸深时，他觉着针仿佛刺在一件硬物上，只有麻胀而无触电感。如果再进针，危险性太大，把自己扎成哑巴或瘫痪怎么办？"不入虎穴焉得虎子"，他决心继续试针。渐渐地针刺进1.5寸时，突然好像刺透了那层硬物，如同一股电流直通肩膀，针感非常强烈。这样，他用自己的身体找到了针感，才敢给傅义龙进同样深度的针。有时傅义龙上山放牛，徐锦堂就追到山上给他针灸。一个多月后，奇迹出现了，傅义龙不但完全能听到声音，而且会说话了，教他唱歌也不走调，但就是记不住。头天教他"茶缸"，第二天就忘了，徐锦堂知道这如同幼儿学说话一样。他们学会说话，是妈妈爸爸一天天一句句教才会的。傅义龙从来没有听见过这东西叫茶缸，怎么一次就能记住呢？傅义龙会说话了，他的母亲非常高兴，激动万分，到徐锦堂连队里又唱又跳，感谢五七战士。

1969年12月23日，卫生部"五七"干校的《"五七"战士》报上刊登报道：接受贫下中农再教育的丰硕成果——"五七"战士治愈聋哑病人。文中写道："一天直属二连的宿舍里来了一位贫农老大娘，她的眼里闪着激动的泪花，朝着伟大领袖毛主席的画像高唱歌曲，她来感谢毛主席，是"五七"战士治好了他儿子的聋哑病。给这位老大娘的儿子治病的二连战士徐锦堂同志并不是医务人员，为了让阶级兄弟少受痛苦，徐锦堂同志常在自己身上试针。最有效的针感他试到了，病人的疗效也就日益显著起来。"现今这份小报徐锦堂仍然珍藏着，当作他们家的文物。傅义龙是卫生部"五七"干校治好的唯一一个聋哑病人。后来徐锦堂从傅义龙的母亲那里听说，在他治疗以前，已有几个医疗队

图6-3 徐锦堂在"五七"干校用针灸扎好哑巴傅义龙后，"五七"干校的油印小报发表的"接受贫下中农再教育的丰硕成果——'五七'战士治愈聋哑病人"报道

给傅义龙扎过针灸，孩子的牙床疼得不能吃饭，人瘦了也未见效果，所以徐锦堂开始给傅义龙治病时，她根本不以为然。后来徐锦堂自己也有些后怕：这种冒险行为不值得提倡，自己既不懂医，又没有经过专业培训，一旦出了事故怎么收场？

在云山水库，男同志都住在水库大礼堂里，没电也没有取暖设备，冬季滴水成冰，晚上打一盆水放在床下，早晨起来就成了冰坨。干校生活很苦，大家也只好苦中取乐。梁晓天、周同惠院士，还有许多知名的专家都挤在这间大房子里。天又黑又冷，大家钻在被窝里，有时开被窝联欢会，周同惠院士的京剧清唱是保留节目，他的大笑常给大家带来欢乐。

一天半夜，有位老乡来找徐锦堂，说他老婆肚子疼得很厉害，请徐锦堂到家里去看看。到他家后，他媳妇躺在床上不停地呻吟，徐锦堂给她扎了几针后，肚子疼得愈加厉害了，这可把徐锦堂吓坏了。虽然他知道内关、足三里和腹部几个穴位，"腹深如井，背薄如饼"，不会出大问题，但就怕万一。这时老乡的邻居也来找徐锦堂，原来邻居的媳妇也是肚子疼，疼到在床上打滚的地步。邻居告诉他吃过打虫药，肚子疼得更厉害了。徐锦堂怀疑是胆道蛔虫，应尽快送干校医院，但他们家床上睡着三个小孩，最小的才几个月，男的实在走不开。看到这种情况，徐锦堂实在不忍心丢下病人不管，就让这位农民找来一辆架子车，铺了一条褥子，他拉车送病妇到三联村干校医院。寒风吹来，妇女在车上发抖，徐锦堂却一头大汗，脱下棉衣盖在她身上，赶了十几里土路才到医院。代交了住院费，办完手续，已是凌晨三点多了。回去的路上，他还惦记着那位扎过针还肚子疼的妇女。当他放下架子车去她家看时，她已经安然入睡了。她丈夫告诉徐锦堂："针灸后过一会儿就不太疼了。"徐锦堂这才安心地回到住地。天快亮了，干校一天的劳动也开始了。

徐锦堂在干校针灸有点名气后，找他治病的人越来越多。37岁的聋哑人周迪金是个木工，他愿意住在徐锦堂所在的二连里干活，就是好请徐锦堂给他治病。他的治疗效果也很明显，听力有了很大恢复，也能张口说话。他骑车上路，后边汽车鸣笛，也知道躲车了。

1972年，徐锦堂去陕西宁强县从事天麻研究，住在滴水铺公社东风三队山沟里,房东李大爷放牛从山上滚下来,颈椎僵直不能转动已半年多了,他给老人扎了一针就转动自如了。这一针出了名,每当他再去东风三队,老乡就把他们的亲戚朋友接来治病,徐锦堂从试验地回来总有人等着。他给针灸后,人家会拿出几块钱作为治疗费,徐锦堂总是笑着对他们说:"我这个郎中是毛主席派来的,只治病不收钱。"

徐锦堂的老伴患过敏性荨麻疹十几年,到大医院去过多少次也不见效。在协和医院作变态反应试验,她对海鲜、豆类、冷空气等都过敏,配制过敏药连续注射几个月,效果也不明显。20世纪70年代初甚至对语言都过敏,只要你提一句她某个部位起荨麻疹,马上会全身发病,皮肤一条白一条红,奇痒难忍。后来徐锦堂建议给她扎针灸试试。她一怕疼,二是不太相信"蒙古大夫"。徐锦堂说就扎十天,如不见效立即收兵。扎到第七天荨麻疹完全退去,老伴说:见好就收,不再扎了。此后十几年,老伴海鲜等食品照吃不误,偶尔冷风吹到身体某个部位起点疹块也很快散去,全身过敏性荨麻疹完全治好了。徐锦堂"行医"十几年,他给很多人针灸治病,治好过许多疑难杂症,但越扎胆越小。他说:我不是医生,又没有行医执照,给人治好病皆大欢喜,如果扎坏一个人,将是"吃不了兜着走"。所以轻易不再针灸,偶尔掰不开面子,只在朋友家人身上显显身手。

当 木 匠[①]

卫生部"五七"干校在南昌100多里外的永修县周田村,徐锦堂所在的二连是基建连,他被分配在木工组,主要盖校部和本连的房子。木工组的头儿韩师傅,原是药物所的木工,他跟韩师傅学木工活,从推刨拉锯起步。这是个力气活,技术性也很强。怎样刨平一块木头、凿好一个榫,他都下了不少功夫,并逐渐喜欢上这门手艺。他制作了各种刨子、凿子和

---

① 徐锦堂:《仙药苦炼》。北京:中国文史出版社,2006年,第150页。

锯，所做的裁口刨既有实用性又有艺术性，可以控制裁口的深浅、远近、大小，加装轴承还使裁口活省力又轻松。二连承担校部1000人大礼堂的修建任务。他们先放大样，做出样板，再根据样板做大柁架。檩条都是用两米多长的方木接起来的，两个人抱着一根檩条，走在宽不足15厘米的斜人字柁上，放到八米多高的柁尖上，没有任何保护措施，真够悬的！大礼堂工期只有两个月，大家加班加点硬是按期完成了任务。

在干校劳动几个月后，卫生部直属机关的干部也下放到江西。他们最初就住在新盖的大礼堂里，几百人挤在里面，二层铺，床与床之间仅容一人通过的过道。他们来的第一件事就是盖自己的住房。在校部旁画线，打地基，盖了几排房子，每排十间。墙壁都砌好了，最后一道工序是封顶。江西房子的墙壁是用斗砖砌的，屋顶用五层结构。在山墙上固定檩条后，再在檩条上钉一层木板，木板上铺一层油毡，油毡上钉直条固定，直条上钉横条再挂机制瓦。其中抖油毡是一项技术性很强的活：一人拿一捆油毡，在倾斜的屋顶木板上，前边一人边后退边抖油毡，后边紧跟一人用木条钉直条固定。要求将油毡抖得直，从房沿开始，每层压边都要一样宽，不能

图6-4　1969年9月，徐锦堂（第五排右二）下放到江西永修县卫生部"五七"干校（图为二连的职工合影）

抖斜。拿着几十斤重的一捆油毡，在斜屋顶上操作，就是当地的老木工也有对不齐的时候。徐锦堂到干校后，练就了一手抖油毡的绝活，抖得又快又直，压边宽窄一致。有一次，卫生部请他去抖油毡，十间房子他不到一小时就全部完工，房下的人都拍手称好。他下到地面时正遇钱信忠部长，钱部长笑着问他："木工师傅，是永修人吗？你这套手艺可真不简单。"

"我不是本地木工，我是五七战士。"

"哪个单位的？"

"药物研究所。"

"原来是木工吧？"

"不是，是科研人员。"

"啊，你什么时候学的这一手绝活？"

"到干校才学的。"

"真不简单，得向你好好学习。"

钱部长光着膀子，脖子上还搭着一条手巾，看到钱部长的样子，徐锦堂非常同情他的遭遇，也许是对八路军、老干部一贯崇敬的心情吧！

徐锦堂干了八个月木工，学了一手需三年才能出师的木工活。从干校返京后，大家都买樟木箱子，而他什么也没买，只带回一套完整的木工工具。70年代，徐锦堂利用这套工具在星期天和节假日，作了活动床、大衣柜、写字台、沙发等全套家具，没人能看出是出自一个业余木匠之手。

江西有血吸虫病、象皮腿和黄癣三大地方病，黄癣也称癞痢头、癞子。在永修县农村常可看到一些长得很俊俏的小姑娘，一年到头都戴一顶破帽子，原来是癞痢头，令人惋惜。这种病主要发生在儿童期，因兄弟姐妹互相戴一顶帽子，或睡一个枕头而发生传染。在干校，徐锦堂每个月要给男女同志理发，所以许多人尤其是女同志告诫他："你给周围老乡针灸可以，但决不能理发剃头。"所以他没敢给农民理发。血吸虫病主要传染源是水中的尾蚴。到江西后，有两件让人头痛的事，一是气候闷热，"桑拿"天气让人难熬；二是蚊虫太凶，防不胜防。钻进蚊帐闷热难耐，钻出蚊帐又遭蚊虫叮咬，只有在水中游泳是最舒服的，但又怕染上血吸虫病。由于天气太闷热，大家顾不了许多，每天中午休息时就去水库游泳。一天，徐锦堂和张清顺吃完饭就向水库赶，徐锦堂没有游过泳，平常也只敢在水边洗洗身子凉快凉快。张清顺下水后正赶上一个水坑，一下子没过了脖子，他两手拍水大喊救命。徐锦堂忘记了自己不会水跑去拉他，自己也掉进了深水里。两人在水中上下翻腾，挣扎中徐锦堂被老张推了一把，徐锦堂抓到一根树枝才上了岸，然后拉住一根岸边的小树，把老张从深水拽出来。两人在水库坝上气喘吁吁，这时连里的游泳大队才赶到。他们开玩笑说："二位真够积极！""你们再来晚点，可能就见不到我们了！"这次差点命丧水底，可是徐锦堂从此学会了游泳，也算是一失一得吧。

永修县周田村是个雷击区，常有雷击事故发生。他们住的帐篷中间有一根铁柱，一天下雨，一名同志正好抓着铁柱，一个响雷将他打倒，幸亏未受伤害，大家从此对电闪雷鸣都十分敏感。在修大礼堂时，徐锦堂正在大柁架的尖上钉檩条，忽见有电闪，有同志喊他下来避雷，他说不要紧还远着呢！但天越来越黑，当他从柁架上下到地面时，一个响雷打得他坐在了地上。一位先下来的同志坐在一个打铁的铁墩子上，这一声响雷打了他一个跟头。事后徐锦堂想，刚才如果再晚下来一会儿，后果不堪设想。

徐锦堂在"五七"干校劳动一年，虽然吃了一些苦，但苦中有乐，闯过了几道生死关，学会了木工、理发、游泳、针灸和简单按摩，这是一年中最大的收获。年末工作总结时，徐锦堂被选为"五好战士"，并在大会上发言。

全国中草药培训班[①]

在"五七"干校劳动锻炼了一年多，1970年12月，徐锦堂第一批调回北京。领导找他谈话说，年岁大了，不必再长期出差了，可以搞些引种工作。他虽念念不忘天麻研究事业，但也十分感谢领导的照顾。1971年初，受卫生部委托，药物所举办了两个全国培训班。在所里举办植物化学培训

[①] 徐锦堂：《仙药苦炼》。北京：中国文史出版社，2006年，第157页。

班,在西北旺药场举办中草药培训班。徐锦堂被任命为中草药培训班班主任,全国各地50多位工农兵学员参加了培训。他们中有赤脚医生、部队医院药房干部、中药生产者,也有大学老师,文化程度参差不齐,学习兴趣都很高,但大都未系统学过中草药。徐锦堂在班里选举了班长和学习、生活、文体委员,建立了党小组。课程也安排得挺紧凑,学员学习努力,组织纪律严明,受到领导和群众的好评。

学习期间,两个培训班学员联合去北京京山采集、制作并辨认中草药标本。他们住的北安河国家登山队的大本营,原是京山上的一个尼姑庵。汽车送他们到山下,行李炊具和采标本的工具都需人力背上山。实习总结时,有学员提到:"那日往山上背东西,我们学员中最多下山背了三次,但徐老师却背了五次。"其实徐锦堂自己没有在意,可学员中真有有心人。这次实习,学员收获很大,认识了近百种中草药,并采到一个有两斤多重的特大京蘑。快毕业时,有学员发现一个小学员的箱子里有图书馆的一本书,后来又在他的小笔记本上发现了画着几个钥匙的图案,认为他偷了书,是小偷。当时还处在"文化大革命"时期,开批斗会已成家常便饭。开了他的几次批斗会,这位小学员也吓坏了,主动承认他偷了书是小偷。毕业时给每个学员都要写总结和鉴定材料,鉴定意见分组讨论后,最后由徐锦堂

图6-5 全国中草药栽培进修班全体师生合影

第六章 蹉跎岁月

汇总。他认为这位小学员只有18岁，拿了图书馆一本书是错误的，但如果写到档案里，带回单位，将会影响他一生的前途。他把意见向支部书记汇报，书记同意他的看法。几位积极分子却对他有意见，认为他太没有原则了。但是，后来徐锦堂还是给大家作通了思想工作。最后这位小学员自己写的总结上，都写了自己是小偷的事，但是徐锦堂让他都改成借了一本心爱的书未及时还，并写了认识。鉴定意见中也未提偷书二字，更没有写他是小偷。这名小学员回单位后工作很努力，不久就加入了共青团，并成为单位的技术骨干，后来每当他工作上取得成绩时，都会来信告诉徐锦堂。

与学员一年的相处，对他们真有点难舍难分。结业前的一天，培训班班长、解放军军官顾俭克，坐在徐锦堂办公桌对面，看着他默默无语，泪水满面，良久未吐一个字。徐锦堂安慰他："小顾，别这样，我们以后见面的机会还很多。"小顾毕业后常和他通信联系，后来调杭州一个部队疗养院工作，80年代还专门来北京看徐锦堂。这个班的学员，毕业后有的成为中医学院药物栽培的教师，有的在中药学校教植物分类，有的是部队药房主任，有的成为科研单位或药检所的技术骨干，也有一部分当赤脚医生，后来有些人下海当了公司老总，工作都很出色。

时光如白驹过隙，转眼30多年了。学员中一些人仍与他鱼雁传书，到北京也会来看他。

风　　格[①]

20世纪80年代初，栽培研究室的仪器设备、试验条件，是药物研究所研究室里最差的。没有精密的显微镜、解剖镜和高速离心机，试验室也比较拥挤。开展细致深入的研究课题非常困难。为了探索天麻和真菌之间的秘密，他们在试管菌叶快速培养法的基础上进一步创造了用培养皿在培

[①] 徐锦堂：《仙药苦炼》。北京：中国文史出版社，2006年，第160页。

养基上大量快速培养菌叶的方法、培养皿海绵保湿菌叶播种法、解剖镜下用计算网统计种子发芽率的方法，等等，这一系列实用的研究方法，使一些观察统计很困难的试验简单化了。应用这些方法培养出共生萌发菌的子实体，鉴定出其分类科属，简便快速统计出天麻种子的发芽率，筛选出优良的萌发菌菌株。这些研究方法至今仍在沿用。

1980年，"天麻有性繁殖——树叶菌床法"获得国家二等发明奖，1984年，"栽培黄连的玉米和造林遮荫技术"又获得国家三等发明奖，两项发明奖引起了领导部门的重视。80年代，申请到国家科委30万元科研经费，财政部先后给了50万元经费，卫生部下达给天麻组12万元，以后又陆续申请到国家自然科学基金、卫生部和国家中医药局科学基金，近百万元科研经费在当时来讲是非常大的一笔基金。天麻研究组成为全所最富裕的课题组。当时所党委分管药场的于普同志给他做工作，栽培室仪器设备很差，又没有课题经费，你应该发扬共产主义风格，支援全栽培室的课题研究。他说按领导的话办，让这笔经费发扬共产主义风格吧！全室的科研人员跟着徐锦堂去八面槽仪器商店订购了一大批仪器，有的课题组购买仪器花的钱比天麻组都多。当时西北旺药场的经费也很紧张，如天麻楼前面的花坛、宿舍两旁的隔离花砖墙和其他一些费用，都在天麻课题费中报销。天麻组为药场的建设尽了微薄之力。

兴建天麻楼[①]

西北旺药场建于1955年，原本归药物研究所栽培室管理，是栽培室的一个试验基地，相当于一个组的建制，药场场长定期向栽培室主任汇报工作。直到20世纪80年代初，药场还没有一间楼房。随着天麻研究步步深入，大家挤在楼道里办公拥挤不堪。当时徐锦堂已分离获得十余种天麻

---

① 徐锦堂：《仙药苦炼》。北京：中国文史出版社，2006年，第161页。

种子共生萌发菌，但由于用保湿海绵培养皿菌叶播种法培养子实体，在四面通风、人来人往的楼道里很快就会污染，无法进行鉴定，徐锦堂就想用课题经费盖一座二层楼房。

为了盖这栋500平方米的试验楼，他倾注了很大精力。从报批申请、选址设计、施工验收都像盖自家的房子一样尽心尽力。最初他想在锅炉房后选一块地，盖一座单独的二层小楼，但药场领导坚持温室后墙空着太难看，要用天麻楼遮住温室后墙，他理解领导的全盘构思，但这会迫使天麻楼的底层和上层三间房，既采光受限又不通风透气。500平方米的面积是国家批准的，不能增加，二层楼的长度必须与温室等长不能变动，为此就得缩小房间的进深。为了加大房间的深度，徐锦堂建议二楼阴面阳台修在楼外，因阳台不算面积，过两年封住阳台就等于加长房间一米多进深。但这些意见都未被采纳。施工开始后，他每天都到工地检查，随时指出施工缺陷，验收时他提出30多处不合格的质量问题。乙方代表、甚至研究所管基建的同志，都认为他有点"吹毛求疵"，徐锦堂和他们争论起来，最后经改进后他才签字通过。人们都习惯称这座二层楼为"天麻楼"。

现在看起来一座不起眼的二层简易楼房，当时是西北旺药场唯一的一座楼房，徐锦堂甚至在睡梦中都梦见它即将矗立的样子。当时栽培室十几个课题组都挤在现在药理室500平方米实验室里的时候，一个天麻组就拥有一座500平方米的二层实验楼。可想而知，实验条件有了多大的改善！当时许多人都投以羡慕的目光。后来有人准备用天麻楼和香港人合资开公司，徐锦堂提出天麻楼不是所里的基建房产，是天麻组花27万元科研经费盖的，相当于天麻组一件大型仪器设备。后来一度传说试验室也要交房租，他说："天麻楼是用课题费盖的，不应该收租金。"

盖天麻楼的钢筋等建筑材料，徐锦堂准备了两次。第一次买的钢筋堆在办公室前的树林里，因天麻楼的设计图纸还未绘出来，此时简易家属楼已开工急需用料，这批已备好的料都用去盖家属楼了。他又花钱第二次备料。一直到1984年药植所成立初期，经费很困难，这点经费为建所也出了点力。最后剩下六万元，书记说："徐锦堂这六万元不能再花他的了，留在账上由他支配。"

三 年 承 包[①]

药植所成立后，徐锦堂担任药用真菌研究室主任，真菌室是在原栽培研究室天麻研究组基础上组建的，共 11 人。当时研究所刚刚成立，经费困难，仪器设备差，所领导号召大家要加大横向联系，多创收。为了协助新建的研究所渡过经济难关，徐锦堂带头进行科研室全面承包。当时对真菌室承包的条件是比较苛刻的，总的原则是国家拿大头、集体拿中头、个人拿小头。在完成科研任务的前提下，不要国家科研经费、不要国家工资奖金福利费等，每年创收的经济总额，减去上述费用外，所获得的纯利润 50% 作为科研发展基金，20% 作为所基金，30% 作为承包小组奖励基金。实际上 70% 纯利润都交所里统一安排，真菌室只留 30%。如果完不成承包指标，则扣发室主任 50% 的年综合奖金。真菌室是全国卫生系统第一家承包的科研单位，影响很大。1985 年 3 月 31 日，《健康报》发表了《徐锦堂研究组试行全面科研承包》的报道；1985 年 10 月 4 日，《光明日报》发表了《中国医科院药用真菌组，改革科技体制试行全面承包》的报道，副题为"全组在副研究员徐锦堂的带领下，坚持改革的正确方向，促进科研工作，创造了更多的社会效益和经济效益"，并编发了"科研承包要掌握正确方向"的短评，短评中指出：

中国医科院药用真菌组实行全面承包后，想的是如何增加社会效益，为人民造福。请看：

他们把如何尽快地研究出真菌栽培方法，使产区生产出更多的紧缺药材，以满足社会需要放在首位；

他们为了使产区农民富裕起来，在给农民出售菌种时，宁愿减少自己的收入，几次降低售价；

[①] 徐锦堂：《仙药苦炼》。北京：中国文史出版社，2006 年，第 165 页。

他们对不宜种植天麻的一些地区和单位进行劝说，建议不要花钱签订合同试种天麻，使这些地区和单位避免了浪费；

他们处处考虑到怎样才能对社会有益，而不一味追求利润，他们这种指导思想是符合社会主义方向的。

1985年8月28—31日，"全国医药卫生科技工作会议"由卫生部陈敏章部长亲自主持召开，徐锦堂作为科技改革承包的带头人作了大会发言。

在三年科技承包期间，他们按计划完成了科研任务。1985年12月4日，"天麻种子共生萌发菌的发现及其应用研究"通过鉴定，并获得卫生部科技成果甲等奖。真菌室每年节支创收四五万元，完成了创

图 6-6　在全国卫生厅局长参加的"全国医药卫生科技工作会议"上，徐锦堂作科研改革的发言

收的经济指标，给药植所节省了全室11个人的工资、奖金和科研经费。在组内奖金分配时，为了调动年轻同志的积极性，他们获一等奖金，徐锦堂个人获二等奖金。全组每人年平均奖金300元左右，与全所平均综合奖200元左右相比，高出其他科室不到30%。

三年承包结束，徐锦堂圆满完成了任务。但这三年加在他身上的担子实在太重了。他要抓好全室的科研工作、研究生培养，经常考虑十几个人的工资、生活、福利。药植所本来有些科室也有创收条件，有些室主任还多次主动和徐锦堂讨论承包方案，但这样的承包方案对大家没有吸引力都不愿意贸然承包。这样，药植所十几个研究室，只有真菌室独家承包，没有起到示范作用，仅每年给所里上交十几万元经费，解决了一点建所初期的经济困难。但在那个特殊的年代，他仍然是第一个敢吃螃蟹的人，仍然是第一个响应国家号召的人。

第七章
移师汉中

天麻研究不能停

1965年,天麻野生变家栽首次获得成功,同时人工培养菌材已见雏形,天麻的神秘之门就要叩开了。1966年,"文化大革命"席卷全国,一封催促徐锦堂下山的电报迫使他回到北京参加"运动",也离开了他钟情的天麻组、中断了天麻研究。

1972年春,天麻组要开会讨论计划。已从"干校"回来的徐锦堂,主动要求参加讨论会。会上,天麻组的同志认为天麻已经栽活了,天麻课题可以下马了。徐锦堂不顾头顶"臭老九"的帽子据理力争,当时"栽10窝天麻,要用种麻六七斤,可是只有三四窝成活,成活率为30%—40%,论重量还收不回播种的种子。天麻野生变家栽虽获成功,但还处于试验阶段,大面积推广应用还没有开始,市场供应依然紧缺,怎么能叫研究已经成功?怎么能够下马呢?"[①] 但天麻组还是坚持要收兵。

---

① 徐锦堂访谈,2013年2月19日,北京。资料存于采集工程数据库。

没办法，徐锦堂直接去找支部书记张志杰，谈了不能下马的理由。张书记认同徐锦堂的观点，并问他："你认为该怎么搞？"徐锦堂说："我要搞，还是去产区蹲点。北京即使栽活天麻，也是个异地引种问题，解决不了产区生产中的问题。"

当时，天麻已三年供应断线，只能作为"首长"保健药，偌大的北京药材市场，老百姓很难买到天麻。所里让徐锦堂重新负责天麻的研究，这样他又回到天麻组，重新开始了天麻的研究。

"1972年春，我在北京召开了六省市天麻生产座谈会，各省代表都作了天麻生产的发言。陕西省来了五位同志，宁强县滴水铺公社东风三队生产队长涂和礼对我讲，他们那里的蜜环菌很多，有筷子那么粗，野生天麻也不少，人们挖地时常挖到天麻，大家不知何物，就互相掷打着玩。他把我说动了，我决心去这块宝地看看天麻和蜜环菌。在这次会上我最大的收获，是陕西代表拿来1911年草野俊助发表的《天麻与蜜环菌共生》论文的胶片。"[①] 1959年，徐锦堂开始搞天麻研究时，就期盼找到这份资料，从北京到西安的各地图书馆他全都跑遍了，竟一无所获。所以最初的研究只能靠自己摸索，在失败中不断前行。现在竟不期而至，如获至宝，如遇甘霖。

如鱼得水

在北京举办六省市天麻生产座谈会后，徐锦堂第一次来到宁强县。适逢由陕西省药材公司在宁强县委招待所主持举办了西北五省区天麻栽培技术座谈会，有甘肃、新疆、陕西等省（区）药材公司系统的近200人出席。陕西省汉中、商洛、安康等地区各县药材公司生产科的技术人员和一些药农也参加了座谈会。这次大会，实际上给徐锦堂搭建了一个宣传和讲解天麻菌材伴栽技术的平台。据宁强县革委会生产组范组长讲，这是"文化大

---

① 徐锦堂访谈，2013年2月20日，北京。资料存于采集工程数据库。

革命"中宁强县各行各业第一次召开讲解技术的会议。

"文化大革命"期间,人们习惯的是开批斗会,200人能坐在一起安静地听一整天的技术课实属罕见,而且会议秩序非常好。宁强县秦腔剧团就在隔壁彩排《槐树庄》,竟没一个人去看。干部群众对科学技术的迫切需求和高昂的学习积极性,让徐锦堂感动,他感到终于有了用武之地。

刚开始搞天麻时,试验点选在宁强县滴水铺公社东风三队和勉县张家河区。这两个试验点原是省药材公司扶植的两个点,涂和礼和李宗贵是两个点的生产队长,他们都去北京参加了天麻座谈会,与徐锦堂已经相熟。两个点以前学外地"三下窝"的栽培方法,就是把附在树根和腐木上的野生蜜环菌索从树根上扯下来,剪成一寸长的小段,撒在木头旁,然后栽入种麻。也就是将种麻、木头、菌丝段一块下种,称之为"三下窝"。但"三下窝"栽后成活率低,两年才能收获,产量不抵栽种的总播种量。

两个试验点交通都不方便。东风三队离宁强县城八九十里,只有十余里通车。张家河离县城150多里,也只有30里有公路。有利条件是两地都

图7-1　1975年,在宁强县东风三队,徐锦堂(右二)和天麻组的冉砚珠(右一)给天麻生产现场会的农民示范讲解天麻栽培方法

第七章　移师汉中　133

有野生天麻分布，都进行过天麻的试种。

在东风三队，徐锦堂住在农民李顺元家。李家坐落在一个小山沟里，五间房顺着山沟盖起。天麻试验田就在他家房后的山上。由于坡陡沟窄，有时挖地滚下一块石头，得赶快高声喊："石头下去了！"免得砸伤了人。

宁强农民习惯吃酸菜做的酸饭。农民说："一日不吃酸，走路打颤颤。""所谓酸菜，就是头年将菜叶子，压在一个近一米高的小口大肚坛子里，舀出来有点透明的黏液挂在菜上，非常酸。煮玉米粥时，掺点土豆或小白薯，快熟时舀几勺酸菜和菜汤煮在锅里。这就是酸饭，而且一天只能喝两顿，因为农民一年的口粮只有200斤玉米。盐拌辣子面，有时挖点野菜，就是下饭的最好菜肴。晚上，三个人睡在一张一米多宽的床上，翻身都得动作一致同时翻身，要'面条'都'面条'，要'虾米'都'虾米'，大家配合默契，好像训练过一样。"①

虽然条件异常艰苦，但是大家热情高干劲足。徐锦堂把利川寒池搞成的人工菌材伴栽天麻的方法用在了宁强并获得成功。熟悉徐锦堂的人曾说：这是湖北开花，汉中结果。

天麻无性繁殖固定菌床法

1975年冬天，一年一度的全国药材经理计划会议在南宁召开，它是由商业部组织的全国药材购销计划会议。各省市药材公司经理聚集一堂，他们最关心的是怎么样把本省富余的药材卖出去，再把本省稀缺的药材买进来。天麻已经断档三年，经理们年年盼着为本省带些天麻回去，但是年年无功而返。当陕西药材公司经理宣布，陕西省今年调出1350公斤干天麻时，全场掌声四起，称赞陕西天麻是风格麻。这一切缘自徐锦堂在汉中研究成功并在汉中、安康、商洛等地区20多个县，推广了天麻无性繁殖固

---

① 徐锦堂访谈，2013年2月20日，北京。资料存于采集工程数据库。

图 7-2　1975 年，徐锦堂和朱兰书副所长（第二排右五、右七）、宁强县县长张国栋（第二排右六）及宁强县药材公司全体同志合影

定菌床栽培法。

  天麻无性繁殖的关键技术是先要培养好菌材。1965 年，徐锦堂在利川寒池是用发光的带菌索树根和带菌竹根与新鲜树棒一块埋入土中培养菌材的。宁强县过去用"三下窝"栽培方法效果不佳。在东风三队，徐锦堂用带菌树根作菌种培养菌材与"三下窝"用菌索段作菌种培养菌材作对比试验。四个月后，用前者培养菌材的接菌率在 87%，而且蜜环菌生长旺盛；用"三下窝"方法培养菌材，只有 12% 的木棒上接上了蜜环菌，菌材上蜜环菌分布稀疏。主要是因为作菌种的菌索连在树根上，有营养来源，成活率高；而"三下窝"将菌索剪成小段，无培养基（树根）附着，自然成活率极低。在此基础上，徐锦堂研究成功培养菌枝的方法。即将手指粗树枝砍成三寸长，用带菌索的树根作菌种，培养出菌枝，菌枝又可作为菌种扩大培养，同时可用来培养菌材。徐锦堂又试验用 0.25% 的硝酸铵浸泡树枝 10 分钟，然后再培养菌枝，菌索生长茂密、速度快，又不易污染杂菌。用菌枝培养菌材，大大提高了接菌率，降低了菌材污染杂菌的几率。但如果

菌材培养质量不高，就会出现天麻接菌低的问题。

1973年春天，徐锦堂从北京乘火车去宁强，躺在卧铺上辗转反侧，他突然有了一个奇怪的联想，人们常说："先有鸡还是先有蛋？那么在野生天麻窝子中，是先有蜜环菌还是先有天麻？"他认为一定是土壤中先长了旺盛的蜜环菌，然后天麻种子被风吹落到有蜜环菌的窝子里发芽（当时还认为天麻种子发芽是蜜环菌提供的营养），才有了天麻。如果在窝子里先把蜜环菌材培养好，尽量不破坏菌材和土壤的已有格局，然后把麻种放进去，应该能够大大提高接菌率。

"回到东风三队，我和大家伙一说这个想法，大家都说好，有人管它叫'先盖房子后进屋'，我称它为'菌床'。说干就干，大伙立即上山培养了几十个菌床。一个多月后，菌床里的木棒上都感染了蜜环菌，菌索生长茂盛。我挖开土壤取出上层菌棒，下层菌棒不动，只挖个小洞栽入麻种。再过一个多月去观察，麻种都接在菌棒上，效果明显。只要麻种能接

图7-3　1975年，在宁强县东风三队试验地头，徐锦堂向汉中地区的领导介绍天麻固定菌床栽培天麻的方法

上菌,成功的希望就有80%。我立即召集汉中地区11个县试验推广网的技术员开会,推广菌床栽培法,每个人都落实了生产试验任务。当年冬天,11个县都照'菌床'法栽了天麻,转年秋天各县收获喜人。"① 汉中轰动了。

当时徐锦堂给各县布置任务时是一个口径,但每人回去播种难免有些变样。盖土有深的有浅的,有选沙土的有选黏土的,有种两层的有种三层、四层的。冬天收获时,他去各县检查了各点的收获情况,可以说是百花齐放,各有千秋。这也给予徐锦堂优胜劣汰的筛选机会,而且参照样本广泛,很快就总结出几套适合当地农民在不同条件下的栽培方法,都具有简单易学、成本低、产量高的特点,几套方法在汉中地区大面积推广后,天麻成为汉中不少县的"拳头产品"。徐锦堂蹲点的东风三队天麻空窝率下降到1.1%。平均窝产由0.15—0.2公斤提高到1.5公斤,生长周期由两年缩短为一年。

为了当地农民在不同条件下,天麻都能获得高产,不再走弯路。徐锦堂根据调查总结出的经验,制定出了几套有效方法,并在实践中得到证实行之有效。

(1)菌材伴栽法。菌材伴栽法是天麻栽培方法中最基本的方法,其他栽培方法都是以它为基础加以改进的。

在山坡上挖穴深30厘米左右,穴宽50—60厘米(菌棒长度),穴长根据菌棒数决定,一般一穴5—10根棒。穴底顺坡作5°—15°的斜面,整平穴底,撒一层湿润树叶,将蜜环菌生长旺盛、无杂菌感染的菌棒顺坡摆3—5根,顺坡放菌棒比横放排水性能好。棒与棒间距离为2—3厘米,种麻摆在两棒之间和棒头旁,盖土填好棒间缝隙至棒平。土不宜太厚,以利上下层蜜环菌互相感染。然后用同法栽上层,覆土厚10厘米左右,穴顶盖一层树叶,可防止土壤板结并有很好的保墒作用。

(2)菌材加新材栽培方法。菌材加新材的栽培方法与菌材伴栽方法基本相同。栽培时每隔一根已培养好的菌棒放一根新鲜树棒,麻种应靠近菌棒摆放,新棒两头不放种麻,其他方法都如菌棒伴栽法。

---

① 徐锦堂访谈,2013年2月20日,北京。资料存于采集工程数据库。

（3）老棒套新棒栽培法。天麻收获后有大批已栽过天麻的老菌棒，尤其是栽天麻时加进去的新菌棒，木材还未完全腐烂，蜜环菌生长仍旺盛，可用这些旧菌棒以降低成本。但应严格选择无杂菌污染、菌棒还较坚实、未完全腐烂、蜜环菌健壮的老棒。栽天麻时应新挖栽培穴，隔一根老棒加一根新棒。

（4）菌床栽培法。菌床在天麻栽种前已预先培养好，栽天麻时应挖开菌床检查，拿出上层菌棒，如果发现有杂菌污染的菌床，则应弃之不用，菌床中只有少数棒轻微感染杂菌时，应换去染杂菌棒，用优良菌棒或新棒取代。拿出上层活动菌棒后，下层菌棒为固定不动的菌棒，然后在下层菌棒间用小铁铲在栽天麻的地方挖一个小洞，放入种麻，盖土至棒平，铺一层树叶后再栽上层，上层栽法与菌材伴栽法相同，只是将原穴挖出的上层菌棒放回原处栽入种麻。

（5）隔窝栽培法。隔窝栽培法将菌床栽培与菌棒加新棒两种方法结合起来，既有菌床栽培的优点又有菌材加新材栽培的优点，且克服了大坑培养菌材容易感染杂菌的弊端。

以每穴10根菌棒为例，一个菌床大约占地60厘米×60厘米，两窝间距离15厘米，隔窝栽培方法在培养菌床时，上层应多放两根树材共七根，两个菌床之间留出90—100厘米的空旷地不培养菌床。栽天麻时在预留出的地方挖一个天麻栽培穴，然后将菌床中上层菌棒取出，下层菌棒不动为固定菌材，按栽菌床的方法栽入种麻后，上层用新棒换出五根菌棒，菌床上层用三根新棒两根菌棒栽种，称菌床加新棒，而换出的五根新菌棒再加五根新棒

图7-4　1973年，徐锦堂（左一）与汉中地区药材公司主任李怀录（右）观察东风三队菌床栽培天麻的生长情况

在新挖出穴的底部先铺一薄层树叶，然后用菌棒加新棒的方法栽培。靠近麻种加入一些菌枝，提高接菌率，覆土后穴顶再盖一层树叶。

为了让山里贫困的农民学会无性繁殖新技术新方法，早一天过上好日子，徐锦堂想得如此之细，生怕农民走弯路。可他也是拉家带口之人，面临家庭事业的无情抉择。"1974年刚过春节，他的母亲、妻子、孩子同时生病。妻子病在家中吃劳保，偏偏老岳母也来北京做白内障切除手术。眼看着天麻春栽时节已到，顾哪头呢？全家一商量，老母亲认为'国家的事是大事，个人困难想办法克服，把你姐姐叫来接我到太原。'按母亲的意见，把母亲送到太原姐姐家，妻子带病照看岳母和孩子，徐锦堂按时去汉中。"[①] 母亲回太原后再也没有回来，这是徐锦堂一生的痛。

科研成果与推广应用相结合

天麻无性繁殖固定菌床栽培法试验成功后，汉中地区乃至陕西省掀起了栽培天麻的热潮。汉中地区每天有上万人上山采挖野生麻种，普及规范的天麻栽培技术已势在必行。

汉中地区药材公司以张继民为首的生产科，有20多人的队伍常驻各县指导，临时组建天麻技术推广宣传队，用连环画展、广播宣传、办班培训等方式推广普及天麻无性繁殖栽培技术。宣传队走遍了汉中11个县，在县、公社甚至生产大队都举办过培训班。作为技术顾问，徐锦堂到过汉中地区的十个县。商洛地区的七个县，他都跑遍了。

"我在山阳县办培训班时，由县委书记亲自主持，百货商店关门、学校停课、机关停止办公，全都集中到大礼堂听课。我在安康地区讲课时，地区吴耀纯副专员停止参加三干会，亲自陪我去镇平、平利、岚皋

---

① 以苦为乐力夺天工.《健康报》，1981年4月2日。

图 7-5　1975 年，徐锦堂（左一）向汉中地委副书记雷林（左四）介绍天麻菌床栽培法

等县举办培训班。宝鸡、蓝田、凤县及甘肃的徽县、两当县，我都举办过天麻技术培训班。"①

天水地委书记童树保，带着地区各局局长到徽县听徐锦堂讲课。那天，天降大雪，书记局长们冒着生命危险，翻过一座大雪山前来听课。他们这种一心要脱贫致富、虚心学习和敬业的精神，也深深感动着徐锦堂，他不分昼夜地奔忙。药材公司的同志给徐锦堂统计过，他在陕西 30 余个县举办过 200 余期培训班，有两万多人（次）参加了学习。

1975 年前后，徐锦堂还深入山区的村村寨寨，在田间地头，手把手地教农民栽天麻。比如"勉县的张家河、长沟河，南郑县的元坝、碑坝，城固县的橘园、二里、天明，留坝县的马道，镇巴县的巴山林，宁强县的巴山、圣家岩、铁锁关、广平。这些地方有的需要坐火车，有的需要乘汽车，有的地方不通车，需要步行百余里。有一年，我和宁强县药材公司的丁养文经理去巴山举办天麻技术培训班，还爬上了巴山区最高的圣家岩生产大队检查天麻的生长情况。山顶平坝很大，地势平坦开阔。山高无霜期短，雨多的年份，秋季苞谷来不及成熟就霜降了，但天麻的质量却很好。工作结束后，我和丁经理步行 150 华

---

① 徐锦堂访谈，2013 年 2 月 20 日，北京。资料存于采集工程数据库。

里,一天就从圣家岩赶回药材公司。"① 公司的同志们非常感动也惊叹徐锦堂的好体力。他说能有这样的体力,实在是得益于湖北、四川的那几年锻炼。

"一次在洋县讲完课,乘地区药材公司的 130 小卡车,赶往勉县一个公社的学习班。130 卡车司机座和前排座是通座,我实在太累了,不知不觉睡着了。醒来时只见李胜利师傅左手把着方向盘开车,右膀子架着我睡觉。我埋怨李师傅为什么不叫醒我,李师傅说:'你太累了,我不忍心叫醒你。'"② 徐锦堂感动得一时语塞,热泪盈眶。

毕竟是快 50 岁的人了。由于太劳累,身体透支过度,一次徐锦堂在地区药材公司的后门晕倒了,经医生抢救后躺在床上,李怀录主任赶来,嘱咐他安心休养几天。第二天一大早,李主任带着地区医院的医生来给徐锦堂看病时,他又坐车下乡去了。

宁强县广平区地处陕西省西南边陲,与四川广元市接壤。广平区安乐河公社红星药场和姚家山药场,天麻栽培多年,面积大,连年高产,突然出现产量降低的情况。徐锦堂怀疑可能是种麻退化引起的,所以一定要去看看,取得第一手材料。有几位老同志劝他:"徐老师,最好不要去,那是个麻风病区,四清时有些干部都不愿去。"

"不入虎穴,焉得虎子。"徐锦堂和地区药材公司的王吉荣同志,"乘车到四川广元,渡过白水江,再步行 50 余里去安乐河公社。走 50 里路对徐锦堂来说本不算什么难事,但 7 月骄阳似火,在无遮无挡的路上,把人烤得要冒烟。两人只好把衣服在水中浸透后披在身上,走几里路烤干了,再如法炮制,当晚到了安乐河公社。书记和主任都不在,只有一位秘书,将他俩安排在久未住人的空房中,躺在床上马上就爬了一身蚊子,无法入睡。他和小王搬条长凳睡在院中,半夜下起小雨,两人只好在房檐下坐到天明。"③

"次日赶到红星药场,场长热情接待了我们。当晚,我和小王就睡在

---

① 徐锦堂访谈,2013 年 2 月 20 日,北京。资料存于采集工程数据库。
② 同①。
③ 同①。

第七章 移师汉中 | *141*

老场长江文清的床上，铺的是一床毛毡子。住了两天，进行实地考察后，我们又赶往姚家山药场。姚家山药场的工人说，红星药场场长是个大麻风，住麻风病院几年，病好后才回来。我和小王面面相觑，心怀忐忑。事已至此，说什么都是多余的，麻风病潜伏期十几年，听天由命吧！后来王吉荣定居美国，20世纪90年代他回国来看我，谈起在麻风病人床上睡觉的往事，我笑道：'早过潜伏期了，该放心了吧。'"[1] 红星药场和姚家山药场的观察资料，为徐锦堂后来提出天麻多代无性繁殖会出现严重退化，提供了有力的论据。

1985年8月11日《光明日报》头版头条发表了"二十六年行程二十万公里，用科学技术帮助群众致富，徐锦堂深入山区研究推广种植天麻黄连技术——协助产区举办培训班，召开现场会近二百次，培训农民技术员两万多人次。黄连和天麻产区的不少农民成了富裕户……"的长篇报道，并配发《用自己的知识为人民造福》的短评。1985年3月13日《人民日报》发表了"种天麻踏出通天路，栽黄连吃得黄连苦 徐锦堂面向生产搞科研功绩卓著——被陕、鄂山区人民誉为'用心血浇灌神药的人……'"并写了编后短评：

实实在在地冒尖

叶 伴

建设四化，实行改革，需要各种各样的人才。党和国家正在采取措施，鼓励各行各业的冒尖人才脱颖而出。现在有一个造英雄的"时势"，人们可以充分施展才智。

人才的冒尖，是相对意义上讲的，在某一个方面出众，就可以叫做冒尖。因此，有各种各样的"尖"，也有各种各样的"冒"法。今天本报介绍的中国医学科学院副研究员徐锦堂，在天麻和黄连栽培技术研究方面的成就，以及他二十多年如一日为祖国富强、人民富裕所作的贡献，都是出类拔萃的。徐锦堂冒的是科技成果之尖、为人民服

---

[1] 徐锦堂访谈，2013年2月20日，北京。资料存于采集工程数据库。

务之尖，方法是脚踏实地、刻苦钻研、辛勤劳动。这样的冒尖人才，有谁不服气呢？

现在，不少单位冒尖难，冒尖人才常常招致非议。绝大多数是因为那里风气不正，有人妒贤嫉能。但是，也确有少数冒尖者自己站不住，往往是小聪明却不肯付出艰辛劳动，或者投机取巧，或者浮夸虚誉，缺少实实在在的成就，很难叫人佩服。至于有的人在捞钱谋私方面一马当先，则是为人唾弃的一种意义上的"冒尖"了。所以，要想冒尖，应该学徐锦堂！

组建宁强县天麻研究所

1975年，在宁强县召开了汉中地区天麻生产现场会，省药材公司仲维先副经理参加大会和现场会。现场会上看到当场挖出来的一堆堆天麻，喜人的经济效益令人怦然心动。李怀录经理乘机提出："徐老师在我们地区工作三四年了，试验都是在生产队里进行，没有固定的人员和试验场地，交通又很不方便，应成立研究基地，由专人负责，让徐老师有个安稳的落脚点，对无论开展科研还是天麻增产都有好处。"

仲经理表示支持，并表态出五万元作为开办的经费，地区药材公司也表示可拿五万元，张国栋县长表示只要把基地放在宁强县，他们出人出地并派一名干部负责。但叫个什么名字呢，大家的看法不同。有人提议叫天麻研究所，徐锦堂觉得名字太大了，技术人员、仪器设备、实验室都不齐备，怎么能叫研究所呢？张县长认为"所"有大有小，比如诊疗所、税务所、工商所，不都是"所"吗？他们也没有几个人，不也叫"所"吗？最后定名为宁强县天麻研究所。

经过多日勘察，所址选在离宁强县城25里的滴水铺公社干沟生产队。此地在公路边，交通方便，树林植被较好，后山有好几座山梁都是茂密的青冈树林。经过与生产队协商，以每亩20元的低价买下山场。

研究所的房屋是徐锦堂根据药物所西北旺药场实验室的样子设计的。县里从公社书记中选拔李恩芳担任所长，药材公司又派两名干部组建了领导班子，徐锦堂是研究所的技术总顾问。他们又从修水库下来的民工中选拔文化程度较高的，以及一些复员退伍军人共20多人作为研究所工人，组建了研究所。干部和工人的工资由药材公司发，口粮由国家指标供应。不安排具体的生产任务，也没有上缴利润指标，完全是为天麻科研任务服务。为了天麻的科学研究，组织20多人的科研服务队伍，这对宁强县药材公司、一个需要盈利的企业来说，压力之大可想而知。但是，如果没有这个小小的天麻研究所，根本谈不上后来能获得国家发明奖和多项省部级奖，也谈不上为全国中药材生产和科研作出的贡献。

"宁强县天麻研究所的所址很好，它位于川陕公路边，常有路过的省、地、县领导视察，我常带他们参观天麻栽培试验地。不知是老天

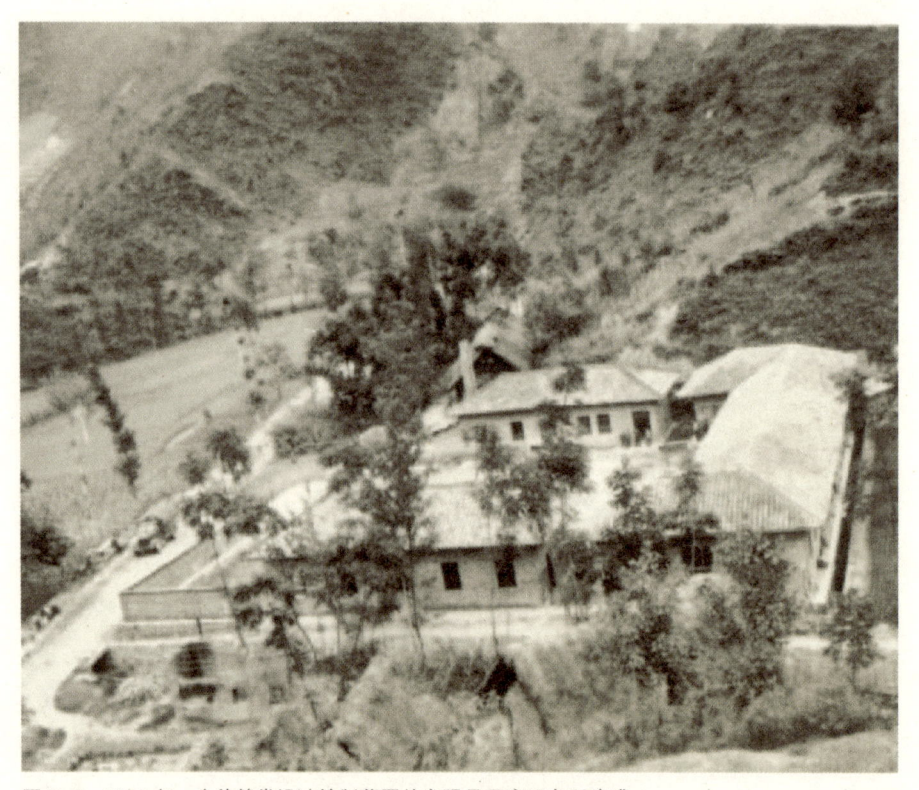

图7-6 1976年，由徐锦堂设计绘制蓝图的宁强县天麻研究所建成

爷照顾还是我的运气好,给领导们挖的尽是高产窝,没有出现过空窝。领导们对天麻所的工作十分满意,也给我很大的照顾。"① 地委书记和县领导参观后,还跟所长讲,必须给徐锦堂单独做饭。说人家是北方人,不习惯吃米饭,更不习惯酸饭,常批评所长不会照顾专家。其实李恩芳所长对徐锦堂非常好。李恩芳身体不太好,泡了一大瓶药酒,晚上常端一壶酒,和徐锦堂坐在火盆旁促膝长谈。徐锦堂每年到宁强回北京,都是他派人到几十里外的阳平关车站接送。根据领导的指示,大家吃酸饭,却给徐锦堂煮鸡蛋挂面吃。徐锦堂说:"我一住就是几个月,怎能这样特殊呢?我在湖北蹲点顿顿都是野菜,没有单独起伙,天麻所的生活够好了,我完全可以适应,把面条端回去让大家当菜吃吧!"② 经过几次折腾,他们知道徐锦堂不能接受"特殊待遇",才不再给他单独做饭了。

每当领导来天麻所,徐锦堂都要把所里存在的困难给领导汇报,尤其是20多人的户口问题不解决,每次买粮食都得特批,大家工作也不安心。当时一个县的农转非指标很少,每年才有几个。后来,经过县领导的关照和努力,徐锦堂也尽力呼吁,天麻所的20多名职工,最后都转成吃商品粮的城市户口,这在当时是一件很难办到的大事。就是这样一个名分并不明确的天麻所,却办得有声有色,居然能获得国家二等发明奖,各省参观者络绎不绝。天麻所在全国出了名,在药材系统也站住了脚,国家科委开一些技术会议都发文邀请。

对天麻所的发展,徐锦堂有自己的一套想法。每年冬季回北京,他都带几名青年人到药研所进修。有的学植保,有的学栽培,还保送两名工人去甘肃天水农业学校进修。在工人中选拔三名高中生作为他的助手,协助他观察记录,其中鲁继周是最得力的助手。小鲁工作认真负责,观察数据可靠,徐锦堂在他身上下了不少功夫。

天麻所不仅是天麻研究的基地,也是团结向上、亲如一家的集体,年轻人把徐锦堂看作导师,当做家长。

---

① 徐锦堂访谈,2013年2月20日,北京。资料存于采集工程数据库。
② 同①。

1979年9月16日，根据工作需要，李恩芳调回县药材公司任书记，王铭调到天麻所任所长。王铭是浙江省天台县人，初中文化程度，人很聪明，工作能力强，也能吃苦。他是20世纪60年代末，宁强县药材公司从浙江省天台县请来的种白术的技术员，白术不太适宜在宁强县种植。1972年徐锦堂在东风三队做天麻试验时，他主动要求和徐锦堂一起蹲点。凭着聪明、能干，帮徐锦堂作了很多工作。王铭的妹妹（小名小妹）也随他来到天麻所工作。

有一年，徐锦堂写信让宁强县派两名同志来北京学习，天麻所安排了王铭的妹妹。当徐锦堂接到她时，小妹一见徐锦堂便泪流满面。问其因由得知，她渴望到北京学习，但哥哥让她和一个青年订婚后再走。这个青年徐锦堂也熟悉，人老实肯干，也很精神，其父是宁强县的老干部。他理解王铭的想法，妹妹还是农业户口，如能和这位老干部的儿子结婚，将来转城市户口和找工作都有个照应。

原来徐锦堂就知道小妹和小鲁有点意思。后来徐锦堂去宁强，小妹跟徐锦堂表示坚决不同意那桩婚事，要和小鲁好。徐锦堂说："小鲁是不错，但还是个农民工，家在农村，如果将来户口转不成，回到农村你能跟着去吗？"小妹表示要跟小鲁过一辈子。小鲁的态度也很坚决。徐锦堂只好以"强扭的瓜不甜"来规劝王铭。

"第二年，我去湖北路过宁强，小妹和小鲁找到我说：'徐老师你来了，请你晚走一天，明天你给我们主持结婚典礼，把事办了。'王铭知道后说：'徐老师路过天麻所，只住一天，这怎么来得及。'经商量，他俩当天就去领结婚证，小妹的嫂子上街买了点结婚用品和衣服。第二天，我以主婚人的身份参加了婚礼。婚后两人生活很美满。后来，两人都转成城市户口，小鲁被评上农艺师，小妹当了县食用菌中心主任，有两个孩子，其乐融融。"[①]

---

① 徐锦堂访谈，2013年2月20日，北京。资料存于采集工程数据库。

天麻研究还不能下马

1975年春，正当天麻研究和技术推广搞得热火朝天时，药研所药场党支部张书记找徐锦堂谈话，说研究所党委有人提议天麻研究适可而止，应该收兵下马，抽出力量去公社或大队搞百草园。徐锦堂详细汇报了陕西的情况，认为生产中还有许多问题未解决，如杂菌污染、种麻退化，等等，老张同意他的看法，但表示很难改变，因为革委会生产组已作了安排。

20世纪70年代中期，解决全国农村缺医少药问题是卫生战线的头等大事，全国农村都有了赤脚医生。有医没药不行，于是各地纷纷建起百草园，栽种中草药。药物所生产组决定，要在农村建点搞百草园，栽培室首当其冲。

一天，徐锦堂在所里遇到生产组长，他对徐锦堂说：栽培室要抽大批人力下基点帮助发展中草药，天麻研究适可而止，撤点搞百草园。徐锦堂把不能撤点的理由说了一遍，生产组长表示生产组已讨论过，况且天麻研究已搞了这么多年，天麻也能生产出来并供应全国了。

徐锦堂表示想不通："如果把我撤下来搞百草园，还不如派个药场工人去作用更大，我还不如他们认得中草药多哩！"

"你听领导的，还是领导听你的？"

"当然是我听领导的，但领导应去栽培室听听大家的意见，思想搞通了，干起来才有劲。"

"搞百草园是全国的大事，你作好结题工作，准备协助基点建百草园。"

"我想不通！"

"这不是你想通想不通的问题。"俩人几乎争执起来。

当时，栽培室已准备派人去山西昔阳县大寨大队建百草园，看来天麻研究非下马不可，靠个人的力量已无法改变。徐锦堂只得给陕西写信说明情况，求得他们的帮助。陕西省药材公司接信后，立即组织汉中地区和宁强县药材公司负责人，省市县三级药材公司领导一起赶赴北京。由省公司副主任仲维先带队向药研所领导汇报工作，并代表陕西和汉中几十万贫下中农，要求药研所能增加力量，进一步解决天麻生产中存在的问题。当时知识分子说话不管用，但"贫下中农"说话管用，谁敢回绝几十万贫下中农的要求呢？药研所革委会研究后，决定继续支持陕西省贫下中农的工作，徐锦堂继续去汉中蹲点。

第八章
探寻天麻生长的秘密

发现种麻退化

1975年，徐锦堂发现在最早种植天麻的宁强县滴水铺公社东风三队天麻产量大幅度下降，他敏锐地察觉到这是多代无性繁殖天麻种性退化引发的。他觉得天麻已成为陕南及其他天麻产区的主要经济作物，一旦大面积退化，减产甚至绝收就会发生，到那时老百姓就会蒙受巨大损失。

在天麻还未出现大面积退化之前，拿出防止退化的办法已是迫在眉睫的研究课题。徐锦堂开展了大范围的调查研究，发现天麻多代无性繁殖退化现象呈如下趋势[①]：

[①] 徐锦堂：《徐锦堂教授论文集——药用植物栽培与药用真菌培养研究》。北京：地质出版社，2006年，第219页。

产量大幅度下降

陕西省宁强县滴水铺公社东风三队，1970年采挖野生天麻人工栽培，开始采用三下窝的栽培方法产量很低。1972年春，采用菌材伴栽方法。1973年冬，生长两年后穴产量达到1.55公斤。1973年试验成功菌床栽培天麻的技术，1974年冬采挖生长仅一年的天麻，穴产量达1.66公斤。1975年，野生变家栽第六代种麻开始出现退化现象，产量逐年下降。1975年培养的菌床质量很好，预计1976年是个丰产年，但1976年夏季检查时发现天麻生长不正常，冬季采挖1361窝，平均窝产量仅0.995公斤，以后各年产量出现大幅度下降趋势。

而与其相邻的东风四队及大队合作医疗站，1976年都获得较高的产量。从东风三队天麻历年产量来看，基本是低、高、低一个马鞍形的变化，尤其是每棒平均产量的变化更明显。徐锦堂又调查了宁强县栽培天麻较早的几个药场，其结果与东风三队情况基本相同，种麻出现退化的第一个标志就是产量大幅度下降。

箭麻单株重量降低

除穴产量大幅度下降外，箭麻单株重量也有下降趋势。如最早栽培天麻的东风三队与其相邻的东风四队、大队合作医疗站比较，箭麻单株重量降低20%左右。

被蜜环菌侵染的箭麻数增加

新生箭麻在正常情况下，很少被蜜环菌侵染。徐锦堂注意到，随着天麻野生变家栽的代数增加，箭麻表面被蜜环菌菌索侵染的数量越来越多。当然，在麻体表面缠绕蜜环菌索不等于蜜环菌已侵入新生麻体内，但仍是生活力衰退的一种表现。

白麻单株重量增加

1974年，徐锦堂在东风三队发现个体大的白麻数量较多，选出大白麻栽种，本来想培养高产穴，但1975年收获结果却与愿望相反，种大白麻产量反而低于中、小白麻。1976年，为提高天麻窝产量，徐锦堂选择了重30克以上的100个大白麻作种麻，栽入菌床，希望来年能高产。第二年收获时，产量反不及10克左右的小白麻。他们在其他试验点也出现了类似的结果。后来发现，某地区凡出现大白麻多的年份，次年产量都会降低；白麻、米麻产量高，而箭麻产量低；箭麻长的体形细长，有人称之为竹节天麻；新生麻表皮出现被蜜环菌侵染多的地区，多数种麻感染了病害，这些情况都说明天麻多代无性繁殖出现退化现象。后来徐锦堂又调查了一些天麻生产地区发现，一旦出现大白麻数量增加的年份，第二年就有出现种麻退化、产量下降的可能。徐锦堂初步认为白麻的顶端生长锥一般可萌生出箭麻，但由于种麻退化长势衰弱及蜜环菌退化营养亏缺，故未能发育成箭麻，而只长成大白麻，在这些大白麻中常可观察到顶端具有瘦小的分化未完全的花茎芽，成为介于箭麻与白麻之间的中间类型。

块茎体形细长

种性退化了的天麻，体形由短粗变细长，这种现象比较普遍，不仅白麻米麻体形发生变化，箭麻也呈长条状。

种麻退化的其他表现

正常的白麻色泽淡黄色、鲜嫩，小指大小，横断面雪白色。而退化了的种

图8-1 正常生长的天麻体形短粗（A），退化了的天麻体形细长（B），有人称其为"竹节天麻"

麻色泽加深，呈姜黄色或浅褐色，被病害侵染的几率大幅度增加。

天麻减产因素的探讨

从汉中地区各县天麻产量的变化看，都存在着宁强县几个老点的类似情况。开始技术不熟练，产量一般都较低，由于学习了老点的栽培经验，穴产量会很快上升。一般野生变家栽六七代后，产量会出现大幅度下降。平原温度高的地区，产量下降更快。如北京引种天麻，假如不采取降温措施，栽培二至三年的种麻，种性就会退化。

为什么野生天麻不发生退化现象呢？徐锦堂分析认为：天麻在野生自然条件下，天麻种子成熟后，如飞落在不适应其生长的高山区或低山区，由于这些地区的高温或低温不适宜，种子不能发芽生长，偶尔有发芽生长的也终因长势衰弱而被自然淘汰。在一些适宜地区生长的天麻，是种子萌发后产生的后代进行无性繁殖各代的混合体，一些生命力弱、退化了的种麻，都被自然淘汰了，所以天麻的种群一直能保持旺盛的活力，繁衍后代生生不息。

人工栽培的天麻，是在人工干预下，一直采用无性繁殖连续发展，故多代无性繁殖会出现退化现象。所以在生产中应采取有性繁殖与无性繁殖交替进行栽培的方法，是防止种麻退化、持续稳产高产的唯一选择。于是徐锦堂开始了有性繁殖试验。

"四面楚歌"

1977年6月，商业部（当时中国药材公司归商业部管）在陕西省汉中召开了全国天麻生产现场会，各省有关中药研究的生产单位、大专院校、科研单位、药材公司都派人参加了会议，搞天麻栽培研究的20多位专家也都到会。汉中地区药材公司为开好这次会议全力以赴，投入大量的人力物力。

参观点选在勉县张家河区、长沟河区和宁强县滴水铺公社东风三队。为了保障通行,还专门修了张家河区黑河水泥大桥和宁强县通往东风三队的简易公路。30多辆吉普车和面包车组成参观的长龙,十分壮观。这是"文化大革命"以后,第一次为一个生产项目组织的大型会议。陕西省药材公司、地区领导都参加了会议,徐锦堂作了天麻人工栽培的学术报告,与会代表和专家也进行了讨论,交流了各地栽培天麻的经验和存在的问题。大家肯定了汉中地区在天麻研究与生产推广方面的成绩。

为了交流科研经验,确定下一步天麻研究的方向,徐锦堂提议请主办方组织20多位专家,专门开了一个小型研讨会。会上徐锦堂提出:"天麻多代无性繁殖种麻出现严重退化,下一步应合作研究突破有性繁殖的技术难关,使种麻得到复壮,保证天麻稳产高产。"[1] 对此,专家们与徐锦堂意见相左:种麻怎么能退化呢?没有人支持徐锦堂,就连专门搞天麻有性繁殖研究的专家也是如此。

虽然成为"孤家寡人",但是徐锦堂对天麻多代无性繁殖种麻必然出现退化的观点,没有丝毫的动摇,反而愈加感到担心:专家们都不认同种麻退化,更遑论采取有效措施,一旦出现大面积种麻退化,生产损失巨大,老百姓必将遭殃。那天,他是忧心忡忡离开会场的。

徐锦堂夜以继日地不断探索,经历着一次又一次的失败。对此许多人迷惑不解,因为"固定菌床法"成功之后,生产效益良好,许多地方政府把它当作"拳头"产品。群众栽天麻的积极性也很高,曾出现一个冬天有上万人上山采挖天麻种麻的盛况。在身背干粮、夜宿岩洞的"群众运动"面前,徐锦堂不仅不支持,反而大讲要退化要减产,简直是"给群众运动泼冷水"。有的同志悄悄地劝他,他却说:"不搞有性繁殖,一旦出现大面积减产,我怎么对得起产区的人民。"

20世纪70年代,全国的天麻研究和生产刚刚起步,因此种麻退化现象不明显。汉中各县采挖野生麻种,搞人工栽培比宁强县的几个老点晚,退化现象也不显著。而且各县采挖野生麻种,搞人工栽培的面积剧增,天

---

[1] 徐锦堂访谈,2013年2月20日,北京。资料存于采集工程数据库。

图 8-2　各级干部带头上山找野生种麻扩大天麻栽培（1973 年摄于宁强）

麻总产量大幅度提高，掩盖了一些老点产量降低的状况，蒙蔽了一直热心支持这项事业的几位领导同志。另外，徐锦堂采用蜜环菌菌床直播法进行的有性繁殖试验，失败的多，成功的少。有的试验点收获了一点箭麻、白麻和米麻，有的试验点仅收到几粒米麻，大部分都是空穴。

当时天麻十分珍贵，每个生产队收获箭麻的个数、重量都要列表上报。记得有一个公社干部拿了两个天麻泡药酒，被查出来还作了检查。因此被有性繁殖试验用掉的箭麻领导很心疼。一位县领导公开在大会上说："1977 年全国天麻生产现场会上，专家们都认为天麻无性繁殖不退化，我们自己的专家也认为不退化，只有北京来的专家认为天麻无性繁殖多代后要退化。再说，搞有性繁殖，必然要用一大批箭麻，商品天麻收购量降低，如何向上级交代。"

面对此情此景，徐锦堂五味杂陈。天麻无性繁殖栽培技术是他多年心血结晶，成就斐然，赞扬声一片。现在却要自己亲自去否定它，宣布严重

图 8-3　广坪中小学开展勤工俭学，试验栽培天麻，并自编自演文娱节目鼓励大家栽培天麻
（1977 年 6 月摄于广坪中学操场）

退化，产量降低，如同自己生养长大的小孩，突然自己宣布他有要命的绝症，这是多么令人痛心的事情。

当时，宁强县张国栋县长提出天麻栽培技术三大改革方案：一是改菌棒栽天麻为菌枝栽。他看到宁强广平区一个生产队，将栽剩的一包麻米扔在培养菌枝的窝中，长得挺好；二是改小窝栽为环山梯田大窝栽，将一个山堡环绕向上挖窝，省工、省力，又可放出大窝卫星；三是改白麻、米麻同窝栽为分开栽。张县长希望徐锦堂支持他的意见，因为当时徐锦堂在农民中很有影响。只要"徐老师"说行，马上会推广开。但是徐锦堂却说："前两种改革方案，只能做试验，不能马上用在大面积生产中。因大窝一旦感染杂菌，互相传染，后果十分严重，我们有过这方面的教训。白麻、米麻分开栽种我同意。过去我们也宣传种白麻一年收、种米麻两年收，可省去栽种的劳力。"[①]

---

① 徐锦堂访谈，2013 年 2 月 20 日，北京。资料存于采集工程数据库。

徐锦堂也希望张县长支持他搞有性繁殖研究，但张县长也不表态。而当地的业务技术干部在领导面前不敢提出不同看法。有个别业务干部写了天麻无性繁殖退化问题的调查报告，还受到批评。为了争取领导支持，徐锦堂组织省、地、县药材公司支持他的几位业务干部，给地区财办杜主任汇报工作。当徐锦堂谈到现在天麻退化已逐渐严重，如不及时研究出解决问题的办法，将来生产会受到很大的损失，因为"科学应该走在生产的前面"。

杜主任马上接过话题："科学怎么能走在生产的前面？科学从生产中来，它怎么可以走在生产前面？"直到秘书在他耳旁悄悄说："科学要走在生产前面的话是周总理讲的。"他才停止了批评。但是最终徐锦堂仍然没能给领导作通思想工作。

那时对天麻有性繁殖研究工作有许多传言，什么"唯生产力论"、"给群众运动泼冷水"，真有点"帽子"满天飞的架势，徐锦堂的政治压力之大可想而知了。所幸他有一个试验基地，有天麻研究所所长李恩芳和工人们的支持，还有一大批搞生产技术的同志也支持他。那几年，徐锦堂闷头试验，很少去地区和各县试验网点跑。应当说，此时的徐锦堂真的陷入了"四面楚歌"。

其实张县长更严厉的批评，发生在宁强县药材公司天麻专干会上。那天张县长当着30多位专干和公司干部，不指名地批评了徐锦堂和天麻所两个多小时："你们天麻所是专搞天麻研究的，有专家指导，你们播种62窝，才成功了两窝，算算用了多少箭麻换种子，够播62窝天麻！"

药材公司经理丁养文有点坐不住了，趁徐锦堂上厕所追出来说："徐老师，你不要生气，张县长就是这么一个脾气。""没关系，让他讲吧，我能撑得住。"

"有几年我闷着头在天麻研究所做试验，很少去地区和各县试验网点跑。怕领导批评，将抽薹开花的箭麻栽在山沟里，或在不易被人看到的地方。"[①]

---

① 徐锦堂访谈，2013年2月20日，北京。资料存于采集工程数据库。

成果鉴定会上的分歧

1977年12月，中国医学科学院和陕西省商业局共同主持召开"天麻人工栽培技术成果鉴定会"。这是"文化大革命"后医科院主持的第一次成果鉴定会。会议需不需要开，如何开法，大家都不怎么明白。徐锦堂曾向中国药材公司某领导汇报拟召开天麻成果鉴定会时，他表示开鉴定会干什么？在生产上都应用了，大家都承认了还开什么鉴定会？当时开鉴定会是个新鲜事物，大家还未认识到其必要性。

鉴定会如期在西安召开。没有组织专家鉴定委员会，国内研究天麻的知名专家和技术人员共50余人都请来了。中国医学科学院副院长沈其震学部委员（现称中科院院士）参加了会议，与会专家审查和鉴定了中国医学科学院药物研究所和陕西省药材公司、陕西省汉中地区药材公司的科研成果。会期三天。会上大家高度评价徐锦堂等人在汉中的科研和推广工作，认为缓解了全国三年天麻供应断线的难题。但在一些问题上却争论激烈，集中在以下两点：

（1）有代表提出，你们人工栽培天麻成功是1968年以前，还是在1968年以后？如果是1968年以前成功的，那才是你们的成果。如果是1968年以后成功的，那是学习我们的经验。

（2）天麻人工栽培研究水平不高，理论研究没作多少工作，我们如果签了字，不是说明我们的水平也只有那么高吗？这第二种意见只是个别人在下边串联时讲的，没敢在大会上提出。

会议出现了僵局，几乎无法继续下去。

鉴定会上提意见的单位，1968年他们用"三下窝"的方法栽培成活天麻并召开过现场会，药研所天麻组的人参观过他们的现场。

1965年在利川寒池栽的天麻，试验是徐锦堂一人布置的，而他1966年没有参加收获，被整整隐瞒了七年，直到1972年他才看到标本。当年，试验田的天麻虽然被偷挖了不少，但收获的四个大天麻依然有标本在。其实问题并不难讲清楚,关键是内部的意见不一致。主持会议的药研所科研处处长蔡年生很为难,召集天麻课题组开会。会上徐锦堂肯定他看到了1966年收获的标本,就是1965年寒池的天麻标本。但天麻组的另一位同志说忘记了。

突然,徐锦堂想起20世纪70年代初天麻课题组的同志和福宝山药材场合作编写过的一本黄连、天麻的小册子,曾作为交流技术经验使用,1973年他回到天麻组后人民卫生出版社还出版了他们编写的《天麻》一书,其中都有1965年成功栽培天麻的记载。徐锦堂把这两本书拿给蔡处长看,这才有了无需再争辩的依据。鉴定会议得以顺利进行,与会专家全体签字通过鉴定意见。如果能把1966年寒池天麻收获的全部资料拿出来,就不会出现这么多周折,大家也会平心静气地交流经验。

"对于天麻研究水平不高的问题,如果一味认为把天麻栽培成功了,把生产突上去了,为全国作出了贡献,因此抱抵触情绪,则天麻研究工作就会停滞不前。我正确认识和理解这些意见:这几年的确把全部精力都投在推广天麻技术和解决用药紧缺上,忽略了天麻与蜜环菌营养关系的理论研究。"[1] 会后徐锦堂作了调整,加强了基础理论研究工作。他认为我们是中央研究单位,与专事生产的药材公司不同,如果在理论研究上没有建树,无法引领生产的进步,只能在低层次重复。

会后,沈其震院长满怀激情挥毫赋诗一首,墨宝被陕西同志拿走了,徐锦堂只记得第二句"天麻研究见肤功,……"这个"肤",让他努力了一生。

"无巧不成书。当年在鉴定会上持异议的那个科研单位在比邻宁强县的四川广元也设点研究天麻。两年后的1979年,我正在宁强蹲点进行天麻试验和技术推广,广元地区召开天麻现场会,专门派人请我去讲课并指导工作。我左右为难,推脱说回北京有急事,谢绝了邀请。"[2] 徐锦堂回京后听说,广元开了几辆汽车,拉着广元天麻现场会上的人到宁强县天麻研究所开现场会,请天麻所里的技术员讲课、参观。这是后话。

---

[1] 徐锦堂访谈,2013年2月20日,北京。资料存于采集工程数据库。
[2] 同[1]。

天麻有性繁殖——树叶菌床法诞生

1975年，徐锦堂因为发现多代无性繁殖种麻退化，萌生了天麻有性繁殖研究的想法。其实1972年之后的几年里，为实现蜜环菌提供营养促使天麻种子发芽，他在宁强县天麻产区及北京的药材种植场，连续五年、设计了各种能使天麻种子与蜜环菌接触的试验，均告失败，使他对天麻种子萌发的营养来自蜜环菌的传统理论产生了怀疑，迫使他另辟蹊径。他想，在天麻长期自然选择进化过程中，能逐渐扩大繁殖生长区域，保持优良种性，一定是种子飞舞有性繁殖的结果。那么种子飞落在什么介质上才能发芽呢？徐锦堂在宁强县天麻研究所开展了种子播种床填充物的比较试验，选择稻谷壳、玉米秆、橡子树叶、稻草为蜜环菌床填充物，以菌床直播为对照组。

1976年7月26日播种，每处理重复三次。生长期间观察到只有垫树叶的菌床种子萌发并长出小米麻。到1977年11月4日，即生长15个半月后，他发现只有树叶菌床处理的三穴中，有两穴收获到白麻、米麻共计746克，平均每穴373克，另一穴因长期观察影响发芽原球茎和蜜环菌营养关系的建立，故成空穴。其他处理都是空穴[1]。

希望出现了——莫非天麻种子萌发源自树叶？

徐锦堂抓住这一可喜的苗头，1977年底重新设计试验。这次是用树叶、腐叶、日本金星蕨根为填充物，菌床直播为对照组，种子分作新鲜与感染霉菌两种处理的复因子试验。所以用日本金星蕨，是因为云南植物所周铉来宁强天麻所介绍他用日本金星蕨播种的效果。而用发霉的果子，是有一年在东风三队时收老乡发霉的果子播种，效果较好。收获时结果表明：不管种子作何处理，只要播种在树叶菌床上的种子都可发芽并收获到天麻。而垫日本金星蕨根的处理未见效果，而且费工费时，菌床直播三穴，只有

---

[1] 徐锦堂：《中国天麻栽培学》。北京：北京医科大学中国协和医科大学联合出版社，1993年，第91页。

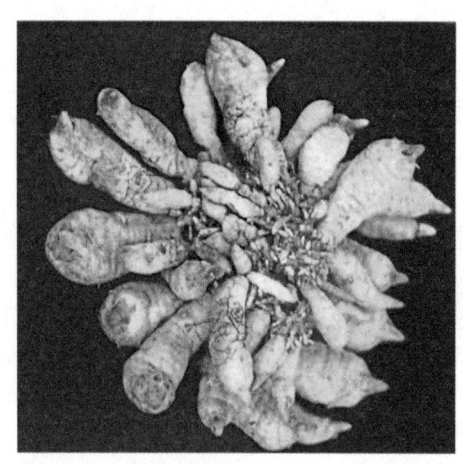

图8-4　天麻有性繁殖播种一年后，收获的一窝天麻中有箭麻、白麻、米麻

一穴收到天麻。

为了争取时间，将树叶菌床中种子能在树叶发芽的结果尽快应用于生产中，1977年扩大生产试验，播种树叶菌床89穴，菌床直播20穴作对照。1978年收获时节到了，树叶菌床无空穴，平均穴产1.37千克。菌床直播空穴五个，穴产量0.015千克。

1978年，徐锦堂根据两年来的试验结果，设计出适合农民应用的播种方法：天麻种子成熟后，在预先培养好的蜜环菌床中，铺一薄层由林间地面收集到的潮湿树叶，将天麻种子播在树叶上，放入蜜环菌材后覆土盖上。此法一经推出，半年后即可收获可观的米麻白麻，甚至一穴达到五至六斤，一举解决种麻短缺难题，播后次年即可收到大量的箭麻。

这一方法具有发芽率高、生长期短、商品天麻比重大，产量高、成本低，对扩大天麻种子来源，防止种麻退化，提高天麻产量具有显著意义。使汉中地区迅速成为了全国天麻主产区，并彻底扭转全国天麻供应紧缺的局面。

天麻有性繁殖树叶菌床法推广收获后，人人惊喜、笑逐颜开。它不但防止了种麻退化，还解决了发展天麻与种麻短缺的矛盾。当时，为了解决种麻短缺，大搞群众运动，每天动员上万人上山采挖野生麻种，有的人辛辛苦苦一天下来却颗粒无收。用有性繁殖方法，不再那么辛苦，撒上种子半年后，窝窝有收获，有的一窝可收到五六斤麻种，卖麻种就让许多贫困的农民成了万元户。有性繁殖怎能不让人怦然心动呢？张县长也由反对有性繁殖转向在全县大力推广有性繁殖，宁强的天麻生产又跃上了一个新的台阶。应当说，张县长的贡献还是很大的。

两年后，张县长调地区外贸局任局长，上任前专程到天麻研究所话别，各区和县有关单位领导与天麻所全体人员都到了。大家纷纷讲着溢美之词，一致认为张县长在宁强县抓天麻生产是办了件大好事，给子孙后代造福。但是张县长却说："你们都给我评功摆好，都说我在天麻发展上做出贡献，但你们没有说我的问题。天麻无性繁殖多代要退化，要搞有性繁殖，是谁先发现的，是谁先提出来的，是人家徐老师。而我是什么态度，不支持还反对。如果我开始就支持有性繁殖，现在咱们宁强县的天麻不是几十万斤，早就突破一百万斤大关，我应该向徐老师道歉。"一席话，让徐锦堂感动得热泪盈眶。张县长的确是一位了不起的干部。在这样的场合，当着那么多下级干部，能说这样的话，实属不易！

2002年，在陕西略阳县召开了国际天麻学术研讨会。会上，经徐锦堂提议，授予张国栋和李怀录同志"突出贡献奖"金牌。

1993年，徐锦堂应邀去汉中天麻技术培训班讲课，市药材公司将过去一直支持科研工作的老领导请来座谈，当年财办杜立田主任（后提为副专员）正好坐在徐锦堂旁边，他悄悄地对徐锦堂说："徐老师，你胜利了！"徐锦堂非常感动，紧紧握住杜主任的手。

1979年，"天麻有性繁殖——树叶菌床法"通过专家鉴定，1980年获得国家发明奖二等奖。天麻有性繁殖——树叶菌床法获奖后，在国内中药界影响很大。它阐明了天麻种子萌发和蜜环菌的关系，在理论上有所突破，又有很高的实用价值，只要有天麻分布的地方都可采用这一简单易行的方法。如陕西勉县张家河，70年代后期，在汉中地区推广了树叶菌床播种技

图8-5　1975年，在宁强县东风三队，徐锦堂（左一）与张国栋县长采挖天麻

第八章　探寻天麻生长的秘密

术，一直坚持至今，当别的地方种麻出现退化时，张家河天麻一直保持了优良性状，便是一个有力的例证。

1984年，由中华医学会、中华全国中医学会、中国中西医结合研究会、中国药学会与《健康报》，共同推荐"天麻有性繁殖——树叶菌床法"为"建国35年来20项重大医药科研成果"之一。

1984年国庆节前夕，徐锦堂接到"庆祝中华人民共和国成立三十五周年筹备委员会"的请柬，邀请他作为嘉宾在国庆节天安门观礼台上观礼、参加天安门群众联欢和焰火晚会。他十分激动，这是党和人民给予的最高荣誉。"十一"一早，他换了一身"礼服"，将老母亲的照片放在怀里，先到医科院集合，然后从天安门的后门入场，按请柬号码登上观礼台，他离金水桥较近。

约九时许庆典开始，小平同志站在敞篷车上检阅了部队。

壮观的游行开始了，海、陆、空军和民兵方阵，迈着整齐的步伐从观礼台前走过。他印象最深的是火箭部队，一个个有几米粗的火箭躺在汽车上从广场通过，据说这是我国火箭部队第一次在国庆游行中亮相。祖国的国防和科技进步突飞猛进，一天天接近世界先进水平，作为一个中国人，他感到自豪和骄傲。

大专院校的游行队伍走来了，北京大学生突然打出一面横幅，上写："小平您好！"四个大字，全场沸腾了，欢呼声此起彼伏。他心里也默默地向制定改革开放的总设计师致敬！

35周年国庆庆典已过去多年，在天安门观礼台上观礼的情景，还时常浮现在徐锦堂的脑海里，游行队伍的欢呼声，还经常在耳边回荡。

走出误区——天麻一生都离不开蜜环菌

与其说天麻有性繁殖树叶菌床法是一种技术进步，不如说是科研思路上独辟蹊径的杰作。

自草野俊助发表"天麻与蜜环菌共生"一文后,研究界普遍认为天麻在整个生长周期中都离不开蜜环菌。此观点甚至被一些学者奉为圭臬。所以从20世纪60年代中期到70年代的十余年间,研究界纷纷在做蜜环菌促使天麻种子发芽的各种实验研究。

图8-6　徐锦堂在温室观察天麻开花习性

1963年天麻研究正式列入课题之后,徐锦堂等人即进行过蜜环菌提供营养,促使天麻种子发芽的试验。特别在1965—1966年,徐锦堂在利川市海拔1800米的寒池药材场进行了很有意义的试验:预先用生长有蜜环菌的竹根、树根及新鲜木段培养菌床,然后播种天麻的种子。此项试验由于"文化大革命"而中断。

1972年,徐锦堂再次开始天麻研究的时候,他在宁强县天麻产区及北京的药材种植场,连续五年设计了各种能使天麻种子与蜜环菌接触的试验,以实现蜜环菌提供营养促使天麻种子发芽和提高天麻的产量。但是各年的试验结果证实,发芽率、空穴率和产量高低变幅太大,毫无规律性可言。

1978年6月13日,徐锦堂在北京室内无菌条件下,将天麻种子播种于Kundson Solution C.培养基上,分别按四个方法处理:①先接后播:培养基上蜜环菌生长后播种;②接播同时:播种同时接蜜环菌;③发芽后接:播种后个别种子发芽后接蜜环菌;④作为对照组,不接播种:直接播种不接蜜环菌。在室温下培养至10月23日,移入25℃恒温条件下,每月定期取样观察其发芽动态。8月8日观察,不接菌的已有个别种子发芽,8月10日处理3接入蜜环菌。播后七个月观察,处理4未接菌发芽率

63.27%，而处理 1 蜜环菌生长后播种的发芽率仅有 1.49%，处理 2 发芽率 2.15%，处理 3 发芽率 6.11%。播后 11 个月，于 1979 年 5 月 4 日观察，各处理胚分化及发芽率均有显著差异。即：接菌越早发芽率越低，而不接菌的对照发芽率及胚分化率达 97.2%，其他处理都比对照低。可以看出蜜环菌对天麻种子萌发有明显的抑制作用[①]。

同样试验，徐锦堂还在田间进行着。

1978 年 6 月 18 日，徐锦堂在陕西省宁强县天麻产区，选择无野生天麻及蜜环菌分布并从未栽种过天麻的山区，进行天麻种子无蜜环菌播种试验。试验分两个处理：①播种穴中不接蜜环菌，铺林间落叶后播种天麻种子，加新鲜木棒后覆土；②作为对照组，接蜜环菌的树叶菌床法播种。每处理播十穴。7 月 19 日，即播种后第 32 天，两处理各检查六穴，全部发芽。选处理 1 的三穴加入蜜环菌材。结果表明，不管有无蜜环菌存在，只要将种子播种在林间落叶上即可发芽，但发芽后的原球茎，如果不接蜜环菌材，营养已不能满足需要，虽发芽因营养缺乏而死亡；而发芽后接入蜜环菌的穴，虽接菌晚而产量较低，但可收获一定数量的白麻、米麻。处理 1 未接蜜环菌的穴，收获时已达一年半时间，但穴中未发现有蜜环菌生长，说明无蜜环菌天麻种子能够发芽的结论是可靠的。1979 年，徐锦堂又在产区及北京选择不同山向、土壤、田间、室内，采用穴播、砖池播及箱播，共 28 穴无蜜环菌落叶伴播，七八月份发芽期检查，其中 21 穴发芽，发芽率 0.71%—7.5%，进一步证明在无蜜环菌的落叶上，天麻种子可以发芽。试验结果大大出乎所有人的意料，尤其与公认的天麻种子发芽的营养来源是蜜环菌的观点大相径庭。徐锦堂隐约感到：要么是自己设计的试验有误，要么是天麻一生都离不开蜜环菌的观点有误。如果是后者，则预示着天麻研究终于走出了误区[②]。

为了进一步证实上述结果，1979 年，在 Vacin and Wend 培养基上，徐锦堂又布置了新的试验，仍然分四个处理：①先接菌后播种；②在培养基

---

① 徐锦堂：《中国天麻栽培学》。北京：北京医科大学中国协和医科大学联合出版社，1993 年，第 137 页。

② 同①，第 94 页。

上有 50% 的种子突破外皮成原球茎时接入蜜环菌；③在培养基上有 50% 的原球茎开始长出营繁茎时接入蜜环菌；④不接菌，以作对照组。每处理 10 瓶，播后置于 25℃ 恒温箱中培养，九个月观察结果。试验结果再次证明：蜜环菌在培养基上长好后再播入天麻种子，播后九个月发芽率仅 1.33%。而不接蜜环菌直播的处理 4，同期发芽率达 63.4%，为处理 1 的 47.7 倍。而种子发芽后再接蜜环菌的处理 2 和处理 3，发芽率虽低于对照，但都在 50% 以上。充分证实了徐锦堂的猜测是正确的：蜜环菌不但不能促使天麻种子发芽，反而抑制天麻种子的发芽[①]。

两年的试验得出了结论——天麻并非一生都离不开蜜环菌，在种子发芽阶段反而抑制天麻种子的发芽。这个结论引领科学界走出了几十年的天麻研究误区。不仅如此，徐锦堂还有重要发现：蜜环菌对营养繁殖茎的成长有明显的促进作用，蜜环菌应当是天麻无性繁殖阶段的营养来源。

1980 年，徐锦堂分别在《药学学报》及《中草药》上发表了《天麻有性繁殖方法的研究》及《天麻种子发芽的营养来源及其与蜜环菌的关系》对蜜环菌能供给天麻种子萌发营养提出异议和新的看法。

那么，促使天麻种子萌发的营养到底是什么东西呢？它的厘清将具有拨云见日的科学价值。

天麻种子萌发菌的分离、筛选、鉴定

天麻种子萌发菌的分离

1978 年，在树叶菌床上播种的天麻种子发芽期间，徐锦堂等人曾在解剖镜下多次观察到发芽的原球茎尾部，有纤细的白色菌丝与树叶相连。当

---

① 徐锦堂：《中国天麻栽培学》。北京：北京医科大学中国协和医科大学联合出版社，1993 年，第 139 页。

年7月16日，还观察到在叶片上有八粒种子萌发的原球茎外蒙了一层白色菌丝，忽隐忽现，剥去菌丝便可看到完整的原球茎，以后又多次观察到类似的情况。

徐锦堂还注意到一个现象：只有林中落于地面并与土壤接触保持湿润的树叶，或者半腐的树叶，伴播天麻种子才有发芽效果。而且从不同山坡采集的树叶伴播，种子发芽率有很大差异。

徐锦堂采集原球茎作切片观察，在原球柄的细胞中都有菌丝存在。

为了排除蜜环菌的干扰，徐锦堂又从无蜜环菌的播种床中取原球茎切片观察，也都有菌丝存在。而播种于蜜环菌床中半年、被蜜环菌包裹的种子，未发现有发芽的原球茎。切片观察，种子虽被蜜环菌包裹，但种胚内未见有菌丝侵入，胚分生细胞也无分裂的迹象。

到底是什么树叶能让天麻种子发芽、供给它的营养呢？

1978年的冬天，徐锦堂设计了这样的试验，分三个处理进行：①用林中壳斗科树种落在地面的保湿树叶，伴播天麻种子，作为对照组；②采集同种树上还未脱落的枯黄树叶，取发芽率较高的树叶林间的腐殖质土，在室内作砖池层积保湿培养四个月的树叶伴播天麻种子；③处理②的树叶不与土壤接触，保湿伴播天麻种子。于1979年4月6日在室内砖池播种，不加蜜环菌材，用灭过菌的树叶覆盖，每十天取样观察统计发芽率。连续观察四个月，其中处理3未见一粒种子发芽，而其他两个处理都有不同程度的发芽效果。试验证明：不与土壤接触的树叶，伴播天麻种子不能发芽；将这些树叶与腐殖质土保湿层积培养后伴播天麻种子，虽发芽率较低，但有发芽效果；而从林间地面收集的湿润树叶，未经任何处理，天麻种子发芽率都较其他处理高[①]。后将林中收集的壳斗科树种的落叶，经高压灭菌后伴播天麻种子，半年后无一粒种子萌发。看来树叶不能供给天麻种子萌发的营养。

这给徐锦堂很大启示：天麻种子发芽是否与土壤中侵染到树叶上的某些真菌有关？显微镜下多次观察到的纤细白色菌丝，是否是提供天麻

---

① 徐锦堂：《中国天麻栽培学》。北京：北京医科大学中国协和医科大学联合出版社，1993年，第95页。

种子萌发的外源营养源？他决定进行分离筛选试验，进一步证实自己的推测。

当时宁强县天麻研究所还没有通电，无法搞菌种分离。"为了给我提供菌种分离室，药材公司丁养文经理安排生产组长回家住，腾出半间宿舍。先是搞大扫除，接着进行消毒，然后搬来一个木制的土接种柜，装上紫外线灭菌灯，拉上了电源。只用半天工夫，就在宁强县药材公司整出一小间菌种分离室。于是，我每天从25里外的天麻所采样，骑车进城，进行菌种分离。就是在这半间简陋的'实验室'里，分离出了国内外闻名的真菌，我把它命名为天麻种子共生萌发菌。它不是分类学上规范的名称，但目前全国都把它称作'萌发菌'[①]。"

当时徐锦堂把分离到的有希望的几个菌株快速培养出菌叶后，播上种子，用灭过菌的树叶覆盖，分别埋入两个分格的木箱中，保湿培养，一箱留在天麻所，一箱带回北京。

一日，徐锦堂接到天麻所小鲁的信，说京陕807-02号菌株伴播的种子已经萌发。他立即检查他带回的那一箱菌株，除京陕807-02号伴播的种子萌发外，京陕807-05号、京陕807-06号，两个菌株的菌叶上也观察到萌发的原球茎。徐锦堂高兴极了，当晚几乎彻夜未眠。这是一个重大突破，是一个值得纪念的日子。

1980年，在陕西省科委杨明处长的帮助下，徐锦堂向省科委申请到一笔科研经费。天麻所通了电，购置了超净工作台、显微镜和一些玻璃器皿，试验条件得到较大改善。作为一个基层小研究所，一步步走向正轨。

为了加快试验进度，1979—1981年，徐锦堂在北京及宁强县两地田间，同时安排天麻种子萌发菌的分离工作。步骤是这样的：

首先，从潮湿的树林中收集落于地面半腐的保湿树叶，铺于深20厘米的穴中，6月份天麻种子成熟后，种子播在落叶上，种子上再盖一层落叶，覆土保湿，大约一个月后种子发芽即可取样分离。

第二，从1979—1980年，徐锦堂等人曾选择发芽的原球茎、种子萌

---

① 徐锦堂访谈，2013年2月20日，北京。资料存于采集工程数据库。

发数量多的树叶及原球茎与树叶相连的白色菌丝索作为分离材料,在无菌条件下进行分离,将分离出的菌株培养在树叶上伴播天麻种子,进行有效菌株的筛选。结果用原球茎作分离材料较易成功,而树叶和菌丝索易染杂菌或被消毒液杀死了。

第三,设计了两种分离方法[①]:

(1)群体混合分离:先将分离材料用自来水将泥土冲净,再用灭菌水冲洗数次,然后置于灭过菌的小培养皿中。培养材料在平面培养基中培养,发出菌丝后即可转管。

1979年冬,他将天麻产区树叶上采集到的原球茎样品,带回北京实验室,于当年11月分离到京7911-01及京7911-02号两个菌株。培养菌叶后伴播天麻种子,没有观察到种子发芽的原球茎是无效的菌叶。总结原因是采回的样品未及时分离,在冰箱中保存太久感染了其他杂菌所致。如能引起重视,1979年他们就可能获得与天麻种子共生的真菌。

1980年夏季,在宁强县产区及北京同时进行分离工作。从树叶上分离到的菌株为深黄色和其他杂色,与先前观察到的白色菌丝不同。而从原球茎上采集的菌丝索,分离时都污染了杂菌。只有将原球茎作为分离材料,分离到的一些菌株较接近自然界观察到的白色菌丝,共分离到10个菌株进行初筛。京陕807-02号、京陕807-05号、京陕807-06号等有效菌株,就是1980年采用群体混合分离法获得的。

(2)单体分离:天麻种子接不同萌发菌株后,发芽率及原球茎生长的大小有很大区别,而原球茎及营养繁殖茎的长势又与接蜜环菌的几率有密切关系。1981年,选择健壮、肥大、生长速度快的原球茎及其生长出的营养繁殖茎,分别编号进行单体分离,共分离到九个有效菌株,其中有些菌株对天麻种子萌发及原球茎生长都有很好效果,如GSF-8104(紫萁小菇)等优良菌株,就是在1981年采用单体分离获得的。其中GSF-8105和GSF-8106号、GSF-8101和GSF-8103号、GSF-8107和GSF-8108号等三对菌株,是从同一个原球茎中分离获得的。其菌丝、菌落的形态,对天

[①] 徐锦堂:《中国天麻栽培学》。北京:北京医科大学中国协和医科大学联合出版社,1993年,第97页。

麻种子的发芽率、原球茎生长速度、大小都有差别，说明侵入同一个天麻种子胚的萌发菌可能是一种菌，也可能侵入两种或两种以上的菌，同时供给种子萌发营养，促使种子发芽。

在 1979 年之后的三年间，在宁强县天麻产区及北京实验室，共接种了 748 个分离体，其中有原球茎 478 个，树叶 270 片；共分离到 77 种菌株，经初步归类及汰除了褐色、黄色等杂色菌外，初步选出 24 种。

天麻种子萌发菌的筛选

望着初选的 24 种菌株，徐锦堂等人心情激动又压力重重。因为需要从这 24 种里边筛选出既与天麻种子有共生萌发作用，又在生产上有实际应用价值的优良菌株。这样，一则从理论上阐明在自然条件下天麻种子萌发的营养来源；二则创建天麻有性繁殖全新的播种技术，实现更高的产量和更好的经济效益。但是前无经验可循，后因天麻种子寿命短（当时的观点），必须快速完成筛选，否则重复试验要隔年才能进行，时间成本太大。为争取时间，在分离当年即可观察确定是不是天麻种子萌发的有效菌株，徐锦堂决定研究出一种快速筛选的方法。

按常规，每年 6 月天麻种子成熟后播种，大约 7 月中旬才可采到发芽的原球茎进行组织分离，7 月下旬可分离到菌种，因此生产出三级播种用的菌叶需要四至五个月。当时人们普遍认为天麻种子寿命短，所以分离到菌种当年观察不到种子发芽的效果，次年种子成熟后才能得出结论。

1980 年初，徐锦堂在他设计的多种试验方法中，确定了一种比较满意的方法，他将其命名为"菌叶快速培养法。"这种方法是在配制好的 PDA 培养基试管中，加入一至两片壳斗科植物的枯叶，高压

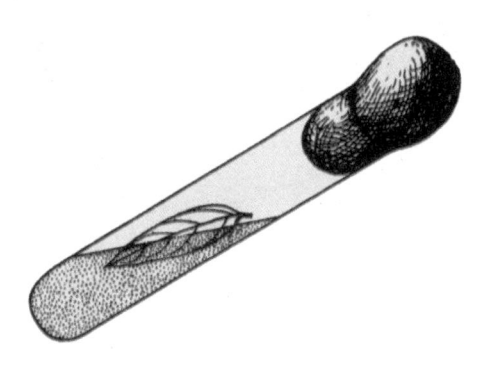

图 8-7　徐锦堂设计的萌发菌快速分离、培养、筛选方法，当年即可分离、筛选出优良萌发菌株，并在科研生产中广泛应用

灭菌后，作成斜面，尽量使树叶露在培养基外，萌发菌的菌丝只在基面生长，不像蜜环菌可深入培养基中。接入分离出的菌株后，在25℃恒温条件下，仅用七至十天时间，试管里的叶片上即可感染菌丝，取出叶片，洗净培养基，即可拌播天麻种子。

在此基础上，徐锦堂经过改进，建立了在平面培养基上快速培养菌叶的方法。将分离到的菌种分几个接种点，接种在培养皿内已灭菌的PDA培养基表面，并在间隙处分散放置预先高压灭菌的小叶片，叶背朝上，以免取出叶片时黏附过多的培养基。在25℃恒温下培养一周左右，叶片上就感染了所接菌种的菌丝，取出小叶片即可进行播种试验[①]。

第一个难关让徐锦堂闯过了，他可以随时随地做他想做的试验了。试验周期不再是以年计算，而是以周计算。

创新其实就是步步闯关。因前无经验可循，播种方法也全靠徐锦堂自己摸索。所幸已过天命之年的徐锦堂，经验与精力正处于最佳状态。他的试验设计既缜密又实用[②]：

试验方法一：在培养皿内放一块厚约一厘米、预先用开水烫过的海绵，选培养好的平展菌叶，剪成2—2.5厘米的方形小片，将裂果的天麻种子抖于培养皿内，用毛笔蘸种子，轻轻而均匀地播在菌叶背面，每小片菌叶可播种子200—300粒，种子朝上摆于海绵上，每皿可摆三至五片菌叶。在播种的菌叶上，再覆盖一张消毒的树叶，并在皿内海绵周围用吸管加入一定量的冷开水，以保持海绵的湿润度。加水量不能超过海绵，否则种子易

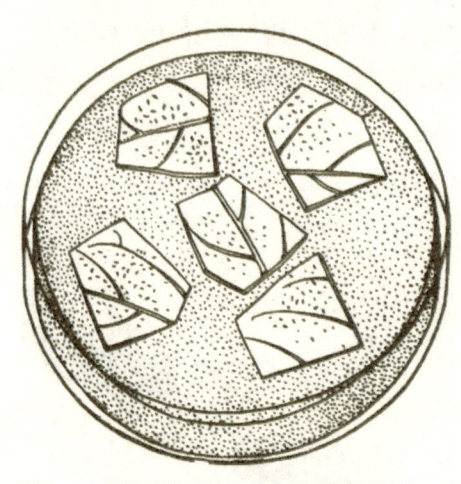

图8-8 用徐锦堂设计的培养皿保湿海绵播种方法，培养出了天麻萌发菌、天麻子实体

---

① 徐锦堂：《中国天麻栽培学》。北京：北京医科大学中国协和医科大学联合出版社，1993年，第98页。

② 同①。

被冲掉，注意经常检查失水情况，补充水量。盖好皿盖后，放于25℃恒温条件下培养。

试验方法二：选直径15厘米的新小花盆，洗净后盆底先铺一层约三厘米厚的湿沙，其上铺一层两厘米厚（一指厚）用开水烫过的湿树叶，将已播好种子的菌叶，用灭菌后的大叶片对折夹好并做标记，每盆三至五片，上覆盖三厘米厚灭菌的湿润树叶一层，盆顶盖些青苔保湿，用玻璃片盖好花盆以保持水分和潮湿的小环境，放于25℃左右的恒温条件下培养。播后不能浇水，以免冲走种子，10—15天种子已接萌发菌。

两种试验方法各有千秋：培养皿内保湿海绵菌叶播种法，原球茎及营养繁殖茎生长速度不及小花盆播种法，但这种方法可直观种子萌发及原球茎生长的全过程，是适合于作菌种筛选和测定种子发芽率的好方法；小花盆菌叶播种法更接近于田间自然条件，种子发芽率较高，原球茎生长速度快于培养皿内播种的种子，但不宜经常检查，也不易观察到种子发芽及原球茎生长动态。

两种播种方法，从接菌至种子萌发，只需半个月至20天就能观察到发芽效果，是筛选天麻种子共生萌发菌及测定种子发芽率的一种快速、简便、可行的方法。

其实，两种试验方法最可贵的是设计思路的出发点：从田间生产需要出发，科学研究要促进生产发展。如果不能用于生产实际，只能束之高阁，于国于民毫无价值。

科学研究讲究精确。好的方法有了，新的问题又出现了：怎么精确统计天麻种子的发芽率？

天麻种子奇小，细如面粉，目测非常困难。统计种子发芽率常规方法是借助放大镜或解剖镜观察，但因种子是撒播在菌叶上的，无一

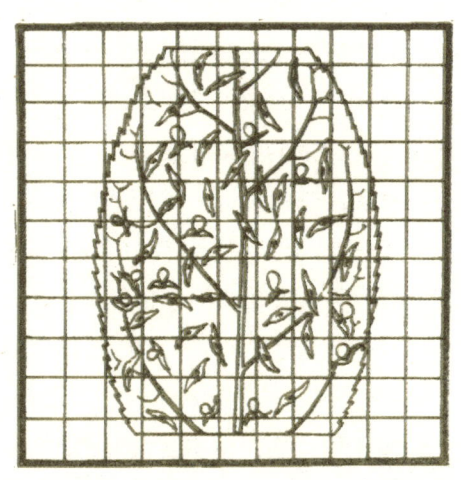

图8-9 徐锦堂设计的计数网，在解剖镜下能准确统计和计算出天麻种子及发芽原球茎数量，使科研数据更准确、可靠

第八章 探寻天麻生长的秘密　　*171*

定排列顺序，往往数着数着就乱了。为了避免漏计或重复计数，徐锦堂亲自设计亲手制作了观察种子发芽的计数网。他先用细钢丝作成三厘米见方的框架，再用电话线里很细的铜丝，编织成间隔0.2毫米的小方格，将计数网压在菌叶上，播种后在解剖镜下由左到右，再由右到左，用计数器统计每个小方格内的种子数，既准确又迅速，事半功倍。

工欲善其事必先利其器。经过充分的准备，天麻种子萌发菌的初步筛选试验开始了[①]。

1980年7月，在宁强县当年分离出的京陕807-01号、京陕807-02号、京陕807-03号、京陕807-04号四个菌株，采用试管快速培养菌叶的方法，培养出供试菌叶。为排除培养菌叶时PDA培养基营养对天麻种子发芽的干扰，在PDA培养基试管中放入树叶高压灭菌后取出叶片，洗净培养基。以具有PDA营养的营养叶，及普通灭菌的叶片同时播种后作对照。重复一次，埋于木箱中，将一次重复带回北京，另一次重复仍留产区分别观察。播后两个月，筛选结果表明，虽两地都有京陕807-02号一个菌株对天麻种子有发芽效果，且发芽率只有1.8%，后带回北京的箱中又观察到京陕807-05号、京陕807-06号两个菌株也是天麻种子发芽的有效菌株，但它是徐锦堂课题组首次分离出的、能促进天麻种子发芽、有共生萌发作用的第一个菌株。

京陕807-02号菌株的获得，否定了天麻整个生长周期都靠蜜环菌提供营养的传统观点；同时阐明天麻种子发芽的营养，来自蜜环菌以外的真菌。

1980—1981年，两年初筛试验确定，GSF-8104号等12个菌株是天麻种子共生萌发的有效菌株。当然，这仅是初步结果，还要优中选优，继续开展优良菌株的筛选。试验从两个方面进行：

第一个是天麻种子伴播不同菌株发芽率和原球茎生长速度比较试验。

在初筛的基础上，徐锦堂选择了发芽率较高的GSF-8103号、GSF-8102号以及不但发芽率较高，且促使原球茎生长快的GSF-8104号（即后来的紫萁小菇）三个菌株，与1980年分离表现较好的京陕807-05号菌株进行比较。

采用培养皿保湿海绵菌叶播种与小花盆伴菌叶播种方法，试验结果都

[①] 徐锦堂：《中国天麻栽培学》。北京：北京医科大学中国协和医科大学联合出版社，1993年，第100页。

证明，接 GSF-8103 号菌株的天麻种子发芽率最高，其次是 GSF-8104 号。而原球茎及其分化生长出的营养繁殖茎的生长速度，以接 GSF-8104 号菌株的最快，分化的侧枝数目也最多，营养繁殖茎最大。效果均优于接对照的京陕 807-05 号菌，两种播种方法的试验结果表现出一致性。

接 GSF-8104 号菌株的天麻种子，播种后 15 天已有 0.14% 的种子发芽，30 天发芽率达 20.63%。15—40 天为种子发芽高潮时间，发芽势较整齐。而接 GSF-8103 号菌株的种子，发芽率虽较高，但播后 30—60 天种子陆续都在发芽，

图 8-10　20 世纪 90 年代，徐锦堂在实验室观察天麻被蜜环菌、紫萁小菇侵染的过程。图中标本瓶中是播种当年和次年收获的白麻和箭麻

播后 30 天发芽率仅 4.94%，40 天的发芽率与 GSF-8104 号 30 天相近，发芽势不整齐，尤其在高山区及寒冷地区，晚期萌发的种子，由于气温降低，不能和蜜环菌建立营养关系，大都夭亡。

因此，GSF-8104 号菌株是供给天麻种子萌发营养、促进种子萌发较好的菌株。

第二个是拌不同萌发菌株播种天麻产量比较试验。

1984 年 6 月 6 日，在北京半地下室 48 厘米 ×84 厘米的砖池内，进行了接菌播种比较试验。每处理播种一穴，重复七次，顺序排列。每穴播种子一克，当年 11 月 20 日收获，三次重复，半年统计产量。播后一年半，于 1985 年 11 月 8 日收获余留的各次重复，统计产量。

结果表明，半年产量及发芽原球茎、营养繁殖茎接蜜环菌丛数，都以接 GSF-8104 号菌株的效果最好。播种后仅 5 个月，穴产量就高达 3150 克，而对照穴仅收 2.5 克，远远超过了对照接京陕 807-05 号菌株的产量，居于其他各菌株的首位。其次是接 GSF-8103 号菌株的处理。以接 GSF-8102

号菌株的产量较低，但仍高于对照组。

播种一年半后与播种半年的产量相比，接 GSF-8104 号菌株的天麻产量，降低到第三位，仅高于对照 42.1%，而原接 GSF-8102 号菌的天麻产量却跃居首位，比对照高 86.8%。

衡量天麻种子萌发菌的优劣，主要视其种子发芽率的高低、发芽势整齐、原球茎及营养繁殖茎生长速度和大小以及接蜜环菌的情况和当年白麻产量。从筛选结果看出，GSF-8104 号菌株是当时天麻种子萌发菌中最优良的菌株。

徐锦堂梦寐以求的优良菌株终于脱颖而出，他要用它去实现让农民脱贫致富的理想。

天麻种子萌发菌的鉴定

对于天麻种子发芽营养来源的研究成果，徐锦堂等人在 1980 年第三期《中草药》和《中药通报》发表了论文，第一次明确提出天麻种子发芽营养来源不是蜜环菌，而是其他真菌。一石激起千层浪。应者寥寥，逆者多多。

1986 年 12 月，"天麻种子共生萌发菌的发现及应用研究"通过专家鉴定，并获得卫生部科技成果奖甲等奖。虽然在生产上已取得了明显效果，但学术界还不能完全接受这一事实，因为他们未能鉴定出天麻种子共生萌发菌（简称萌发菌）的分类科属。

1987 年，周铉等出版的《天麻形态学》认为："天麻种子萌发，首先进入天麻原生球茎的菌丝是否属于蜜环菌的菌丝？目前在对这一问题的认识上还存在着很大的分歧。徐锦堂等报道，侵入原生球茎的白色菌丝与以后所见蜜环菌侵入天麻后生球茎的菌索不同，而认为这些菌丝不是蜜环菌；……我们认为，仅从是否看到菌索来确定蜜环菌是不够的，因为甚至同一种蜜环菌在同一地点也会有菌索与菌丝两种形式并存"，"徐锦堂等所见接于天麻原生球茎基部的菌丝，很可能也是蜜环菌呈现的这一形式"。

到底是蜜环菌还是萌发菌，徐锦堂认为这不是个人之间孰是孰非的问题，它关乎天麻理论研究的正确与谬误，更关乎天麻生产瓶颈问题的解决。

20世纪80年代初，栽培研究室的试验条件很差，天麻课题组挤在只能摆放几张办公桌的一间办公室里。鉴定天麻种子共生萌发菌的分类科属，必须培养出萌发菌的子实体。但是培养试验只能在四面透风、人来人往的楼道

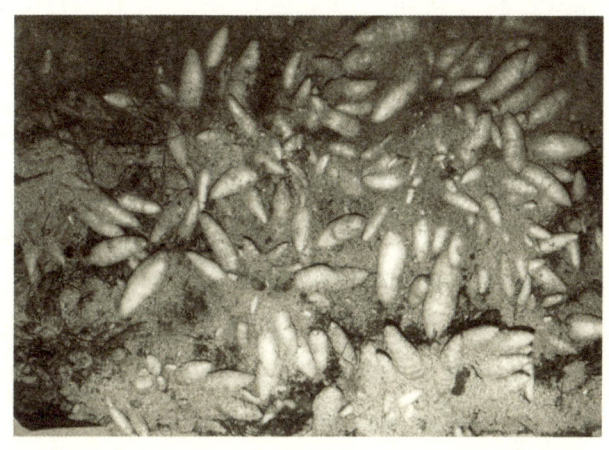

图8-11　接GSF-8104号菌株，播两层，播种5个月后，第一层的白麻、米麻生长情况

里进行，无法控制温湿度，也无法防止环境对培养基的污染。为了培养出萌发菌的子实体，鉴定出其分类科属，徐锦堂决心用课题经费盖一座天麻研究楼，并专门设计了可控制温度、湿度、光照的培养室，供培养萌发菌子实体使用。徐锦堂招研究生后，安排其用保湿海绵培养皿播种技术，测定和比较不同萌发菌种发芽率的高低和生长动态观察。

天麻楼落成后，试验条件有了很大改善，除了有比较规范的无菌接种间外，还留了几间可调不同温湿度的培养室。徐锦堂自己的一间小培养室，还安排了研究生进行不同菌种培养的比较试验和菌叶伴播天麻种子试验。

为了证明所分离到的菌并非蜜环菌，徐锦堂进行了比较试验：蜜环菌丝在PDA培养基上，很容易形成红褐色的菌索。他将分离到的12种菌株与蜜环菌丝同期接种在PDA培养基上，放入25℃恒温箱中培养。20天后观察，蜜环菌全部长出菌索，而对照组菌株，无一长出与蜜环菌相同的菌索。经长期培养观察，也未见菌索出现。另外，徐锦堂等人观察到，蜜环菌以菌索形态侵入天麻块茎表皮和皮层细胞中。蜜环菌包围的种子未见菌丝能侵入胚，只能侵入种子发芽的原球茎进行第一次无性繁殖萌生出的营繁茎。而对照菌株，只能从天麻种子最末端一个细胞——胚柄状细胞以菌丝形态侵入种胚。从切片中观察到，蜜环菌与萌发菌同时存在于同一营繁茎的不同细胞中，用蕃红—固绿二重染色，两种菌形成的菌丝结细胞，其

颜色和形态迥然不同。蜜环菌的菌丝结染成蓝色，排列较密。而对照组菌株，菌丝结染成红色，且排列较稀。这些观察和实验，有力地证明了供给天麻种子萌发营养的菌，是不同于蜜环菌的其他菌类。

但最终的正确结论，仍需确定其分类科属。因此，对这些菌株的鉴定，便成为天麻研究的一个关键问题。徐锦堂将目光盯在GSF-8104号菌株的鉴定上，对其寄予无限的期望。

将GSF-8104号菌株的菌丝，接种在经灭菌后的壳斗科植物树叶上。菌丝布满叶片后，置于菌叶培养皿中保湿的海绵上，在25℃恒温、通风透气及100—150Lux光强度条件下培养，经常加水保持海绵树叶的湿度。

一天，研究生小郭报告，在培养皿保湿海绵播种天麻种子的菌叶上，长出几个小子实体。徐锦堂观察后，立即让他采集样品去太原请刘波先生鉴定。徐锦堂又将其送到中科院微生物所，在应建浙先生的协助下，GSF-8104号菌株的子实体，经鉴定属担子菌纲（*Basidiomycetes*）、伞菌目（*Agaricales*）、口蘑科（*Tricholomataceae*）、小菇属（*Mycena*）的紫萁小菇（*Mycena osmundicola* Lange）。

关于小菇属（*Mycena*）的种：Singer（1975）认为全世界有279种；Hawksworth等（1983）仅记载了200种。戴芳澜（1979）汇总了我国此属的八种，谢支锡等（1980）在长白山发现五种。自Lange（1914）发现*M.osmundicola* Lange以来，在我国尚未见报道，所以徐锦堂发现并培养出子实体的紫萁小菇，是国内新记录种。

为了进一步证实鉴定结果的可靠性，徐锦堂等人从实验室诱导的紫萁小菇子实体中分离出菌丝，重复培养，又诱导出相同的子实体；从紫萁小菇孢子培养萌发的菌丝，与原GSF-8104号菌株的菌丝比较，其菌丝和菌落的形态完全一致；菌丝都具有发光的特性；菌丝生长所需要的营养、温度、湿度等培养条件相同，经酯酶同工酶凝胶电泳分析，酶带条数，迁移率（Rf值）基本相同；用原诱导紫萁小菇子实体的GSF-8104号菌株，菌丝及紫萁小菇孢子萌发分离的菌丝培养的染菌树叶，伴播天麻种子都可发芽，播后40天统计，发芽率分别为16.51%和27.86%。证明紫萁小菇是由GSF-8104号菌株供给天麻种子萌发营养的真菌诱导出的子实体，鉴定结果可靠。

《紫萁小菇等天麻种子萌发菌分离方法研究》《供给天麻种子萌发营养的真菌——紫萁小菇》《促进天麻等兰科药用植物种子萌发的真菌发酵液的抑菌作用》《紫萁小菇等天麻种子萌发菌的筛选》《促进天麻等兰科药用植物种子萌发的真菌初生产物的分析》《紫萁小菇等天麻种子萌发菌生物学特性及种子共生萌发条件的研究》等研究论文，从理论上进一步阐明了天麻种子萌发是依赖萌发菌供给营养，揭示了天麻种子萌发菌生物学特性及种子共生萌发条件。

图 8-12　成果入选《中华人民共和国重大科技成果选集》（1989 年，以国家科委主任宋健组成的编委会编著的《中华人民共和国重大科技成果选集》，选编全国各行业重大成果 376 项，其中第 228 项是"天麻与真菌营养关系机理及种子伴菌播种技术"，卫生系统共有八项入选）

揭开天麻生活史的全部奥秘

经过 20 年的不断探索，徐锦堂终于揭开了天麻生活史的全部奥秘。他亲手绘制的示意图，带领我们进入不平凡的天麻世界，领略大自然的造化神奇，更感叹人类探索精神的力量无穷。

天麻的全部生活史是由种子萌发到新的种子成熟的整个过程[①]。

在自然条件下，天麻种子成熟后果实开裂，种子飞离果壳，借助风力向四方飞散，落于林间地面落叶层。由于林间半腐的落叶，感染有紫萁小菇等

---

① 徐锦堂：《中国天麻栽培学》。北京：北京医科大学中国协和医科大学联合出版社，1993 年，第 80 页。

第八章　探寻天麻生长的秘密　*177*

天麻种子共生萌发菌，天麻种子与这些真菌接触后，萌发菌侵入种胚，胚细胞消化了萌发菌获得营养，种子发芽，一个新生命开始。试验证明，果实开裂后种子发芽力大大降低，同时也不可能所有的种子都能飞落在湿润的树叶层中，且不是所有的树叶都有紫萁小菇等真菌腐生，所以能够发芽的种子只是少数幸运者。正因为这种机缘的稀有，在自然界的植物分布群落中，天麻才能保证了数量合理比例的组合。但由于天麻种子数量极多，一个果实有种子三万至五万粒，一株天麻有种子近 300 万粒。因此，在自然界生物演化的历史长河中，天麻才没有被淘汰，保持了种族的延续和发展。

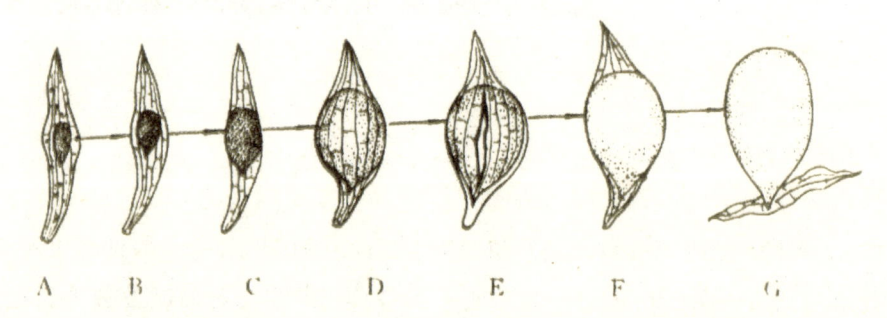

图 8-13　天麻种子萌发过程（A. 天麻种子；B. 胚吸水膨胀；C. 胚与种皮同宽；D. 胀大胚；E. 种皮裂口；F. 原球茎突破种皮；G. 原球茎）

在人工培育条件下，6、7 月天麻种子成熟后，播种于树叶菌床中，与紫萁小菇等萌发菌接触，萌发菌侵入种胚，被胚细胞消化胚获得营养，分生细胞不断分裂，从外形观察，播种后种胚吸水膨胀，播后 15 天胚体形状变化越来越大，种胚逐渐达到与种皮等宽的程度；胚体积继续增大，种皮被胀大呈鼓肚状枣核形种子；胚柄端颜色深，胚顶端新分化的细胞色浅，然后靠近此端种皮破裂出现裂口；7 月正是产区雨季，10—20 厘米地温在 25℃，土壤含水量 15%（陕西宁强县），原球茎突破种皮而萌发，播后 26 天观察到长 0.8 毫米、直径 0.49 毫米的原球茎，种皮仍附着在原球柄上（图 8-13）。

大量的原球茎萌发出营繁茎后，未能与蜜环菌建立起共生营养关系，只靠紫萁小菇等萌发菌提供营养，已不能满足无性繁殖阶段对营养的需求，生长出细长的营繁茎，有的可长达三至四厘米，由于营养亏缺，顶端虽分生出瘦小的小米麻，但冬季大部分夭亡（图8-14）。

原球茎分化生长出营繁茎后，蜜环菌侵染营繁茎；在营养丰富的情况下，播种当年营繁茎顶端生长锥和侧芽都可分生出十余个粗壮的白麻和米麻。大的长可达六至八厘米、直径1.5—2厘米，重八至十克，已完全达到作种移栽的标准（图8-15）。

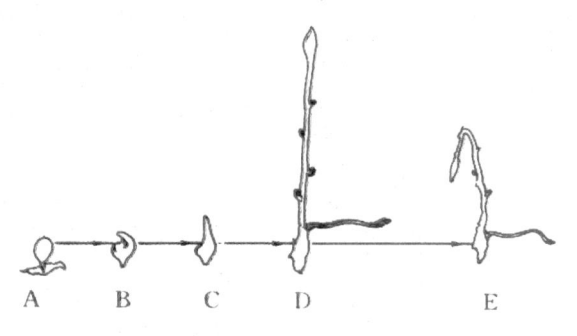

图8-14 营亏损缺的情况下原球茎分化生长情况（A.原球茎；B.分化出第一片苞被片；C.分化生长出营繁茎；D.营养亏缺营繁茎细长顶端分生出细小的新生麻；E.夭亡）

种子繁殖的白麻和米麻，越冬后如果能与蜜环菌建立了良好的共生关系，4月初土壤10—20厘米平均地温升高到12.4—12.8℃，结束了休眠，顶生长锥开始分化生长，首先发出短粗的营繁茎，营繁茎顶端分化生长出雪白的嫩芽，7、8、9三个月生长最快。8月17日观察，较大的箭麻长达12厘米，直径3.5厘米、重66克，已可看到长0.6厘米分化出的顶芽。11月5日收获，箭麻平均重105.4克，最大箭麻长13.5厘米、直径6.1厘米、重211克（图8-16）。

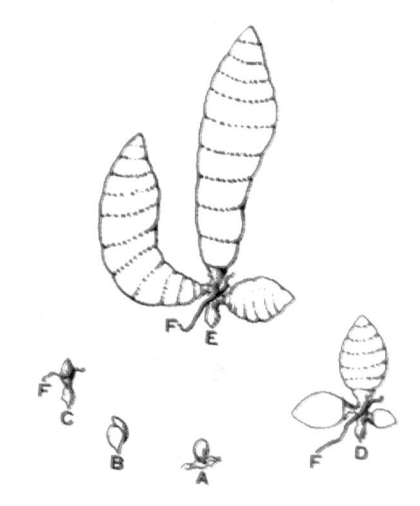

图8-15 营养丰富的情况下白麻、米麻生长发育情况（A.原球茎；B.分化出苞被片；C.分生出营繁茎接蜜环菌；D.营繁茎顶端分生出新生麻；E.播种当年生长成米麻及白麻；F.蜜环菌索）

越冬后的米麻和白麻进行第二次无性繁殖，在其麻体上生长出的营繁茎侵染蜜环菌，靠同化蜜环菌得到营养供给，冬季米麻营养繁殖茎前端长成白麻，而白麻营养繁殖茎前端即发育成具有顶芽的箭麻；进入生殖生长阶段，箭麻已贮藏有足够的营养物质，无再需任何营养供给，但在自然条

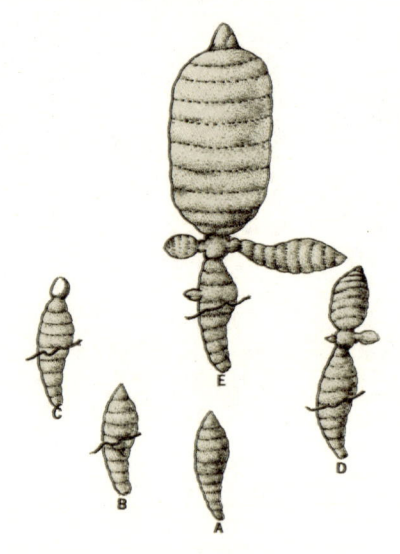

图 8-16　箭麻形成过程示意图（A. 白麻；B. 接蜜环菌的白麻；C. 生长锥分化出营繁茎；D. 营繁茎顶端分化出新生麻；E. 成熟的箭麻及白麻、米麻）

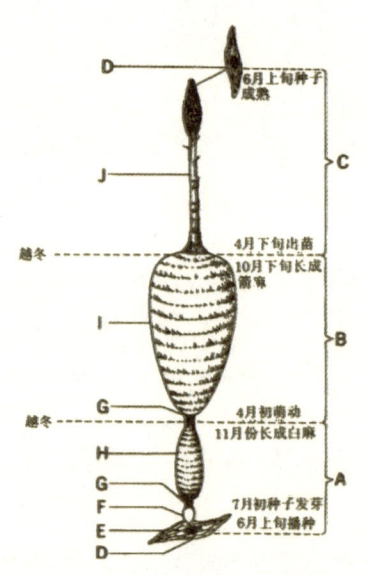

图 8-17　天麻繁殖过程示意图（A. 播种当年；B. 第二年；C. 第三年；D. 种子；E. 胚；F. 原球茎；G. 营繁茎；H. 白麻；I. 箭麻；J. 抽茎、开花、结种）

件下，有的箭麻仍然要被蜜环菌侵染，但其只限于表皮，如侵入皮层内部，箭麻则受到危害而腐烂。这就是民间传说的"天麻是个宝，栽了就会跑。天麻是山怪，栽了就不在"的原因。如果箭麻未受侵害，越冬后抽茎开花结种，跨越三个年头，在第 22 个月露出地面与人类见面，在第 24 个月里完成由种子到种子的全部生命过程（图 8-17）。

据此，徐锦堂提出"天麻是先后靠双菌共生完成从种子到种子全部生活史的植物"的观点，并由此揭开了"天生之麻"生活史的全部秘密（图 8-18）。此项成果荣获卫生部科技成果甲等奖，并被国家科委选入《中华人民共和国重大科技成果选集》中。1988 年召开的"天麻与紫萁小菇、蜜环菌营养关系及其在栽培中的应用"研究成果鉴定会，获得专家一致肯定和认可。正当此时，徐锦堂的小孙女降生，为了纪念科学上的这一发现，徐锦堂给她起名：徐紫萁。

2001 年 9 月 24—28 日，在澳大利亚帕丝召开的第一届世界兰花保育大会暨第二届国际兰花居群生物会议上，David Read 教授对我国在天麻及其他兰科植物共生真菌的研究，给予了极高评价。对我国学者首次发现的一种兰花——天麻的不同生长期，必须与不同真菌共生给予了充分肯定。2003 年出版的这次会议论文集《兰花保育》一书中，Zetde、Sharma 以及 Rasmussen 在回顾兰花共生真菌研究时也专门指出这一点。

这次会议前，在一个兰花保育技术培训班上，Kingsley Dixon 博士对徐锦堂等人的发现和研究也给予充分肯定。在培训班使用的教材中，收入了世界各国 56 篇有关兰科植物共生真菌的研究文献，其中便有徐锦堂和他的学生共同发表的四篇论文。

中国兰花学会理事长罗毅波博士表示：中国人在世界学说界的发现有几个？兰科植物天麻在不同生长期与不同真菌共生，就是我们中国人首先发现的。由于我们的发现，在世界兰科植物研究中，人们进一步认识到兰科植物与真菌共生营养关系的复杂性和多样性。这是我们中国人对兰科植物与真菌共生营养关系研究的一大贡献，也是中药研究对世界的一大贡献，它将载入兰科植物研究的史册。

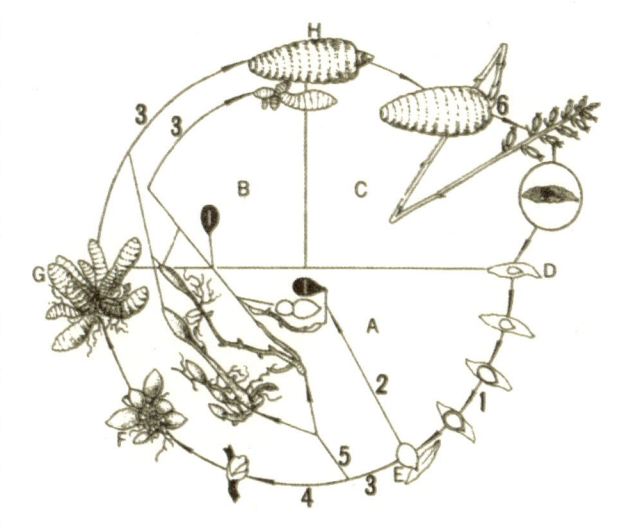

图 8-18　天麻生活史（A. 播种当年；B. 第二年；C. 第三年；D. 种子；E. 原球茎；F. 米麻；G. 白麻；H. 箭麻。I. 死亡的原球茎：1. 种子接紫萁小菇萌发，2. 未能接蜜环菌，3. 接蜜环菌，4. 早期接菌，5. 晚期接菌，6. 箭麻抽茎、开花、结果）

图 8-19　罗毅波教授的信

第九章
红霞满天

图 9-1　徐锦堂退休后，收集了十余省的不同种类天麻，栽在室内阳台，进一步深入观察其形态特征和授粉特性

1998 年，69 岁的徐锦堂退休了，他比一般人整整晚退休了九年。老伴说：咱们都快 70 了，该歇一歇了。他嘴上答应，而且还买了太极剑，准备每天到天坛公园去打打太极拳、太极剑，心想着锻炼好身体，安度晚年，也想弥补对家人、对妻子的歉疚。但是，这样的日子仅仅过了一段时间，他就沉不住气了：天麻、黄连的研究和生产，还存在那么多问题，我不干让谁干？一天的早上，他说什么也不去天坛公园了，一口气把他的"五年计划"告诉了老伴。老伴早就"发现"他神不守舍，知道让他闲着是不可能的事情，而他最愉快的生活就是工作。

于是老伴陪着他开始采购：手提高压灭菌器、玻璃仪器和必要的化学试剂买回来了。没有接种箱,他用电视柜改装而成,恒温培养箱也土法上马搞成了。望着"实验室",徐锦堂舒心地笑了,他在家里上起班来。

在天麻与真菌之间营养关系的理论研究中,过去虽有不同观点的研究陆续发表,但都限于阐述真菌侵入天麻种子和种麻被消化过程,而天麻一生的营养供应问题,过去未能阐明,一般论文也都回避这个问题。通过这几年的研究观察,徐锦堂证明了种子和种麻只有一次被真菌侵染的几率,真菌侵入后建立起菌丝通道,成为树叶培养的萌发菌、菌棒培养的蜜环菌,源源不断进入种子和种麻的通途。徐锦堂在《真菌学报》、《中国医学科学院学报》、《植物学报》上发表了最新的研究结果。这是天麻与真菌共生生物学理论研究的又一次突破。他还发现,20世纪80年代初筛选出的优良萌发菌、蜜环菌菌种经多次转接有一些已出现退化,他对老菌种进行选优

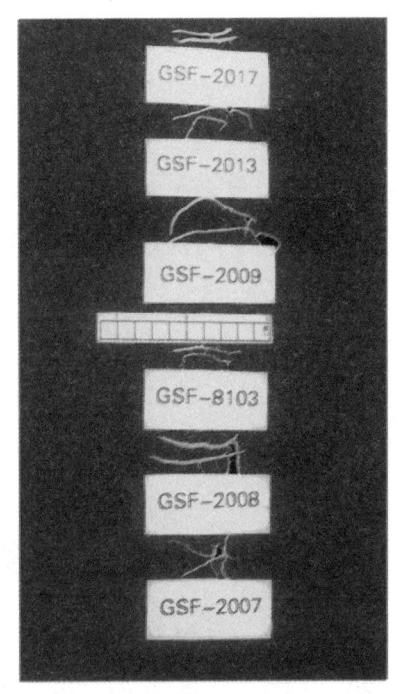

图9-2 2000年分离的GSF-2008及GSF-2009与1981年分离的GSF-8103萌发菌,伴播天麻种子生长最大的营繁茎比较

复壮,并亲赴陕西、湖南、河南几个天麻产区采样进行菌种分离。其中筛选出的几个优良菌株伴播天麻种子后,表现出喜人态势,如GSF-2008、GSF-2009。通过生产试验,逐渐应用于大面积生产。另外,在天麻栽后的田间管理上,他提出天麻有冬季低温生理休眠和夏季高温强迫休眠的新理念并提出如何满足冬季低温生理休眠的条件,防止和缩短高温休眠的时间。这是加强田间管理、提高天麻产量的新举措。

至2008年,又是十个年头,徐锦堂硕果累累,红霞满天:

他在陕西、湖南、河南、山东、湖北等省区举办培训班,发展天麻和黄连生产。

他以第一作者身份发表论文26篇,著书两部(副主编)。

1999—2000年连续获得北京市、中医药局科技进步奖两项。

他改进和完善种子纯菌种伴播技术，总结的天麻高产稳产的管理操作规程，2001年获国务院国家科学技术进步奖二等奖。

2002年荣获何梁何利医学药学科学进步奖。

他还获得中国药学会地奥药学科技奖、仲景中医药杰出成果奖、国际天麻学术研讨会杰出成就奖、陕西省略阳县杰出成就奖、湖北省利川市荣誉市民等。

猪苓在略阳

图9-3 1999年秋，徐锦堂在略阳九中金乡和县委徐登奎书记在天麻采挖现场

1997年初，略阳县委书记徐登奎，派略阳食用菌开发中心主任何才章和地区药材公司生产科长傅世贤进京求贤。傅世贤与徐锦堂20世纪70年代在汉中搞天麻时就熟悉了，一听说徐锦堂马上就要退休，赶紧进京挖宝。傅士贤递上了徐书记的亲笔信，恳切希望徐锦堂帮助略阳发展天麻生产。望着老朋友期待的目光，徐锦堂慨然应允。略阳他曾经去过三次，讲课办学习班，也知道那里是八山一水一分田的穷地方，能为贫苦的农民做事情义不容辞。不过他对二人说，药材缺了是个宝，一旦多了就是草。建议略阳县在发展天麻的同时栽种猪苓，因为它与天麻生长条件相似，一旦有个大小年，老百姓不致凄惶。傅世贤大喜过望，老朋友不但非常给面子，而且还多带一宝到略阳。何才章更是心花怒放，略阳县食用菌开发中心已经连续亏损几十万元，

他这个主任正坐在火山头，一筹莫展，心力交瘁，如今活财神慨然应允并带两宝下山，如同运交华盖一般。此行均不辱使命。

"1997年3月，仅过一个月徐锦堂就来到略阳，而且把自己最新的技术成果连同

图9-4　1997年，徐锦堂在陕西省略阳县举办的天麻、猪苓栽培技术培训班上讲课

亲自选育的400瓶天麻共生萌发菌和优质蜜环菌菌种，交给了国家级贫困县——略阳县委领导，反复叮嘱育种的关键环节和技术要领，约定栽种时节再来讲课。数月后栽种期快到了，徐锦堂背着一旅行袋资料迢迢两千里先来了。培训班开课那天，可容纳320人的县嘉陵江饭店主会议厅座无虚席，除徐锦堂讲话声外无半点杂音。当年略阳县发展天麻有性繁殖播种1.3万窝，猪苓半野生栽培1.2万窝，是原计划的三倍。县食用菌开发中心菌种厂成为西北'两菌'唯一生产厂家。"[1]当年扭亏为盈，西北各地用户纷纷前来买"两菌"。一时间"两菌"供不应求，出现了举着钱排队的奇观。

猪苓是一种真菌药物，猪苓菌的菌核，形似猪屎或鸡屎，故又称作猪屎苓、鸡屎苓。我国山西、陕西、云南、四川、甘肃等十几个省均有分布，过去一直用作利尿药。20世纪80年代初期，日本学者发现猪苓多糖对癌症有治疗作用，就在中国市场大批采购，猪苓供应一

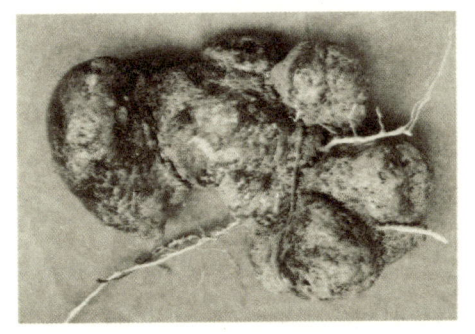

图9-5　猪苓菌核

时紧缺。自古以来，猪苓都靠采挖野生供药用，自然资源供不应求。

---

[1]　破译天麻生长之谜——高科技变致富"法宝"——记"天麻之父"徐锦堂教授。《中国中医药报》，2001年5月17日。

第九章　红霞满天　**185**

70 年代末,"药研所曾派科研人员赴山西古县蹲点,进行猪苓野生变家栽试验。一年观察研究的结论是猪苓栽后不烂也不长,就主张课题下马。我不认同栽后不长。因为果真如此,那么野生猪苓是从何而来呢?主要是付出的努力还不够,研究不深入,没有掌握猪苓生长繁殖的规律。但该研究组的同志还是撤销了试验课题,这项研究工作就此夭折了。"[1]

80 年代初,中国药材公司组织陕西、云南、四川、甘肃等省和药植所成立了攻关组。徐锦堂作为该组的技术总顾问,重新开展了猪苓野生变家栽的研究。每年召开一次会议,交流经验,协调研究工作。

为探索猪苓生长繁殖的奥秘,徐锦堂于 80 年代初与山西省药材公司合作,在山西古县霍山北平镇海拔 1500 米的水眼沟深山老林中(原药材公司猪苓场)建立起试验点,开展研究工作。他首先觉得应当弄清的问题是猪苓栽后是否不烂也不长。通过仔细观察,他发现了猪苓菌核的离层。野生猪苓中有 1000 多克的圆柱形大菌核,它是一年长成的还是数年长成的?如果是后一种情况,说明猪苓生长速度很慢,创造最好的生长条件,进行人工栽培也很难改变猪苓菌核的这种遗传特性;如果是前一种情况,说明只要能满足猪苓生长发育的条件,是会在短时间内长出大块菌核,猪苓是可以高产的。

在观察中,徐锦堂"发现新苓和母苓之间由两层包着的黑皮隔开,用手掰开可看到明显的离层,从而得出结论:生长着的猪苓,由于气候条件,特别是干旱的影响,一年可形成一个或一个以上的离层。但一块没有离层的猪苓菌核,无论其体积和重量如何,都是在一年之内长成的。只要能满足猪苓生长发育对环境、营养条件的需求,是可以用人工方法在一年之内长出大块猪苓的,它有很大的高产潜力,不存在不烂也不长的情况。"[2]

猪苓野生分布区与天麻分布区吻合。一些地区在天麻栽培穴中放入猪苓菌核,发现猪苓生长需要蜜环菌提供营养。为此,徐锦堂在古县猪苓试验场进行了蜜环菌材伴栽猪苓菌核试验。结果表明,没有蜜环菌材伴栽,猪苓菌核不能萌发出新苓并正常生长。栽培穴中加入较厚的一层树叶,可

---

[1] 徐锦堂访谈,2013 年 2 月 20 日,北京。资料存于采集工程数据库。
[2] 同[1]。

大大提高猪苓接菌率和产量,这就肯定了蜜环菌是猪苓生长的营养来源,为猪苓人工栽培奠定了基础。

"既然猪苓生长需要蜜环菌,它们之间是一种什么关系呢?通过生物切片、电镜观察,发现侵入猪苓菌核的蜜环菌索激活了猪苓菌抵御异体侵染免疫反应的本能,猪苓菌核内形成隔离腔的防御结构,包围了蜜环菌索,猪苓可利用蜜环菌的代谢产物为营养,在菌核表皮萌生出菌丝团,发育成新的菌核。猪苓与蜜环菌之间是一种共生的营养关系,这是生物界首次较详细地阐明了猪苓菌核生长营养的来源,成为猪苓人工栽培的理论依据。"[1]

利用蜜环菌材伴栽猪苓成功后,又出现了新的问题:生产成本高、猪苓产量低,农民不愿采用。攻关协作组纷纷下马,只有徐锦堂仍然坚持进行研究。猪苓收获时,他发现种在灌木丛中的猪苓长势较好、产量高。经观察分析后,发现栽培穴中有许多毛细树根穿插,树根上都感染了蜜环菌,猪苓产量的提高和这些感染了蜜环菌的树根有关。既然按人工栽培方式成本高,何不采用半野生栽培方式来降低成本呢?于是徐锦堂因地制宜试验成功猪苓半野生栽培法,最高穴产量达到5公斤和7.5公斤。在山西古县举办了技术培训班,进行了生产性推广,取得较好效果。

1990年,卫生部科教司在北京主持召开了"猪苓繁殖、生长、营养及半野生栽培技术的研究"成果鉴定会。专家一致通过了我国首次阐明猪苓和蜜环菌共生的营养关系,猪苓半野生栽培方法,是一种省工省投资应大力推广的猪苓栽培技术。中央电视台当日《新闻联播》报道了徐锦堂与山西省药材公司协作研究的猪苓半野生栽培技术获得成功,在北京通过技术鉴定。当他们发现了徐锦堂对天麻、黄连研究的卓著贡献后,紧接着又在一期《新闻联播》节目中报道:"在我国医药科技界有一位科研成果高产的科学家,他就是中国医学科学院药用植物资源开发研究所研究员徐锦堂。为了解决林药争地的矛盾,刚参加工作的徐锦堂主动承担了改革黄连栽培技术的研究课题,在调查中他又了解到天麻野生资源越来越少,便给自己增加了研究天麻野生变家栽的新任务。30多年他辗转在四川、湖北、陕西

---

[1] 徐锦堂访谈,2013年2月20日,北京。资料存于采集工程数据库。

等山高路险、阴冷潮湿的艰苦地区，每天不是一身雨水就是一身露水。艰难困苦，玉汝于成，徐锦堂发明的黄连栽培新技术，一改数百年传统的毁林栽黄连的历史，并可获得林、粮、连三丰收。他揭开了天麻之谜，结束了这种名贵中药材长期供不应求的局面，最近他又研究成功了猪苓栽培技术，为人类攻克癌症做出了新贡献。"

1992年猪苓繁殖、生长、营养及半野生栽培技术研究成果，获卫生部科技进步奖三等奖。

随着猪苓的药用价值日渐提升，猪苓价格也扶摇直上，从1997年的每公斤10元，2011年已达到每公斤180元。经济效益飞速提升的良好势头与徐锦堂的估计是一致的，他研究的创新技术也适时推出。可是再迢迢数千里，登高爬坡办班讲学已力不从心。但廉颇虽老壮心不已。他给略阳县委写信，希望县里派几个年轻人来北京，他亲自传授加速猪苓生长的新技术，并声明是无偿的，只要略阳老百姓过上好日子就是他最大心愿。2012年略阳县中药发展局派人学会了徐锦堂的独门绝技，正在大力推进这个"拳头"项目。

2013年5月，"徐锦堂采集工程小组"一行来到略阳，略阳县中药发展局衡志洲局长介绍说：由于猪苓价格优势，全县猪苓发展势头迅速，并出现企业家成片租山栽种猪苓，目前略阳县栽培猪苓超过150万余穴，其产值已经超过天麻的数倍。

中国黄连利川论坛

2003年6月初，湖北省恩施土家族苗族自治州利川市政协主席覃太智，市委常委、宣传部长夏晓华一行五人，受利川市70万人民之托，专程到北京拜访徐锦堂，邀请他参加并协助组织策划拟于秋季举办的"中国利川黄连节"。徐锦堂从20世纪80年代去利川之后，已有20年未上福宝山了，盛情难却，答应参加。徐锦堂与中国民族医药学会诸国本会长协商，促成中国民族医药学会与利川市联合主办会议。大家详细推敲会议的内容和名称，认为"利川黄连节"花费大，规格低，最后决定举办以科学研究学术交流为主题的"中国黄连利川论坛"。

2003年7月25日，中国民族医药学会下达中民学字（2003）第022号通知，要求全国各黄连种植基地、生产经营企业及有关临床、科研、教育单位，准备学术论文报名参加，并明确了论坛的内容：一是"黄连、玉米及造林套种栽培技术"等相关经验的学术交流；二是黄连栽培技术研究成果展览暨"黄连之圣——徐锦堂"塑像揭幕；三是参观黄连栽培现场、黄连GAP基地、制药GMP改造及"中国黄连王"拍卖；四是黄连系列产品展销及贸易洽谈；五是成立中国民族医药学会黄连研究会。

2003年9月6日，中国黄连利川论坛在利川市如期召开。参加会议的有：中国医学科学院教授、黄连之圣徐锦堂；中国民族医药学会会长诸国本教授、副会长孟重顺教授、副秘书长刘成启教授、开发部副

图9-6 2003年，徐锦堂在中国黄连利川论坛作《黄连的历史沿革及利川黄连栽培技术创新研究》报告

主任习静东教授；清华大学化学工程系郭志刚教授、化学系孙素琴教授；武汉大学中医学院詹亚华教授；湖北中医研究所所长王立群；湖北省药监局总工程师奚龙宝；武汉同济医学院院长吴继洲教授、书记王为成教授、张长弓教授；湖北民族学院药学院副教授张万福等。

从国内外赶来的经营商有：日本客商齐藤纪幸，扬明药业董事长覃太明，湖北怡康生物资源开发有限公司经理胡茂根，安徽亳州药业商会副会长冯学品、亳州客商詹银伯、詹柏玉、詹士民、詹荣彬，重庆石柱县政协主席冉隆柏，四川成都客商程高，重庆石柱客商李伟，恩施峰岚板党有限公司总经理谢华友等。

《人民日报》、《光明日报》、中央电视台、《中国中医药报》等十余家

新闻媒体进行了全程采访。

中国黄连利川论坛共有140余位嘉宾出席，在会上作了学术报告和黄连生产技术、黄连产品开发的经验交流。

徐锦堂在会上作了《黄连的历史沿革及利川黄连栽培技术创新研究》的学术报告，受到与会专家的高度评价。

2003年9月7日下午，是一个秋雨初霁的好日子。在利川市东城杨柳寺香连药业公司大门前，一尊以汉白玉雕刻而成的5.7米高的人物雕像已经落成，一幅娇艳的红绸覆盖塑像，等待着庄严的揭幕仪式。这位人物雕像的原型既不是政治领袖，也不是战斗英雄，而是一位著名的药用植物科学家。为健在的科学家塑像，是知识经济时代的新事物，是老百姓的一大创举。广大连农怀着对这位科学家的无限崇敬和爱戴心情，自发集资，以铭记这位来自北京，潜心高山八年，造福利川的科学家。他是连农心中的英雄，他是连农心中的财神。此时此刻，徐锦堂也站在人群中，心情尤为激动。他感谢连农的深情，感谢利川的厚意。中国民族医药学会会长诸国本和利川市市长孔祥恩将红绸缓缓揭下，徐锦堂和他的雕像同在，记者拍下了这珍贵的历史镜头。

黄连之王拍卖

2003年6月，为摸清野生鸡爪连的分布情况及生长习性，中国黄连利川论坛筹委会组织615名科技人员，156名乡村干部，28名离退休老同志，深入产连区和可能生长野生黄连的深山老林。在750名有丰富经验的药农导引下，踏遍密

图9-7 "黄连之圣"塑像落成典礼上，徐锦堂致答谢词

林沟壑，探寻高山峻岭，攀登悬崖峭壁，对传说中有老连生长的人迹罕至的地方寻仙觅宝。历时65天，行程18万公里，耗资数万元。苍天不负有心人，终于采集到420株极具价值的野生黄连标本。经有关权威专家从生态环境、生长年限、生物学特征及理化指标等方面进行全面检测后，确认编号为50的黄连为"中国黄连之王"。

本株中国黄连王，生长环境为纯野生状态。属典型的鸡爪连，株型极似鸡爪。株高40厘米，茎粗12厘米，单株净重482.5克，小檗碱含量为7.25%，生长年龄为19年，实属百年罕见，具有极高的药用价值和收藏价值。

在中国黄连利川论坛会议期间的"时代之夜"大型文艺晚会上，恩施州的金山拍卖公司主持了拍卖黄连王的仪式。药营商家纷纷竞买，最后以3.8万元的拍卖价成交，买主是扬明药业有限公司总经理周洪昊。

另外，在其他的药业经贸洽谈中，会议期间成功签署了1.5亿元合同。

时代之夜万民空巷

2003年9月6日夜晚，利川体育场内座无虚席，看台上座满了观众。露天广场里临时布置了上万只塑料凳子。露天舞台设在南面，前十排坐满了来自各地的上千名贵宾。闻讯而来的重庆、万州、黔江、湘南、湘西、张家界、武汉、宜昌、恩施及邻县市观众纷纷涌入利川，一时大小旅馆客店爆满，街上车水马龙，人山人海。

参加这次演出的还有演艺界人士刘欢、齐秦、张也、梁雁翎等。

论坛铭刻连农心

中国黄连利川论坛标志着利川以黄连为代表的中药材产业拥有了一个崭新的平台。呈现出四个显著特点：一是规格高。"黄连之圣"徐锦堂教授、中国民族医药学会会长诸国本教授，以及清华大学、华中科技大学同济医学院、武汉大学中医学院、武汉中医研究所、湖北民族学院等十多个院校、科研单位的资深专家现场讲演。规格之高，在利川尚属首次。专家们在论坛上就推广黄连的套种栽培技术、规范科学栽培方法、提高黄连质量产量、深化黄连科学研究和临床应用等方面，进行了高层次的学术交流，并受到与会者的广泛认同。二是范围广。参加论坛的140多名会议代表中，有政府领导、有企业家、有连农代表、有来自全国各地的客商，更有日本、美国远道而来的贵宾，群贤毕至，名士云集。三是学术气氛浓。通过学术交流，对黄连的历史沿革及定位、科研成果运用等方面，通过讲课、提问、讨论、田间指导等形式，在专家、连农、客商、企业之间得以充分交流。四是效果好。通过论坛，取得了一系列有利于利川黄连为代表的药业发展的实际效果，并产生深远的影响。

黄连研究会成立

2003年9月8日，中国民族医药学会和利川市人民政府，在利川宾馆隆重举行中国利川黄连研究会成立大会及第一届理事会议。来自中国医学科学院、中国民族医药学会、清华大学、武汉大学、武汉同济医学院、湖北中医研究所、湖北民族学院，以及北京、安徽、重庆、湖北、日本、美国等地的领导、理事、嘉宾等共200人出席了中国黄连历史上具有深远意义的会议。

中国民族医药学会黄连研究会是由从事黄连研究的专家学者及湖北省恩施州利川市各级药学工作者组成的专门从事黄连发源地——利川"南岸味连"研究的群众组织，是中国科协的团体会员，是国家保护、发展和研究地方黄连资源的重要力量。

论坛的成果

1.给利川黄连一个很好的定位。中国民族医药学会诸国本会长指出：利川是中国"南岸味连"的正宗原产地和主产区，是黄连栽培技术的原创地，是全国黄连产地生态保护的示范地。与会专家一致认为，利川享有"南岸味连"原产地权利，应成为国家相关部门认定原产地域保护的原产地、主产区。

2. 为黄连研究与开发建立了一个组织——利川市黄连研究会。研究会的成立，将为进一步提高黄连种植水平，规范种植行为，深化黄连研究与开发，打造黄连品牌，整合资源，壮大产业，利川建成名副其实的"中国黄连之乡"和药业大市起到积极的促进作用，为推动利川市药业产业化建设，提供了一个重要的平台，保证了工作持续、协调、稳定地发展。

3. 为加快药业产业发展积累了宝贵的经验。论坛以科技、绿色、经济为理念，是一次开放性论坛，突出了科学第一、交流第一的特点；为企业参与广告运作提供了平台，突出了品牌效应，以学术的方式赢得了药业经济发展的基础，为今后的招商引资工作打下了坚实的基础。

4. 引起了国内主流媒体的广泛关注。《人民日报》、《光明日报》、中央电视台科教频道及省、市各级主流媒体，先后对论坛进行了大篇幅的报道，论坛得到了世人的广泛关注，扩大了利川黄连的影响。

5. 开发出了一个好的黄连市场。利川汪营黄连交易中心于 9 月 8 日正式开市。目前，该中心运营情况良好，来自全国各大药市的 70 多位药商

图 9-8　2003 年，徐锦堂在他题写的"利川汪营黄连交易中心"大匾前与利川市领导合影

第九章　红霞满天

落户汪营，场均成交量10吨左右，均价110元／公斤。

6. 产生了良好的经济和社会效益。利川连农自发集资为黄连之圣——徐锦堂教授塑像，体现了利川人民对科学家的敬仰，同时也加深了以徐教授为代表的专家与连农、药商及政府的感情。不少教授表示愿为利川的药业发展提供智力支持，徐锦堂教授同意利川市政府在诚信发展、创新理念的工作基础上，合理使用"徐锦堂"牌注册商标，以推动利川药业快速发展。同时，还与友邻地区石柱县在发展黄连产业方面达成共识，为全国黄连产品系列开发打下一个坚实基础。

会议期间，代表们参观了徐锦堂当年的黄连试验基地——利川市福宝山药材场。徐锦堂抑制不住激动的心情，看到阔别了近20年的福宝山和福宝山的老朋友，看到这里发生的巨大变化。福宝山的盘山小路已修成便车道，民工正在沿途铺沥青马路。许多老药农从很远的分场赶来，一些老药农互相搀扶着来看望徐锦堂。多年没见面，他们拉住徐锦堂的手，流着激动的泪水。他们向记者介绍说："五六十年代徐老师上山和我们一样吃野菜、在半腿深的粪水中捞干粪做实验，我们是患难与共的老朋友。"

有七位老药农在山上没有见到徐锦堂，就包了一辆小面包车追到汪营。

图9-9 2003年，出席中国黄连利川论坛的代表参观福宝山药场人工造林栽连现场（右二为徐锦堂）

人太多了，维持秩序的警察挡住了他们。徐锦堂听说后很感动，会后又上山看了老朋友，住了一个星期。当时正逢中秋佳节，这是徐锦堂在福宝山过的第九个团圆节。药场和农民们特意为徐锦堂举行了土家族特有的、最隆重的篝火晚会。大家围坐在熊熊的篝火旁，跳起了土家族的甩手舞。皓月当空，欢声笑语，山歌此起彼伏，几十年的辛酸瞬间化作幸福的泪水。

参观结束后，大家又下山参加了汪营镇黄连交易市场的开市揭幕仪式。由徐锦堂剪彩并题写了"利川汪营黄连交易中心"的大匾。

黄连生态栽培技术研究成果鉴定会

2004年11月25日，中国利川"黄连生态栽培技术研究与推广应用成果"鉴定会在北京召开。会议由医科院何维副院长主持。全国人大常委会副委员长韩启德院士、肖培根院士、陈可冀院士、湖北省政协副主席丁凤英、卫生部科教司齐国民司长、国家中医药管理局房书庭副局长、中国中

图9-10　2004年，"黄连生态栽培技术研究与推广应用成果"鉴定会上，韩启德院士（中）讲话，肖培根院士（右）和湖北省政协丁凤英副主席（左）参加了会议

第九章　红霞满天

图9-11 2004年11月25日,陈可冀院士(右二)主持"黄连生态栽培技术研究与推广应用"鉴定会,与杨宗源教授(左一)、徐世明教授(左二)、诸国本主任医师等鉴定委员进行成果评价

药协会会长张洪奎、中国民族医药学会会长诸国本及利川市孔祥恩市长、药植所陈世林所长和田力书记参加了会议。

　　陈可冀院士作为鉴定委员会主任,主持了专家鉴定。专家委员会一致认为该项研究成果属我国首创,居国际领先水平。与会的专家领导都发表了热情洋溢的讲话,充分肯定了徐锦堂的科研工作。

　　肖培根院士在发言中说:"我与徐锦堂共事多年,深知他在天麻、黄连等药用植物研究中作出的突出贡献,获得了显著的经济效益、社会效益和生态效益,使许多产区贫苦农民脱贫致富,但他自己又得到什么呢?因此,科技体制的改革还任重道远。"

　　韩启德副委员长特别指出:我们除了要从学术上充分肯定黄连生态栽培技术研究并加强推广应用外,更重要的是要以徐锦堂教授为榜样,学习他实事求是的科学态度、严谨细致的治学方法、与天斗与地斗不怕牺牲的科学精神;学习他五十年如一日,做一个不计名利得失、不计个人荣辱,甘当默默无闻的"研究员"、农民致富的"技术员"、党在基层的"联络员"的奉献精神。这一点,特别值得我们年轻一代的科学家和科研工作者认真学习。最后他说:"药用植物栽培的研究,如局限在实验室,仅发表一些论文,是远远不够的,必须深入到产区,长期蹲点观察研究,踏踏实实、锲而不舍地作艰苦细致的现场工作……徐锦堂教授的研究成果,通过几十年大面积推广应用,理论结合实际,研究态度非常严谨,他的研究成果值得在更大范围内推广,他为科学献身的精神,以及一丝不苟的严谨学风更值得大家学习。宣传他的事迹对当前浮躁的学术风气应该说是一剂良药。"鉴定会取得圆满的结果。

20 年来,由于产区地形复杂,土壤质地和自然条件变化大,原有自然林分布的基础差异也大,而适合栽连的自然林面积越来越少,已经不能满足黄连持续发展和医疗用药增加的需求。同时,20 世纪 80 年代以后,农业生产结构发生了很大变化,由原来的药材场或人民公社的集体经营,变成分田到户、以户为单位的分散经营;许多农户不可能在自己分得的山地中,选出那么多适合栽连的自然林,这就要求能有更多的栽连模式供农民选择。

在林间栽连和玉米黄连套种研究成果的基础上,徐锦堂因地制宜,试验研究并建立适合各种自然条件的黄连生态栽培新模式,并保证栽连的经济效益和生态效益双丰收。利用自然林及人工造林栽连技术,人工营造用材林、经济林、木本药材林栽连,贝母、玉米黄连套种结合植树造林栽连技术、简易棚栽连技术、简易棚结合植树造林栽连技术。现在农户采用更多的是混合棚栽连方法。即在自己分得的土地上,适合栽树的地块就人工造林栽连,造的林中有小块遮荫不良的"天窗"就搭个简易棚,或栽些玉米遮荫栽连。在自己房前屋后栽各种果木林,再在林下栽上黄连。总之,他们根据分配给自己的山场因地制宜,共选择十余种栽连模式。

经过 20 多年的创新研究,黄连生态栽培技术更加完善,特别是简易棚栽连试验成功并大面积推广生产,取得非常好的效果。目前利川市简易棚栽连面积占黄连留存面积的 50%。另外,玉米营养钵育苗定向移栽技术试验成功,并与植树造林栽连相结合,结果玉米丰收,解决了口粮和牲畜精饲料短缺的问题,促进了畜牧业发展。畜多肥多,玉米、黄连产量提高;森林生长速度比同期单纯营造的林快一倍,黄连亩产量由 20 世纪 60 年代的 50—100 公斤,上升到现在的 200 公斤以上。黄连生态栽培技术发展成药、林、粮、畜四丰收，良性循环的栽连新模式。

2003年，利川市人大常委会专门下达文件，禁止砍伐森林栽连，大力推广生态栽连技术。全市森林覆盖率由20世纪80年代初的26%，到2002年提高到56%，受到国务院通令表彰。2001年被国家水利部授予"全国水土保持先进集体"称号，并被长江上游水土保持委员会命名为"长江上游水土保持重点防治工程样板县"。黄连生态栽培技术的推广应用获得显著的经济效益和生态效益，2003年全市黄连产值达2.78亿元，利川市30万药农脱贫致富。

《中国天麻栽培学》

图9-12　徐锦堂撰著和参与编著的部分著作

1993年1月，由徐锦堂、冉砚珠撰著的《中国天麻栽培学》，在北京医科大学中国协和医科大学联合出版社出版。全书共十章，46万字。这是反映我国天麻理论研究与栽培技术最新发展的专著。全书对天麻研究的历史沿革、形态特征、生物学特性、天麻有性繁殖与紫萁小菇等萌发菌的关系，无性繁殖与蜜环菌的营养关系，天麻种子伴菌播种技术，种麻伴菌栽培的各种技术、收获加工、真伪鉴别等都有比较全面系统的论述。也是从事天麻栽培技术研究和生产的工作者的一部重要参考书和技术操作指南，更是徐锦堂等人30余年天麻研究成果的总结、汇编。全书主要资料来自徐锦堂等人天麻研究与实践的第一手资料。比如一些专用名词，如米麻、白麻、箭麻、营养繁殖茎（营繁茎）、共生萌发菌（萌发菌）、菌床栽培法、伴菌播种技术，等等，都是徐锦堂根据形态或特性起的专用名词，因为这些专用名词不是植物学中规范的名词，如根、茎、叶、花、果实、种子等等。

《中国天麻栽培学》最大的特点是理论创新与经过实践检验的新技术方法介绍。读者既可丰富自己的理论知识，又可以按图索骥指导生产。

本书第一次揭开了天麻生活史的全部秘密，修正了天麻生长由蜜环菌提供营养的传统理论。证明在天麻种子发芽阶段，天麻种胚细胞消化了侵入的紫萁小菇的菌丝获得营养而发芽；而蜜环菌在天麻种子发芽阶段不但不提供营养，反而有明显的抑制作用。但种子萌发后的原球茎，开始第一次无性繁殖，分化生长出营养繁殖茎，萌发菌所提供的营养，已远远不能满足天麻无性繁殖阶段的需要，必须接上蜜环菌才能正常生长。这是天麻在漫长的物种形成过程中，适者生存的自然选择结果。因此，徐锦堂提出"天麻是先后靠双菌共生完成从种子到种子全部生活史的植物"的全新理论。

本书的栽培技术部分，全部经过了产区大面积栽培实践的检验，并具有简单易学，成本低收益高的特点。是实验室与田间实践完美结合的产物。

著名生药学家楼之岑院士生前为本书写的序言中写道：科研与生产密切结合、实验室的研究和产区试验密切结合，是他们多年从事科学研究坚持遵循的一条道路。研究课题也正是生产中亟待解决的难题，研究成果能立即推广于生产，并在大面积生产中得到验证，使理论能指导生产，生产中出现的新问题又能很快地反馈到实验室。同时他们的研究成果没有停留在礼品、样品、展品的"三品"阶段，深受天麻产区农民的欢迎。

时任卫生部部长陈敏章高度评价此书：这些重大科研成果在实践中广泛应用，也为陕、鄂、川山区的农民开辟了一条科技脱贫致富之路，受到天麻产区广大农民的热烈欢迎和赞誉。同时也创造了一个科研与生产、科研成果与推广应用紧密结合的成功典型范例。《中国天麻栽培学》作为一本科学专著，既有严谨的科学论述，又有大量的实践经验，图文并茂、深入浅出、操作性强，也是一本很有价值的专业技术参考书和工具书。为此，愿向广大读者推荐此书，并以此为序。

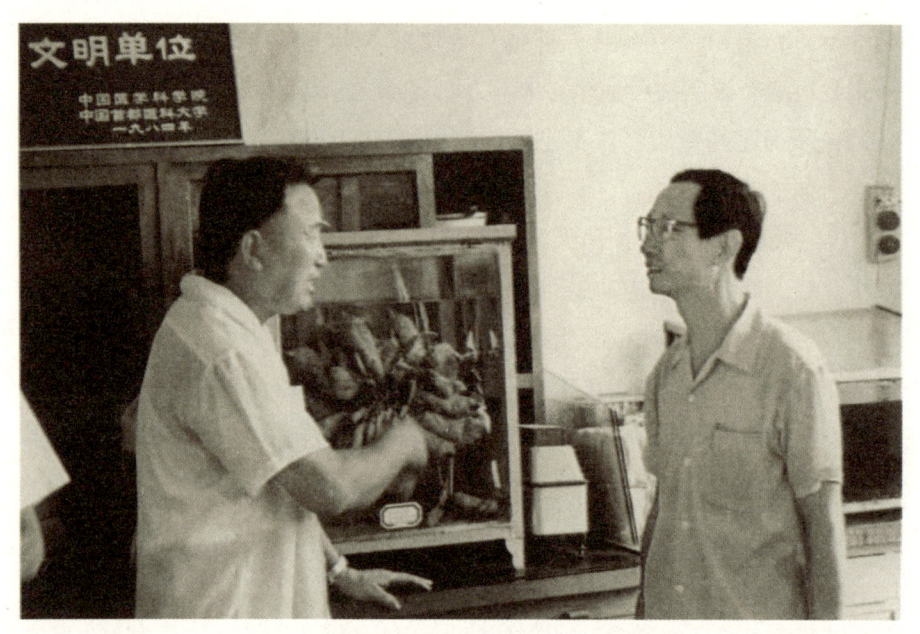

图9-13　1984年，卫生部陈敏章部长视察药植所真菌室，徐锦堂向陈部长汇报天麻有性繁殖研究成果

1999年，《中国天麻栽培学》荣获国家中医药管理局科技进步奖二等奖（中医药基础研究）。

《中国药用真菌学》

1997年12月，由徐锦堂主编、国内几十位知名专家参编的《中国药用真菌学》由北京医科大学中国协和医科大学联合出版社出版，本书是130万字的大部头学术专著。

徐锦堂作为中国食用菌协会常务理事、专家委员会副主任、药用真菌委员会委员，他为中国食用菌、药用菌的研究与开发做出了突出贡献，在天麻、猪苓研究上取得了开创性的成就。《中国药用真菌学》是徐锦堂几十年来在药用真菌科学领域研究与实践的经验积累和理论总结，它的出版受到许多国内外专家的好评。特别是徐锦堂的研究生和助手兰进教授，在编撰《中国药用真菌学》的过程中,从征稿、审稿到校对、出版,都做了大量的工作,付出了很多心血。

2000年,《中国药用真菌学》获北京市人民政府科技进步奖三等奖(科技专著)。

获何梁何利基金科学与技术进步奖

2002年10月16日,徐锦堂获得2002年度何梁何利基金科学与技术进步奖。

何梁何利基金是由何善衡慈善基金会有限公司、梁銶琚博士、何添博士、利国伟先生之伟伦基金有限公司,出于崇尚科学、振兴中华的热忱,各捐资1亿港元,于1994年3月30日在香港注册成立的社会公益性慈善基金。

基金的宗旨是通过奖励取得杰出成就的中国科技工作者,促进我国科学与技术发展,倡导尊重知识、尊重人才、崇尚科学的良好社会风尚,激励科技工作者不断攀登科学技术高峰,加速国家现代化建设进程。

图9-14 2002年10月16日,徐锦堂(二排左四)获何梁何利基金会"医学药学科学与技术进步奖"时在钓鱼台国宾馆合影

第九章 红霞满天

基金设"何梁何利基金科学与技术成就奖",授予长期致力于推进国家科学技术进步,贡献卓著,并取得国际高水平学术成就者。

基金设"何梁何利基金科学与技术进步奖",授予在特定学科领域取得重大发明、发现和科技成果者,尤其是在近年有突出贡献者。并按学科领域分设数学力学奖、物理学奖、化学奖、天文学奖、气象学奖、地球科学奖、生命科学奖、农学奖、医学药学奖、古生物学考古学奖和技术科学奖等奖项。

2002年第九届何梁何利奖开始提名推荐,徐锦堂查阅了评选章程和办法以及历届获奖科学家的有关资料,发现他们大都是我国顶尖的知名科学家,在各个科学领域作出了突出贡献,其中两院院士居多。与这些获奖者相比,他自愧不如。中科院院士黄量教授鼓励徐锦堂,经她提名推荐,徐锦堂申报了2002年度何梁何利科学与技术进步奖。9月,徐锦堂去山西参加药烟研究成果鉴定会,在车上接到老伴的电话,得知被授予2002年度何梁何利医学药学科学与技术进步奖。

10月16日,在北京钓鱼台国宾馆举行了颁奖仪式。人大常委会副委员长彭珮云讲话,她鼓励科学家发扬开拓、创新、求实、奉献的精神,为完成科教兴国大业,为中华民族的振兴和世界文明进步做出更大的贡献。

2002年获何梁何利基金奖的科学家共57名。其中获科学与技术进步奖中的医学药学奖共11人,徐锦堂有幸和中医研究院陈可冀院士同获此项奖励。

"天麻之父"

2001年5月中旬的一天,中国医学科学院药用植物研究所党委收到陕西省勉县张家河乡农民陈自乾、许文科等人的来信。他们把信同时寄到《科技日报》。2001年7月19日,《科技日报》以《我们要为徐老师塑像立传》为题,刊登了来信全文:

药植所党委、所领导：

　　我们是陕西省汉中地区勉县张家河普通农民，为完成山区父老乡亲的心愿，感激为山区农民开出了一条脱贫致富光辉大道的药植所教授徐锦堂老人，特致信药植所党委、领导——在这深山老林为徐教授塑像立传。

　　被人们称为"第三世界"的张家河，地处秦岭，山高林深，交通不便，文化落后，与世隔绝。即使在改革开放的今天，仍没有架通电网输送的高压电。农民除种一点零星庄稼外，再也没有什么收入。70年代初，你所徐锦堂老师来到了这个贫困的山区，开始了他的天麻研究生涯。

图9-15　2001年9月27日，由117名农民自发组织并集资的"天麻之父"汉白玉全身塑像揭幕典礼在勉县张家河乡隆重举行

　　天麻，过去被称为"神麻"，在自然界生长良好，一旦被挖回人工栽培，便踪影全无，被人认为天麻能飞会跑。徐老师不信这个邪。他考察的足迹踏遍了山山水水，发现这里气候适宜，四季分明，雨量充沛，不仅有丰富的森林资源，还有野生天麻分布，很适合天麻生长。他拜访了所有老农，终于发现"天麻与蜜环菌"的关系，总结出了一套较完整的天麻繁殖栽培技术。农民告别了过去自给自足的自然经济时代，广大农民把徐锦堂老师尊称为"天麻之父"：他打破了天麻不能人工栽培的神话。

　　他不顾70高龄，先后多次到汉中、略阳、宁强、张家河等地传授天麻有性繁殖技术，多次举办学习培训班，使农民掌握新技术，迅速脱贫致富。如今我们张家河，家家户户都种植天麻，成了我们的支柱产业，在全国出了名。每年到了采挖季节，成都、重庆、武汉、广州的客商都来收购。农民收入大大增加，靠种天麻盖起了房子，有的还住进了新楼房。有80%的农户买了摩托车，有的还买了汽车，许多农民都把子女送往几百里外的县城读书。

山里人有一颗纯朴善良的心，为了不忘帮助张家河农民过上好日子的"活财神"，我们的前辈和我们都有个心愿，等张家河农民过上好日子后，一定要在张家河给徐老师塑个像，让后辈儿孙饮水思源，不忘共产党，不忘徐老师。不忘药植所党委、领导培养的好干部，优秀科学家。

我们自发组织商量，在张家河塑"天麻之父徐锦堂教授"的大理石塑像。现已选好材料，开工雕塑，预计11月底完工，我们还将举行隆重的仪式。衷心希望药植所领导满足我们两代人的愿望，届时恭请所领导光临指导。

陕西勉县张家河农民陈自乾、许文科等

2001年5月13日

（原载2001年7月19日《科技日报》）

2001年9月27日，沉寂在秦岭深山之中的陕西汉中勉县张家河乡鞭炮轰鸣、欢声雷动，一座由117名农民自发组织并集资，为被誉为"天麻之父"的徐锦堂教授雕塑的汉白玉全身塑像揭幕典礼在这里举行[①]。

站在塑像下，塑像发起人之一陈自乾含着热泪说："今天我和乡亲们终于了却了一桩20多年来的心愿。我们能过上富裕的日子，全靠徐老师教会我们种天麻，感谢共产党培养出这样好的科学家！"

农民为自己心爱的科学家塑像在我国还是第一次。当谈起塑像的初衷时，陈自乾感慨万千："自古我们这里就有山无田，祖祖辈辈苦得很，吃的是苞谷（玉米）饭，住的是茅草房，连路也没有。1972年，徐老师翻山

---

① 《"天麻之父"徐锦堂》，光明日报，2001年12月29日。

图 9-16 "天麻之父"塑像落成典礼上，徐锦堂与张家河、金华庙、茅坝三乡塑像集资的群众合影

越岭来到我们张家河，白天手把手教我们种天麻，晚上办学习班讲天麻。自那以后我们就一天一天地富起来了。乡亲们盖房子靠的是天麻，娶媳妇靠的也是天麻，孩子上学靠的还是天麻。中国有句古训叫作'滴水之恩当涌泉相报'。可是我们对徐老师的恩惠却始终无法报答。后来乡亲们提议：就在我们这里为他塑个像吧，让张家河乡的人天天都能看到徐老师，让我们的子孙后代永远不忘徐老师！"

塑像底座正前方刻着"天麻之父徐锦堂"及其简历，左方和后方为集资人的姓名，底座右方雕刻着铭文：

> 秦岭南麓，黑河之源，乃勉县张家河、金华庙、茅坝三乡，方陆百余里，山大林茂。有史以来，居者刀耕火种，劳作不息，温饱难足。贫也！
>
> 天麻，誉之神麻，乃名贵之药，此间有野生分布，而懂其植殖者无，至尊师徐锦堂掘而探之始。
>
> 徐君山西人也，医科院教授，二十世纪七十年代，涉寻辖域山山水水，筛建金华药场为范。历数十载致力天麻研究，倍遭饥寒劳疲。

第九章 红霞满天

先出蜜环菌伴栽野生天麻家种法，后发明萌发菌伴播天麻种子有性繁殖技术，均授于民。天麻发展如添翼翅，日新月异。数十年来，师之萌发菌、蜜环菌广为民用，家家育菌、户户务麻，国策优、技高民勤，天麻生产再度质优品佳，量产丰广，已成本地主导产业，商贾云集，货流四海，取经者络绎不绝，名扬九州。

今，农居新房楼宅、行骑摩托、驾汽车、置家电、供子弟异乡求学成才者众，皆取于天麻、益于技术。子辈代代受益，师不可不谓致富之"活财神"也！

值民殷乡富之际，为弘扬科学精神，颂党之政策，念师之劳功，饮水思源，尽众民夙愿，督后人永记，塑像立传，铭以记之。

陈自乾　许文科等立
公元二〇〇一年九月二十七日

底座四方有四副发人深省的对联，饱含着大山里的药农们对徐锦堂的感激与褒奖，感人至深：

前方：晋中度寒窗立志报国　神州普科学福禄人间
左方：传科学功与后稷论　促经济绩和赵公评
右方：解天麻神奇千古之谜　除贫疾造福万载众生
后方：山河笑齐心共表千秋　明月照金菊溢香万年

塑像揭幕仪式上，陕西省汉中市人大常委会副主任徐登奎，是原天麻产区略阳县县委书记。他说："略阳县全是山区，今年预计天麻产值不少于6500万元，全县农民仅靠天麻人均收入就增加300元。目前天麻已成为汉中地区的支柱产业，是全国主产区，一些下岗职工也种起了天麻。徐锦堂教授为山区农民尽快脱贫致富，跑遍了我们陕南二十几个县的大部分山区，他不畏艰苦、不断创新的执着精神，常常使我们这些当地干部感到惭愧、受到鞭策……"

中国医学科学院党委宣传部长陈惠芬代表医科院和协和医大讲话。她感谢勉县人民对徐锦堂工作业绩的充分肯定和高度赞誉，并指出："这是一位科学家平生难得的最高奖赏，也是对我们院校广大科技人员最好的激励和鞭策。"

徐锦堂在致答词时首先感谢张家河群众给他这么高的荣誉，塑像只是个代表，他是汉中地区领导、科研技术人员、许多药农共同努力付出辛勤劳动的象征，他只代表我们的过去，未来的路还很长，需要我们继续努力。

药植所党委书记高海泉、勉县副县长、张家河区的领导都发了言。

《汉中日报》2001年10月13日发表了记者吕生杰、杜国平撰写的《天麻之父的不了情》，10月14日又连续刊登了"丰碑"的文章："9月27日勉县张家河乡政府驻地的马鞍山下，黑水河畔，当地群众敲锣打鼓欢庆一座塑像落成，……塑像非神非仙，正是被群众尊称为'天麻之父'的徐锦堂教授本人。为活着的科学家塑像，在我市尚属首次，在全国也不多见。徐锦堂教授是破译天麻生长之谜第一人。为了天麻研究，他失去了很多，三位亲人去世，三个孩子出生，他都不在亲人身边。他的无私奉献，赢得山区群众衷心爱戴。"

《光明日报》、《人民日报》、《经济日报》、《科技日报》、《健康报》、《中国中医药报》、《中国医药报》等多家报纸都发表了消息和照片。

2002年，徐锦堂收到原在汉中药材公司研究和推广天麻、也是徐锦堂的学生王吉荣从美国寄来的《人民日报》海外版，该版2002年12月4日发表了《农民自发为他塑像》的文章。

塑像落成期间，汉中地区秋雨连绵一个月不停，最使人担心的是去张家河没有柏油路，曲折的山路泥泞难行，若遇塌方进退不得。9月25日，徐锦堂与有关领导商谈，如果大雨不停，塑像揭幕典礼就放在勉县城内，开个座谈会就行了。26日中午，细雨纷飞，徐锦堂等人去汉中火车站接陈部长一行。他们下车后雨过天晴，连续停了一个下午和一个晚上。27日上午天高云淡，艳阳高照，十几辆越野车一字长龙驶向张家河。待山上塑像揭幕仪式圆满结束，车队下山，汽车由山间土路刚刚开上柏油马路不久，雨又开始下起来，又持续了半个多月，好像是预先安排好似的。

第二年，徐锦堂又上张家河，他听到了许多美好的传说："徐老师是有福之人，感动了天地"、"好人自有好报，好人一生平安"、"连下了五十多天的雨，中间晴了两个半天，徐老师塑像揭幕典礼感动了老天爷"……

"黄连之圣"

继陕西张家河117位药农集资为"天麻之父"徐锦堂塑像之后，黄连之乡的湖北利川人民也自发集资为"黄连之圣"徐锦堂塑像。

2003年9月6日下午，在利川市东城杨柳寺香连药业公司大门前、318国道线旁，落成一尊5.7米高的汉白玉雕像，被娇艳的红绸覆盖着，等待着庄严的揭幕仪式。当中国民族医药学会会长诸国本和利川市市长孔祥恩将红绸缓缓揭下，露出底座正面雕刻的"黄连之圣徐锦堂"七个鲜红的大字，两侧用中英文对照刻有铭文。

汉白玉雕像是利川福宝山药材场连农邱先林倡议，征集了419个单位和个人，共同集资五万余元雕刻而成的。

图9-17 2003年9月6日，在"黄连之圣"塑像揭幕典礼上，徐锦堂、武兰英夫妇在塑像前合影

铭 文

徐锦堂，1929年6月12日生于山西省五台县，1958年山西农学院毕业，中共党员，中国医学科学院教授，药用植物栽培专家，著名医学药学科学家。在我国黄连、天麻、猪苓研究中功绩卓著。曾获得国家发明奖、科技进步奖及部、省级成果奖13项，先后被授予全国"五一"劳动奖章、中青年突出贡献专家、全国优秀科技工作者、全国卫生文明先进工作者等荣誉称号。2002年荣获何梁何利医学药学奖。

1958年至1966年，徐锦堂教授在利川市福宝山药材场进行黄连栽培育苗、品种选育、棚架改革研究，试验成功了栽培黄连的玉米和造林遮荫技术、简易棚栽连法、林间育苗法和种子贮藏法，取得了天麻野生转家生等科研成果，特别是连、粮、林套作技术，改变毁林种连的传统方法，极大地刺激了黄连生产，推动了利川药业产业发展，保护了生态平衡的良性循环，是一次栽培技术的革命。他还采取多种形式向药农传授技术，用科技帮助群众致富，为利川获得"黄连之乡"美誉和拓宽山区经济致富门路做出了卓越贡献，赢得各族群众的尊崇与敬仰，被誉为"黄连之圣"。

那天，参加"中国黄连利川论坛"的全体代表参加了塑像揭幕仪式。锣鼓齐鸣，鞭炮震天，小学生给徐锦堂和夫人献上花环，孔祥恩市长发表了热情洋溢的讲话，并授予徐锦堂和他的夫人"利川市荣誉市民"称号和证书。

徐锦堂致答谢词时，眼含热泪，激动万分，他说："说再多的话都是多余的，我感谢利川人民给了我这么大的荣誉，感谢利川市历届领导对我科研工作的支持，感谢福宝山的人民在我离开20年后，仍没有忘了我。"

会后，《人民日报》、《光明日报》、《健康报》、《中国中医中药报》等十余家报纸都刊发了农民为科学家塑像的新闻和照片。农民自发捐资为科学家塑像，这不仅在利川，就是在全国也是凤毛麟角的事。

塑像揭幕当天还有一个小小插曲，它与"天麻之父"塑像揭幕的情况相似。黄连论坛开幕那天，上午大会发言，雨一直不停，可急坏了组委会人员。因下午"黄连之圣"塑像揭幕的日程已安排好,不能变动。药办刘应春主任只好买了100多把雨伞,准备每个代表发一把,冒雨举行庆典。吃罢午饭,天开始转晴,大家乘车去了现场,此时太阳突破云层,天气晴朗,塑像揭幕典礼圆满结束。代表上车回宾馆途中,雨点又开始下落。"圆满"就在这关键的两个小时的晴天!

翌年徐锦堂去利川,刘主任对他说:"好事感动了天地,好人自有好报。"

那100多把雨伞在与商店多次交涉后,终于退了回去。这成为"黄连之圣"塑像揭幕的一段佳话。

第十章
论文写在大地上

山 乡 变 迁

一个城里人不走进大山深处，不会知道什么叫贫困。懂得了贫困，就会领悟党中央每年的 1 号文件为什么总是农业，三农问题为什么是每个有觉悟的中国人应当具有的一份沉甸甸的责任。

如果你沿着他几十年在深山老林留下的足迹走去，你就会感到中国的富强多么需要徐锦堂这样的科学家。笔者有幸于 2013 年春天，沿着 30 年前春天曾经陪同徐老师走过的道路，到了汉中宁强和利川福宝山，今非昔比，感慨万千。当然，如徐老师本人与 40 年或 50 年前相比，更是沧海桑田，换了人间！

1984 年的春天，笔者之一作为宣传干部陪同徐锦堂老师从汉中到重庆，坐船到万县，再坐汽车到福宝山。从汪营往福宝山的路上，能够感觉到徐锦堂老师激动的心情，这是离家多年即将到家的情结。他说 1958 年第一次到福宝山考查时，砍山搭棚栽黄连，植被遭到严重破坏，到处荒山秃岭，老百姓生活非常苦。森林砍光了，福宝山药材场今后怎么办，领导发愁，工人也发愁。徐锦堂记得，1960年福宝山药材场全场总收入八万元。男壮劳力每月工资12元，妇女八元。当时徐锦堂无法想象，一个国营药材场男壮劳力每天工资才四毛钱，而辛勤劳作一天的妇女工资还不到三毛钱，用四毛钱或再加上三毛钱养活一家数口，那是什么样的日子？怎么过？

大山里听到的民谣让他终生难忘：福宝山来高又高，走路好像云中飘，山中么子都没有，只有蕨根和茅草。

那天汽车一到场部，徐锦堂立即被热情的干部工人包围了，一个大城市的知识分子与山里人感情如此深厚，着实让人感动。当地的干部工人向笔者介绍说：徐老师在我们最艰苦的时期，与我们同甘共苦了八年，他研究成功的自然林栽连、熟地栽连、黄连玉米套种、简易棚栽连和黄连种子湿沙棚贮与精细育苗技术，在福宝山和利川推广以后，黄连栽培大为改观。20多年的推广应用，山变绿了，水变清了。1984年，全场收入猛增到82万元，工人月工资平均50多元，有的工人超过百元。按当时的工资水平，北京比这个大山里的药材场工人收入并不多，无怪乎福宝山人对徐锦堂充满感激之情。

据2003年"黄连生态栽培技术研究成果鉴定会"资料介绍，仅利用"黄连种子湿沙棚贮与精细育苗"技术，福宝山的收入就十分可观。在适宜集中大量贮藏黄连种子湿砂棚贮技术的基础上，近年又规范筛选出适合于农民一家一户采用的黄连种子湿砂平袋浅贮的方法，提高了种子育苗率。福宝山种子育苗每亩播种五斤，可育苗七八十万株，还缩短育苗期一年。秧苗健壮，栽后成活率高，不但满足了全场用苗，还能大量向四川黄连老产区卖苗。黄连苗每万株120元，一亩苗可卖八九千元，大大增加了药农的收入。黄连种子育苗率提高了，种子有了富余，还可在初春黄连开始抽薹开花时，打掉花薹，以节省养分消耗，提高黄连产量。用打掉的花薹制作的黄连花茶，具有茶和药的功能，甫一推出大受欢迎，又给福宝山增加了一大笔收入。

2003年福宝山药材场有2260人，劳动力1600人。改制后土地归个人耕种，全场人平均年收入五千元，户均收入两万元，户存款数万元，多者达几十万元的家庭不在少数。2003 年，徐锦堂重返福宝山，亲眼看到一位商贩用 3.6 万元，向农民买了生长三年的 1.8 亩地黄连"青山"，自己采挖加工，农民一亩黄连净收入两万元[①]。

2013 年春天，徐锦堂采集小组一行来到福宝山时，印象最深刻的就是满目青山，碧水环流。从福宝山山门进入，蜿蜒的环山公路，其上被绿荫遮盖，一边由碧水环绕，这里已经成为湖北著名的漂流训练基地。若乘舟缘水前行，即达漂流的出发地。弃舟上岸就是库容几千万立方米的福宝山水库。静谧的青山之中，蓝天白云，湖光潋滟，宛若仙境，与 30 年前相比已有隔世之感。陪同的袁书记讲，全是生态栽连的结果。笔者感同身受。

1984 年春天，笔者之一与徐锦堂老师出差的第一站就是宁强。我们在阳平关下车，坐县里派来的吉普车沿川陕公路到了宁强县天麻研究所，并在所里住了大约三四天。一天午饭后，笔者正与徐锦堂老师在研究所外的路边，望着一片片金灿

图 10-1　1984 年，徐锦堂与宁强县曾家河乡马家湾村农民燕永瑞（左）在宁强天麻研究所合影

---

① 中国医学科学院院报，2003 年 12 月 11 日。

第十章　论文写在大地上

灿的油菜花攀谈，过来一位40多岁的中年人，到了跟前，只见他整整衣襟，恭恭敬敬地给徐锦堂深鞠一躬，弄得徐老师手足无措，一问才知他叫燕永瑞，是曾家河乡马家湾农民。他那年收获天麻1250斤，出售箭麻500斤，收入5045元，成了远近闻名的冒尖户。分家时，他进城用手绢包回三块手表，分给每个儿子一块。笔者急忙跑回研究所取来照相机，留下了二人的合影，也见证了天麻给当地人民带来的福祉以及那里的人民与徐锦堂的深情厚谊。

宁强县位于陕、甘、川三省交界处，有鸡鸣三省之说。它北依秦岭，南枕巴山，是个"八山一水一分田"的土石山区。境内重峦叠嶂，坡陡沟深，要发展粮食生产困难极大。但这里雨量充沛，气候温和，林特资源丰富，野生药材繁多，发展多种经营潜力很大。过去在一分耕地上下的功夫大，在八分山林上作的文章少，一般年景三分之一的村，人均口粮不足300斤，年人均分配收入不到40元。有些社队长期过着吃粮靠返销，用钱靠贷款的生活。如东风三队，年人均口粮200多斤，全靠野菜代粮度日。

1972年，徐锦堂在汉中的第一个试验点就在宁强县滴水铺公社东风三队。天麻无性繁殖固定菌床法、天麻有性繁殖树叶菌床法，都是最先在宁强研究成功和应用的。据统计，到1984年，全县共举办天麻栽培技术学习班100多期，有10000余人次参加了学习，最多的一次学习班有500多人参加。群众掌握了天麻栽培技术，栽培面积和产量不断提高。1983年全县天麻总产量达100万斤，其中商品麻45万斤，县药材公司收购39万斤，农民增加收入100万元。

滴水铺公社是全县的穷山区，过去农民吃盐买油靠砍栎林卖柴。重点发展天麻生产后，1983年天麻总产18.6万多斤，增值55万元，其中商品麻八万多斤，向国家交售近七万斤，收入17万元，占全社多种经营产值的80%以上。过去穷得叮当响的地方，而今买得起自行车、缝纫机、手表，修新房的人多了，农民存款的也多了。1981年遭受百年不遇的洪涝灾害，但全社人心稳定。农民感慨地说："这么大的灾荒，如果发生在十年前，不知有多少人要外流谋生，现在不仅没有逃荒的，还有钱买大米吃，多亏种天麻呀！"

1984年7月，宁强县人大常委会主任、原县长何汉民专程到北京，到药植所奖励帮他们致富的科研人员。医科院党委书记冯佩之同志听到这一消息后，指示药植所召开隆重的授奖大会，扩大在全所同志中的影响。1984年7月21日，药植所召开了全所会议，并请何汉民主任作了《关于同心协力搞科研，发展天麻生产》的报告。何主任说："这次，我受中共宁强县委、人大常委会、人民政府的委托，代表全县31万人民，专程来京，汇报我县与药植所天麻组，同心协力搞科研，发展天麻生产情况。同时，也是来向医科院药植所党政领导和全体同志表示衷心感谢和崇高敬意的。"何主任讲了宁强县天麻科研、生产情况和所获得的经济效益后，指出："尊重人才，尊重知识，重视研究成果，是对科研人员最大的支持。北京到宁强，迢迢三千里，徐锦堂同志每年都要来几次，累计行程不下十万公里。每次到县上，就立即投入紧张的工作，特别是20世纪70年代头几年，条件很差，生活艰苦，但他一头扎在点上，一干就是十几年，亲自动手搞试验，翻山越岭搞调查。全县大多数区乡都留下他的足迹，他一心扑在科研和生产上，深入实际，联系群众，艰苦奋斗，十几年如一日的好思想好作风，受到了我县广大干群的普遍赞扬。徐老师在我县从事科研工作，传授知识，培养人才，付出了很大劳动，作出了很大贡献，但他未收过一分钱的报酬，这是他高度责任感和强烈事业心的一种表现。"最后何主任说："吃菌子不能忘记树疙瘩[①]，我们不能忘记徐老师和天麻组的同志，他是我们繁荣山区经济、协助我们脱贫致富的活财神。为了表示我们的心意，宁强县人民政府决定，拿出3000元奖给药植所天麻组。另外，奖给徐锦堂同志彩色电视机一台，以表彰他们在帮助我县发展天麻生产中作出的贡献。"

现在一台彩电算不上奖励也构不成新闻，但在20世纪80年代，地方政府奖给首都的科研人员一台18英寸的彩色电视机在全国引起了相当大的轰动。7月21日，新华社发了通讯；《光明日报》、《北京日报》7月22日分别发表了《科技人员帮山区种天麻致富，宁强县派代表进京赠送奖

[①] 宁强人管木耳叫菌子，木棒树根叫树疙瘩。

图10-2　1984年7月，宁强县人民奖励徐锦堂一台18英寸彩电，成为轰动全国的新闻（左一程慧珍，左二冉砚珠）

品》、《首都科技工作者帮助宁强人民致富，宁强县政府代表来京向徐锦堂等人授奖》的新闻报道。笔者拍照的徐锦堂双手抱着彩电的照片，刊登在了当年7月29日《健康报》上。

陕西省勉县张家河区，地处秦岭深山之中。20世纪70年代初，区政府所在地张家河被黑水河相隔，只有一条铁索桥与外界相连。坑洼不平的土路只到黑河坝，剩下的几十里山路全靠步行，还得翻过海拔1800多米高的秦岭三道湾，处在与外界隔绝的状态。张家河离勉县县城不足200里，但是一些老人一辈子也没去过县城，没有见过高楼、汽车。村民之间联姻普遍，到处可见因近亲通婚的残疾人，有的一户就有几个。张家河的群众生活很苦，一年四季家家吃洋芋蛋（土豆），户户住茅草屋。区政府的一幢两层简易竹板小楼，是当地的最高建筑。到了晚上，全乡一片漆黑。

1972年，徐锦堂第一次到张家河时，觉得此地山大林深，有丰富的森林资源，黑油沙土壤肥沃，自然环境条件和气候条件都很适合天麻生长。这里野生天麻分布较多，天麻体形和质量都属上等。因此确定张家河继宁强县东风三队之后的第二个试验基地，大力推广天麻无性繁殖菌床栽培法。农民李宗贵、张翠英、陆化林作为天麻研究的联络户和技术员，动员家家户户种天麻。

白天，徐锦堂为农民办天麻栽培技术培训班，手把手教农民种天麻，晚上与老乡同吃洋芋蛋、睡稻草铺。由于自然条件得天独厚，以后的天麻有性繁殖——树叶菌床法也得到了有效推广。农民虽然不能准确分开有性繁殖各代的麻种，但由于自然选择的结果，使多代无性繁殖退化的后代自然淘汰。张家河的天麻保持优良种性和持续发展，其短粗的麻形受到客户的青睐。天麻采挖季节一到，成都、重庆、武汉、广州等地的采购商云集，给张家河的药农带来了丰厚的经济回报。

1998年5月，徐锦堂重返张家河。连日大雨将不足丈宽的山区公路冲坏，80公里的山路颠簸了半天才到达。看到站在路旁已等候了多时的李宗贵，大家的心情都格外激动。张家河大变样了，原来简陋的一条平房小街已变成林立的楼房，有两层的也有三层的。商店中的商品琳琅满目，姑娘们的穿着打扮颇为时髦。铁索桥不见了，代之以宽敞的水泥大桥。更使人惊奇的是，小伙子都骑着摩托车。天麻种植大户陈自乾，派小儿子骑摩托车去30里外的山下买来两个大西瓜招待客人。如今他家有两辆摩托，一辆吉普车，小儿子考上了广州的一所大学。

金华乡詹书记对徐锦堂说："过去张家河高中生都很少，现在出了四位大学生，多亏种天麻呀！"返回的路上，徐锦堂被金华村张村长硬拉到家里吃饭，他说："我1986年卖天麻收入四万元，培养了一名大学生，现在西安交大学习。我们现在吃、喝、穿、戴都是您给的，您是我们张家河的财神爷。"

略阳县位于陕西省南部，地处秦岭西段南麓，嘉陵江上游。1997年，略阳县委书记徐登奎派略阳食用菌开发中心主任何才章和地区药材公司生产科长傅世贤进京拜访徐锦堂。递上徐书记亲笔信，希望徐锦堂协助略阳发展天麻生产。徐锦堂慨然应允，并建议除天麻外，还应发展栽培与天麻生长条件相似的猪苓。

不久，徐锦堂赶赴略阳举办了天麻、猪苓栽培技术培训班，主要推广天麻有性繁殖伴菌播种技术和猪苓半野生栽培方法。有200多位农民听了

图10-3 1997年，在略阳县举办的"天麻有性繁殖及猪苓人工栽培技术培训班"上，徐锦堂向农民讲解示范天麻种子伴菌播种方法

他的讲课，促进了当地的天麻生产。徐锦堂除在县城举办多期培训班外，还赴九中金、郭镇等乡镇多次举办培训班，手把手教农民栽天麻。

略阳县食用菌中心菌种厂，引进药植所真菌研究室的蜜环菌Am23-4号菌株、萌发菌GSF-8103号、GSF-8104号菌株及菌种生产的全套技术，扭亏为盈，扩大了企业经营，并为农民提供了优质的菌种。由于略阳县采用蜜环菌和萌发菌伴播新技术，天麻生产的面积和产量一跃超过宁强和勉县。到1999年，全县有性繁殖种子播种5.2万穴，翻窝总数达到58万穴，产值达2088万元，全县平均每人增收300元。

略阳县一跃成为汉中天麻生产第一大县，与县委书记徐登奎的重视密切相关。他除了邀请徐锦堂全面指导天麻生产外，还聘请了地区傅世贤、李树森、周志强、张前福四位专家组成顾问组，掌管菌种生产，负责天麻技术的推广工作。四位专家深入到天麻生产第一线，付出了辛勤的劳动和智慧，功不可没。每次开天麻会和举办培训班，徐书记都要参加，并抽出许多时间解决天麻生产中存在的问题。如协调各种矛盾、筹集资金、调配人员,并陪同徐锦堂到各地传授技术等。正是有了徐书记的重视和县食用菌中心菌种厂的努力,略阳的天麻产量猛增至全地区首位,成为全国天麻主产区。

2000年,略阳县成为全国第一个通过天麻GAP认证的县。药用植物研究所与略阳县食用菌开发中心共同上报"天麻种子与真菌共生萌发及生长机理和纯菌种伴播技术研究与应用"成果,该项研究获得2000年度国务院颁发的科技进步奖二等奖。

2001年11月16日,略阳县召开隆重的"杰出贡献科技人员"颁奖大会,徐锦堂被中共略阳县委、略阳县人民政府授予全县唯一的最高奖,并颁发了荣誉证书和两万元的最高奖金。县委书记在讲话中指出:"徐锦堂同志在'九五'期间的科技兴略工作中,作出了显著成绩,授予他'杰出贡献的科技人员'奖。"

2002年10月20—22日,由中国民族医药学会、中国中药协会、汉中市人民政府主办,在略阳县召开了"国际天麻学术研讨会",有韩国、美国友人及全国天麻科研、生产、制药等有关专家和科研生产工作者200余人参加,民族医药学会诸国本会长主持会议,有十余篇论文在大会上宣读。徐锦堂作了《名贵中药——天麻栽培研究回顾与展望》的发言,与会代表参观了天麻栽培现场,高度评价天麻科研工作和略阳县天麻生产对全国医疗用药所作出的贡献。会上授予原汉中地区药材公司经理李怀录和宁强县县长张国栋"突出贡献金牌",授予徐锦堂"杰出成就奖"和金牌。

还青山绿水

利川位于鄂西南隅,地处巫山与武陵山余脉交汇部,为八百里清江发源地。面积4612平方公里,人口83万人,其中少数民族占46%。境内四周高山环抱,中部平坦开阔,平均海拔1200米,属亚热带大陆性季风气候。在第四纪冰川时期,因有大巴山系巫山山脉作屏障,除未受直接的

图10-4 原来荒芜的福宝山，现在已成为旅游胜地（每年接待武汉、重庆、万县等多批游客以及学生实习，这是福宝山山门）

冰川破坏外，受山地冰川寒流的影响也极其微弱，使利川成为第三纪植物的"避难所"，给珍稀濒危植物的生存繁衍造就了一个得天独厚的地理环境。至今仍保持世界唯一现存的水杉原始种群和全国罕见的珙桐、秃杉、莼菜、红豆杉、银杏、钟萼木、黄连等古老珍稀濒危保护植物37种，中草药植物资源1361种，素有"华中天然药库"、"水杉之乡"、"莼菜之乡"、"坝漆之乡"和"黄连之乡"的美誉。就是这样青山绿水、世外桃源般的地方，自清代大面积栽培黄连以后，砍林搭棚遮荫栽培黄连，青山不再，绿水成浊。特别是大炼钢铁以后，日甚一日，面目皆非。

从1959年开始，徐锦堂等科研人员大胆进行农田栽连试验和黄连棚架改革，创建了一套完整的适合利川自然地理环境的黄连生态栽培新模式，从根本上解决了林药矛盾，既扩大了药材生产，又保护了自然环境，结束了森林破坏和水土流失的历史，被称作徐锦堂模式。

据2004年《黄连生态栽培技术研究与推广应用成果鉴定会资料汇编》统计，推广应用黄连生态栽培技术，利川市的森林覆盖率由20世纪五六十年代的25%，恢复到了现在的56%。按每公顷黄连棚架需要150立方米木材毁三公顷森林计算，应用生态栽培黄连4467公顷，年起挖黄连893公顷，可保护森林活立木蓄积量67万立方米，减少土壤侵蚀13400公顷，每年可产生活立木12万立方米，减少水土流失1340公顷。按活立木200元/立方米和林业生产平均收益282.17元/公顷，保护森林活立木蓄积价值13400万元，创造森林年生物生产量价值2400万元，减少水土流失价值 37.82 万元，不计涵养水源，氮、磷、钾养分，固定 CO_2 等的价值，每年即可产生生态功能间接经济价值 15837.82 万元，每年给全市人均创造生态效益 191 元以上。

据利川市统计报告，2003 年底利川市黄连精细育苗 135 公顷，按每公顷 750 万株、每万株 100 元计算，可提供连苗 101250 万株，供 15577 公顷大田用苗，创造经济价值 1012.5 万元。应用生态栽培技术发展黄连 4467 公顷，年起挖黄连 893 公顷，黄连年产量 2680 吨，按 2003 年市场价 100 元/公斤计算，可产生经济价值 26800 万元。黄连秧苗和黄连生产两项，每年即可产生直接经济价值 27812.5 万元，每年为全市人均增加收入 335 元。

由此可见，黄连生态栽培技术每年可带来生态、经济和社会综合价值 50340.32 万元，为全市人均创造价值 606.51 元，全市 30 万药农因种黄连

图 10-5　原福宝山口一片荒芜，只有一小股泉水，叫"一碗水"。（徐锦堂在此水中发现了莼菜，现成为利川市出口的大产业，每年大量出口日本，山泉水成为莼菜加工的唯一水源。在福宝山山口的一片林海中，其中心区可见一块栽培黄连的简易棚）

而发家致富，对推动利川乃至全国产连地区的可持续发展，彻底改变山区面貌贡献卓著。

利川是长江中游第二大支流清江的发源地，也是重要的水源涵养区，生态栽连对长江中下游地区和三峡库区的安全起着重要的作用；1998年对长江防洪曾作出过重要贡献，受到国务院的通令表彰。

黄连老产区黄水农场，由于种种原因未采用生态栽连模式，仍然沿袭搭棚栽连旧方式，黄水镇1980年以前所建的多个蓄水塘堰，因泥沙淤积有90%已不能发挥作用，年年都有或大或小的滑坡现象发生，有近30%的河段河床裸露。

2003年，陈桂芳和冉成在《云南地理环境研究》上发表"黄连种植对生态环境影响的初步研究"，对仍然采用传统方式栽连的四川省石柱县黄水镇，黄连栽植各年水土流失状况测量，第一年土壤侵蚀模数为5360t/km^2，第二至四年为2740t/km^2。

硕　果

徐锦堂被誉为医科院的获奖专业户，与其比肩者鲜矣。如果问聪明和勤奋作用孰轻孰重，勤奋肯定起着主要作用。在同等的时间岁月，他用于工作上的时间是常人无法想象的。徐锦堂家住长辛店，在西北旺上班，回趟家要换五次公共汽车，需要三个小时。因此他平时回不了家，只有星期六才能与家人团聚。有人做过这样的统计：蹲点八年，每年出差八个月，在北京四个月中，除了写一年总结、做来年的试验计划，还得加班做室内试验，只有周末才能与家人团聚。算下来，四个月16个星期日，加上新年两天、春节四天假，全年在家一共22天。这是第一个无法想象[①]。

第二个无法想象是：1959年春天，他就要到黄连产区蹲点去了，一

---

① 中国医药报，2005年9月23日。

走就是八个月。为了安顿好即将分娩的妻子，他退掉市区离研究所很近的两大间宿舍，在远离市区的长辛店租下一间农民小屋，因为他无法照顾妻子，只有把家安在妻子的工厂附近。期间妻子因难产已经一个昼夜了，他在黄水农场山区，催促他回家的电报，接到时已经是三天之后，当时他还想没有向单位请假怎么能擅自离岗呢？再说该出事也出了，他只好回电报："我回不去，只有依靠大夫依靠党。"但他彻夜难眠。现在每当谈起此事或看到电视妇女生孩子的画面，妻子都会流泪。因此，成果是他用汗水浇灌的花朵，用荆棘编成的花环！

1958—1998年获科技奖和荣誉奖（退休前）

获奖项目	奖励名称	等级	排名	时间	颁奖部门
天麻野生变家栽的研究	全国科学大学奖		1	1978	全国科学大会
天麻有性繁殖——树叶菌床法	国家发明奖	2	1	1980.12	国家科委
栽培黄连的玉米和造林遮荫技术	国家发明奖	3	1	1984.6	国家科委
黄连栽培技术研究	全国医药卫生科学大会奖		1	1978	全国医药卫生科学大会
天麻有性繁殖树叶菌床法研究	科技成果奖	1	1	1979.5	陕西省人民政府
天麻种子共生萌发菌的发现及应用研究	科技成果奖	甲等	1	1986.12	卫生部
天麻与紫萁小菇、蜜环菌营养关系及其在栽培中的应用	科技进步奖	3	1	1989.12	卫生部
猪苓繁殖、生长、营养及半野生栽培技术研究	科技进步奖	3	1	1992.7	卫生部
天麻种子与紫萁小菇等萌发菌伴播技术推广研究	科技进步奖（推广应用项目）	2	1	1994.12	卫生部
贝母加速繁殖技术的研究	科技进步奖	2	参加	1989.12	卫生部
中青年有突出贡献专家				1984	人事部
1984年度北京市特等劳动模范				1985.2	中共北京市委北京市人民政府
全国优秀科技工作者和五一劳动奖章				1985.4	中华全国总工会
优秀共产党员				1986.6	中共北京市委

续表

获奖项目	奖励名称	等级	排名	时间	颁奖部门
全国卫生文明先进工作者				1986.12	卫生部
北京市高教系统教书育人先进工作者				1988.9	北京市委教育工作部、北京市高等教育局、中国教育工会北京市委员会
政府特殊津贴				1990.7	国务院

1998—2006年获科技奖和荣誉奖（退休后）

获奖项目	奖励名称	等级	排名	时间	颁奖部门
《中国天麻栽培学》	科技进步奖（中医药基础研究）	2	1	1999	国家中医药管理局
《中国药用真菌学》	科技进步奖（科技专著）	3	1	2000	北京市人民政府
天麻种子与真菌共生萌发及生长机理和纯菌种伴播技术研究与应用	科技进步奖	2	1	2001.2	国务院
黄连生态栽培技术研究与推广应用	科学技术奖	2	1	2005.11	中华中医药学会
地奥药学科技奖（中药）	突出成就奖			1999.1	中国科学技术发展基金会药学基金发展委员会、中国药学会
天麻、猪苓和黄连栽培技术的研究与应用	仲景中医药杰出成果奖			2001.11	中国广州仲景中医药奖励基金会
天麻研究	杰出成就奖			2002.10	国际天麻学术研讨会
何梁何利医学药学奖	科学技术进步奖			2002.10	何梁何利基金会

主编与参编的主要著作

编号	名　称	出版社	日　期
1	药用植物栽培	人民卫生出版社	1959 年
2	黄连	农业出版社	1963 年
3	天麻	人民卫生出版社	1973 年
4	中草药栽培技术	人民卫生出版社	1979 年
5	中国农业百科全书·农业气象卷（上册）	农业出版社	1986 年
6	天麻栽培技术	农业出版社	1987 年
7	药用植物栽培与加工	科学普及出版社	1990 年
8	中国农业百科全书·农作物卷（上册）	农业出版社	1991 年
9	中国农业百科全书·农作物卷（下册）	农业出版社	1991 年
10	中国药用植物栽培学	农业出版社	1991 年
11	中国天麻栽培学	北京医科大学中国协和医科大学联合出版社	1993 年
12	北方食用菌栽培	中国科学技术出版社	1994 年
13	中草药现代研究（第一册）	北京医科大学中国协和医科大学联合出版社	1995 年
14	中国药用真菌学	北京医科大学中国协和医科大学联合出版社	1997 年
15	中华本草（精选本上册）	上海科学技术出版社	1998 年
16	中华本草（精选本下册）	上海科学技术出版社	1998 年
17	中华本草（平装本）	上海科学技术出版社	1999 年
18	中草药种植技术指南	中国农业出版社	2000 年
19	药用真菌实用栽培技术	中国农业出版社	2001 年
20	天麻栽培技术百问百答	中国农业出版社	2006 年

结 语
解决生产难题是我一生的追求

　　1992年7月，著名药学家楼之岑院士欣然为《中国天麻栽培学》作序。楼先生作为相知相熟的同道长者，序言颇似他的语言风格，言简意赅、一语中的。四个自然段的序言，用三段把徐锦堂的科研特点与成就取得进行了概括与总结，因此辑录于此：

　　　　科研与生产密切结合、实验室的研究和产区试验密切结合，是他们多年从事科学研究坚持遵循的一条道路。研究课题也正是生产中急待解决的难题，研究成果能立即推广于生产，并在大面积生产中得到验证，使理论能指导生产，生产中出现的新问题又能很快地反馈到实验室。同时他们的研究成果没有停留在礼品、样品、展品的"三品"阶段，深受天麻产区农民的欢迎。

　　　　长期坚持，是他们从事科研工作的另一个特点。三十多年来，在天麻研究的历程中，徐锦堂教授在贫困的山区坚持长期蹲点二十余年，排除了一切干扰，克服了许多想象不到的困难，潜心研究，孜孜不倦，取得了一个又一个科研成果，是非常难能可贵的。天麻、黄连、猪苓的研究，都获得了国家二、三等发明奖和卫生部科技成果奖。

　　　　《中国天麻栽培学》是徐锦堂教授及其助手和协作者们，三十余年科研工作经验和教训的总结，理论阐述明确、技术先进实用，论证有据、内容丰富、图文并茂，很值得药物工作者、特别是从事中药科研和栽培的同行们参考，并可作为专业大专院校的教科书，我借此书出版之际，特向徐锦堂教授在科学事业中所取得的卓越成就表示祝贺，并立此言为序。

2004年，11月25日，在"黄连生态栽培技术研究与推广应用"成果鉴定会上，全国人大常委会副委员长韩启德院士这样评价徐锦堂的研究工作：

> 药用植物栽培的研究，如局限在实验室，仅发表一些论文，是远远不够的；必须深入到产区，长期蹲点观察研究，踏踏实实、锲而不舍地做艰苦细致的现场工作。徐锦堂教授为科学献身的精神以及一丝不苟的严谨学风，对当前浮躁的学术风气应该说是一剂良药。他的事迹使我再次感受到科学技术对国家经济、社会、对老百姓生活改善所起到的巨大作用。陕西勉县、湖北利川农民自发集资为徐教授雕塑"天麻之父"、"黄连之圣"汉白玉雕像，为其立碑铭记，表达了广大人民群众对这位人民科学家由衷的敬意。

（原载2005年9月23日《中国中医药报》）

确实，无论在与徐锦堂教授相识的几十年中，还是到黄连天麻产区进行采集，我们都有楼之岑先生与韩启德院士同样的感触。用徐锦堂教授自己的话说就是：我的科学研究过程，就是在生产中发现问题、千方百计解决生产问题的过程，解决生产难题是我一生的追求。他像战士一样攻坚克难，不论多坚固的堡垒也要拿下，不把问题留给后人。正是这种追求，使他为国家创造了巨大的经济和社会效益，获得了令人惊羡硕果。梳理他的成功之道，对国家对社会对后来人大有裨益。

社稷为先　自揽难题

经历了颠沛流离居无定所，举债读书无奈辍学的年代，又是新中国让徐锦堂重获新生，所以新中国成立后在学校他努力学习，在业余时间他大力宣传国家的方针政策，为宣传新婚姻法、为抗美援朝募捐竭尽全力。走上工作岗位后，为新中国添砖加瓦的责任感处处体现。黄连、天麻课题本来与他毫不相干，他也体验了产区工作的艰苦，明白必须做出长期抛家舍业的牺牲，但是他见不得因为种黄连造成的荒山秃岭水土流失。他毅然主动请缨，远离首都北京到四川和湖北的深山老林长期蹲点。作为农大毕业生，徐锦堂清楚黄连生长周期是五至六年，重复一次试验起码需要十多年，失败两次就要在山沟里蹲点将近20年，人生最宝贵的时期就要在深山里度过了。可是他义无反顾毅然决然地选择了蹲点，选择了国家的需要，选择了解决生产亟须的难题。这需要强烈的责任意识和坚毅的奉献精神支撑，因为毁林搭棚栽连已经几百年了，身边没有一个同行，即便是提供一点可借鉴的经验也没有。与此同时，他也别指望从图书馆、从教科书中找到解决方案。

  天麻项目更是如此。就因为听说国家需要人工栽培天麻，在研究所没有立项、没有一分钱科研经费的情况下，他居然自掏腰包做起研究来。由于是这样做起来的科研，徐锦堂必然把解决生产中的难题继续"大包大揽"，自然不会写几篇论文，然后束之高阁，心安理得了事。

  生产中出现的问题是层出不穷的。比方说：自然林栽培的黄连苗壮生长起来了，可是大雨淋死淋不死？光长叶子不长根茎怎么办？天麻无性繁殖固定菌床法大获成功，却发生了种麻的退化，如不及时研究出有效办法，大面积减产甚至是绝收的局面都会出现！然而，正是生产中的问题步步紧逼，徐锦堂义无反顾地步步紧跟，让他迅速准确地捕捉到了下一个课题。解决"下一个课题"，即生产中的问题，他就比同行更直接、更快速地接近终极目标。徐锦堂以获奖多著称，曾有熟悉他的人戏称他是医科院的"获奖专业户"。其实把他的科研成果以时间线索排列开来，"下一个课题"与"下一个成果"几乎是并行的，甚至是可以画等号的。他成果多的"秘密"，就是他能迅速准确找到下一个课题是什么、难点在哪里，他走的是弓弦，有的人往往走了弓背。人生苦短，几个弯路下来，人与人的差距就无法逾越了。

  为什么徐锦堂顺风顺水走弓弦？其实搞应用型研究的人，应当把国计民生、工厂或田间亟须解决的问题，始终当作自己的"下一个课题"，就一定会将聪明才智变成促进国家进步的硕果，得到社会应有的回报。

正所谓：人间正道是沧桑。

坚持不懈　无欲而刚

徐锦堂教授从事科研的时期，社会生活极不正常，政治运动频仍，动辄得咎。科研人员在艰难的科学探索同时，还要背负着沉重的政治负担。比如：1972年和1975年，天麻研究两次要下马都被徐锦堂顶住了。尤其是1975年为搞荒唐的"百草园"，"革委会"已经决定天麻研究下马，徐锦堂偏偏反对。如果"上纲上线"，把他与反对搞"百草园"挂起钩来，那么问题的"性质"就变了，别忘了他还是"臭老九"呢。

还有，1973年后，徐锦堂的天麻无性繁殖固定菌床法成功之后轰动汉中，地方政府当作"拳头产品"来抓，用政治运动的形式推进。农民种天麻，干部教师也有种天麻的任务。生产扩大，种麻缺乏怎么办？大搞群众运动，大冬天里发动万人上山，身背干粮，夜宿山洞，漫山遍野采挖野生种麻。这种竭泽而渔、毁灭式的做法，下一步就是野生天麻资源枯竭，种麻愈加匮乏。此时，徐锦堂提出了天麻有性繁殖的观点，因为他发现了多代无性繁殖种麻退化的趋势，如不及时采取办法，不久将出现大面积减产的危机。而且，种麻的解决也必须走有性繁殖之路。

当时干部群众不知道什么是有性繁殖，搞不清楚为什么多代无性繁殖种麻必然退化，更没有看到大面积减产，而全国各地的天麻专家也不认同徐锦堂的说法，加之轰轰烈烈的"群众运动"已经"如火如荼"，谁反对谁就可能戴上"给群众运动泼冷水"、"反对群众运动"的政治帽子。宁强县领导两次在大庭广众之下不点名批评徐锦堂，最长一次连批两个小时。他已经"四面楚歌"了，没有几个人敢于公开支持他，甚至公开为他说句话。但是徐锦堂相信自己是对的，不论自己受多大委屈，也一定不能让老百姓减产绝收。不能明着搞试验了，他躲到山沟里干。他的执着换来巨大的成功——天麻有性繁殖树叶菌床法，后来获得国家发明奖二等奖，1984年被中华医学会等学会和《健康报》评为"建国35周年全国二十项重大医药科研成果"之一。

以上仅仅是徐锦堂"敢冒天下之大不韪"的几个片段，可说的还有很多。为什么徐锦堂能"笑到最后"？他的勇气源泉在哪里？可以归结为：追求不懈，无欲则刚。

艰难困苦　玉汝于成

凡是对"三年自然灾害"有记忆的人，一生难忘那段岁月。应当说徐锦堂职业生涯第一个考验就是饥饿——连续三年的饥饿。1959年，他在四川湖北蹲点时，与当地工人按一样的定量吃饭——黄水农场每月19斤粮，福宝山药材场每月15斤粮。强体力劳动、没有副食、每天半斤粮食怎么过的？福宝山药材场颇能吃苦的当地人，有近一半的人扛不住跑下山了。徐锦堂为了事业仍然坚守着。

饿肚子仅是"考验"的一部分，为了与工农"三同"、"脱胎换骨"，徐锦堂的付出甚至让当地人瞠目结舌：为了节省从黄水农场到福宝山药材场往返的时间，他一天居然能走170里山路。为了捞贝母试验需要的干粪，在当地人都不愿意干的情况下，他跳下粪坑带头干，以及江中遇险、林中遇匪、遇金钱豹，等等。他以"虽九死而不悔"的精神，将人生最艰辛的八年，演绎成青春绽放的八年。

黄连的研究，彻底结束了几百年毁林搭棚的栽培方式。自然林栽连、熟地栽连与黄连套种、简易棚栽连、黄连种子湿沙棚贮与精细育苗，共同形成了被誉为"徐锦堂模式"的生态栽连技术，其巨大的生态效益，可以说是功在当代，利在千秋。在天麻研究上，他在湖北利川时期基本摸清了天麻生长环境和繁殖规律，天麻野生变家栽1965年首次成功。

移师汉中之后，他先后完成了天麻无性繁殖固定菌床法、天麻有性繁殖树叶菌床法，彻底解决了天麻的供需矛盾。在理论上，他证明了促进天麻种子发芽的是萌发菌（小菇属真菌），不是蜜环菌，修正了天麻一生离不开蜜环菌的传统观点；他对天麻种子萌发菌的发现、分离、筛选、鉴定，终于揭开了天麻生活史的全部奥秘，获得了国际声誉。

天道酬勤，付出与回报是成正比的。

把以上三点归纳为三句话就是：强烈的责任意识，求实的工作作风，百折不挠的奋斗精神！

附录一 徐锦堂年表

1929 年

6月12日（农历五月初六）出生于山西省太原市三桥街，原籍山西省五台县建安乡大建安村。姐弟三人，大姐徐春梅、二姐徐春莲。

父亲徐步青（1891—1944），原名徐凌云，山西省五台县大建安村人。由于家境贫寒未能上学读书，以锔碗钉秤手艺谋生。民国初年，适逢山西省度量衡改制，赚了一笔钱，还清几代人的借贷，在太原与人合伙经营"万丰泰"木器商行，后组建"西北民生工厂"，任掌柜（经理），有100多架织布机和两台电动弹花机，工人200多人。主业织布、弹（棉）花、织粗毛毯。

母亲康还锁（1898—1975），五台县张家庄村人，三岁丧母，15岁时与大她七岁的徐步青结婚。家庭妇女。

1935 年

春，全家由太原三桥街搬到现门前街西北民生工厂后院。

9月，入太原市天平巷小学上学。

1937 年

7 月，日寇侵华，工厂陷入停顿。徐步青带领全家和伙计共 15 口人，逃到晋西隰县石家庄村。

8 月，二姐徐春莲染伤寒病逝。

1938 年

日寇侵犯隰县，全家逃到离隰县城 40 里的深山小村——宋家河。

1939 年

3 月，和石家庄村四五个小孩搭伴，到五里地外的车家坡上小学读二年级。

1940 年

逃难至一家村住了半年后，全家搬到距隰县城两里的窑上村。

2 月，上隰县城关民革两级小学读二年级，学习成绩很好，几乎门门优秀。

1941 年

7 月，学校成立高小，选拔初小成绩好的学生，直接升高小。徐锦堂被选上，读五年级，跳了两级，许多课听不懂，功课跟不上。

1942 年

3 月，隰县城关民革两级小学改为省立第三小学，读六年级，功课仍然跟不上。

1943 年

7 月，在省立第三小学毕业，未考上初中，只考入进山中学补学班，去 100 多里外的大麦交镇进山中学西校（分校）上学。此时学习努力，成绩较好。

1944 年

5 月，进山中学西校学生断粮，学生们从几十里外背土豆吃。

6 月，学生中传染斑疹伤寒。染病的徐锦堂被父母接回隰县窑上村，不幸徐锦堂传染了全家。父亲病故。

病好后与人合伙租种几亩菜园，还赶着毛驴和骡子到黄河畔的中阳县三交镇贩盐，维持全家生活。

1945 年

9 月，抗日战争胜利，一家人返回太原。

1946 年

7 月，在母亲的坚持下考入太原中学进修班读初中。

1947 年

解放军围城，仍在学校上课，节假日做小工，吃的是黑豆饼和酱油渣。

1948 年

因贫辍学，在人市上靠出卖苦力维持一家生计。

1949 年

4 月 24 日，太原市解放。此时全家已断粮，靠邻居施舍度日。新中国成立后的第三天，一名解放军送来一袋小米，救了全家人的性命。

5 月，考入太原农业技术学校，参加暑期文化工作队学习，返校后当选为学生会文体部长。学校每周都有几次上街宣传的任务，带队扭秧歌、打腰鼓，宣传中心任务。组织农校剧团，利用寒假到农村慰问演出，宣传新婚姻法。镇反时，曾代表学校在杏花岭体育场 10 万人的大会上发言。

9 月，率队参加山西省首届人民体育大会，作为主力队员参加百米短跑、跳远、接力比赛，获得全省高中组田径赛总分第一的成绩。曾以 11.7 秒的百米速度破过省纪录。

附录一 徐锦堂年表

1950年

参加学校组织的米丘林遗传学小组，对小麦春化、光照阶段研究感兴趣，制订计划，开始首次科学研究。

1951年

响应国家抗美援朝捐献飞机大炮的号召，农校剧团利用暑假排演了12场大型歌剧《刘巧儿》。担任副团长及剧务工作，并扮演男一号赵柱儿。先在太原市租剧场公演一个多月后，又移师榆次市公演十多天，场场爆满，票房收入扣除置布景和剧场租金等开支外，还为抗美援朝捐献了一笔钱。此期正值太原农校与山西农学院合并，学校迁到太谷县东门外铭贤学校校址。剧团奉调回校，为院校合并庆祝演出。

1952年

7月，农校毕业留校任教，教授作物栽培学、达尔文主义，担任初农一班班主任、教职员团支部书记、山西农学院教育工会组织部长。被评为优秀班主任。

在农学院旁听植物学、化学、达尔文主义等基础课程。

1953年

4月，山西农学院、山西师范学院、山西工学院及农学院附属农业技术学校共计2000余人，在太谷农学院校园开展"四院校春季大联欢"。被筹备组推选为大联欢总指挥，组织了座谈会、交谊舞、扭秧歌，以及篮球排球比赛等多种活动，联欢会效果很好，受到领导表扬。

在农学院旁听遗传育种、作物栽培等课程。

1954年

8月，与武兰英喜结良缘。武兰英时年21岁。

9月，作为调干生，考入山西农学院农学专业，享受调干生助学金32元。当年被选为学生会主席。全班80余名同学分四个小班，连续四年当选大班班主席至毕业。

1955 年

学生会改选，当选文体部长，代表专区参加省运动会。

学校停课一个月参加肃反运动。

1956 年

学校举行演讲比赛，徐锦堂获得第二名。在全校运动会、全校汇演中，全班均获第一名。

1957 年

6 月，参加生产实习。全班先集中到北京，正赶上毛主席等中央首长在中南海接见各省代表，参加接见并合影留念，之后分赴北方几大农场实习。被分配到北京南郊农场实习四个月。

10 月返校，农学院反右运动已近尾声。全班反右补课，有三名同学被错划右派。

1958 年

大学四年各科成绩均以优良成绩结业。毕业时，全班选四名同学留校做毕业论文，其余同学参加毕业实习。在刘敦道教授指导下做毕业论文，题目是《小麦穗分化和灌水的相关性》。此时正逢"拔白旗"的政治运动，因此所有论文都未能宣讲。

8 月，从山西农学院毕业，分配到中国医学科学院药物研究所药用植物栽培室工作。因是调干生，无试用期，职称定为实习研究员，工资62 元。

11 月，赴四川、湖北、陕西黄连产区，考察黄连栽培技术。

12 月，回京后向领导汇报了黄连产区毁林栽连生态破坏严重的情况。不久，领导决定派徐锦堂到黄连产区蹲点。

1959 年

3月，赴湖北省利川县福宝山药材场及四川省石柱县黄水农场两地蹲点，试验利用自然林遮荫栽连，初见成效。

5月，在福宝山药材场进行黄连种子湿砂棚贮技术试验。

7月，在黄水农场接到妻子难产的加急电报，但山水阻隔，无能为力，只得回电安抚。

在黄水和福宝山蹲点时发现当地有野生天麻。采挖并购买了一些块茎，按照栽土豆的方法，分几个处理栽种下去。但到了秋季收获时全是空穴，第一次尝到了天麻栽培的艰难。

12月，《林间栽连初报》短文收入药物所新年献礼论文集，被评为跃进奖，获30元奖金奖励。

1960 年

用行动感动了福宝山药材场干部职工。总场成立不定指标、职工精干、完全听徐锦堂指挥的科研队，探索新的黄连栽培方法。

3月，设计了四套试验方法：林间栽连、玉米黄连套种、熟地栽连、简易棚栽连。

将试验重点移到福宝山药材场，开始进行天麻野生生态调查，采挖并购买了一些野生天麻栽种。

1961 年

徐锦堂大胆采用小区对比试验和生产试验相结合同步进行，大大缩短了栽连试验周期。

1962 年

开始在湖北恩施、利川，四川石柱、峨眉、古蔺等县，多点调查天麻野生生态条件、繁殖方法。

1963 年

春，天麻正式列入研究所课题，天麻研究小组成立。研究所派冉砚珠加入天麻课题组，后冉砚珠因病疗养离开天麻组。

5月，用刻照相纸阴阳面重量比的方法，解决了计算黄连生长各年荫蔽度变化的数据问题。

6月，湖北贝母无性分瓣繁殖方法及用2%—5%的福尔马林浸贝母鳞茎防治病虫害试验获得成功，解决了贝母生产的关键技术问题。

1964 年

黄连田间栽培试验工作基本结束，总结出一套较完整的利用自然林栽连技术。黄连玉米套种也推广应用于生产。黄连种子湿砂棚贮精细育苗技术试验成功，提高育苗率8—10倍，满足了黄连发展对秧苗的需求。

11月，林间栽连、玉米黄连套种、熟地栽连、简易棚栽连等试验取得较好效果，在福宝山药材场四个分场大面积推广。

对天麻野生生态进行系统调查，取得大量数据。

通过三年多时间，对野生天麻生长的生态环境条件、生长繁殖规律等生物学特性以及与蜜环菌的营养关系有了进一步的了解。在福宝山药材场，利用野生天麻生长穴中的种麻、土壤、树根、竹根移种天麻，有10株获得增产效果，最大的箭麻重125.8克，但不是真正意义上的人工栽培成功。

1965 年

3月，研究所增派陈震同志参加天麻研究工作。

4月16—23日，在利川县海拔1800米的寒池药材场，利用蜜环菌发光的特性，选择发光的树根加新材培养菌床。分三个处理，共栽天麻45穴。

7月初，在寒池药材场将抽薹开花的天麻种子播在培养有蜜环菌的菌材上，但是11月份末观察到生长出大白麻，但蜜环菌生长良好。

12月，卫生部召开"京内直属单位毛主席著作经验交流会"，14日在大会上做了交流报告。

1966 年

3 月 3 日,《光明日报》头版头条发表的《扫除个人杂念,才能挑起重担——山区蹲点七年同药农结合研究黄连栽培改造思想的经验》由中央人民广播电台全文播发,并应邀到各兄弟单位演讲,因此推迟了去产区的时间。两位先去的同志在 1965 年寒池药材场第二处理 21 号穴挖到四个箭麻,重 516.9 克,最大的箭麻 215 克。这是人类第一次利用蜜环菌材伴栽成功的天麻。但这一结果直到 1972 年徐锦堂才知道。

8 月,"文化大革命"开始后,电报催促回京参加运动,夺权后的造反派不允许徐锦堂到产区继续科研工作。

1967 年

因骨折在家休养。

1968 年

由于担心所学专业无用了,想学一些养家糊口的本事,选择了理发、针灸。

1969 年

8 月,徐锦堂被列入下放人员名单,每人发了一条麻袋,规定国庆节前必须离开北京。

9 月,下放到江西永修县卫生部"五七"干校。

1970 年

在干校二连(基建连)学会了木工,参加修建大礼堂。并给全连 100 多位同志理发,还用针灸给老乡治病。17 岁的聋哑人傅义龙,经徐锦堂针灸能开口说话。当选为五好战士,并在大会上发言。

12 月,从干校调回药物研究所,受卫生部委托举办全国中草药培训班,担任班主任。调离天麻研究组。

1971 年

中草药培训班学员毕业，许多人成为单位的骨干。

1972 年

3 月，天麻研究组决定天麻研究课题下马，主动要求回天麻组，阻止了天麻研究的第一次下马。

3 月，在一个标本瓶里发现了 1965 年寒池药材场人工栽培天麻成功的四个标本，兴奋异常。

3 月，徐锦堂在京召开了六省市天麻研究座谈会。会后，赴陕西省宁强县参加西北五省天麻座谈会，并举办了第一次天麻栽培技术培训班。

4 月，选宁强县滴水铺公社东风三队及勉县张家河两地为基地，决定首先推广他 1965 年试验成功的菌材伴栽技术。

此时，市场天麻供应紧张，称为"三年断线供应时期"。

1973 年

5 月，试验成功天麻无性繁殖固定菌床栽培法及菌材加新材栽培法，在陕西省汉中地区 11 个县推广，取得较好的效果。

1974 年

试验成功菌枝培养方法，减少了菌床的杂菌污染，提高了产量，在汉中及相邻地区推广。

1975 年

6 月，宁强县天麻研究所成立，所址为川陕公路边的宁强县滴水铺公社干沟生产队。

先后在陕西汉中、商洛、安康等地区近 30 个县及甘肃两当、徽县举办天麻培训班和现场会 200 多期，有两万多人（次）参加了学习，并与陕西汉中地区药材公司编印了《怎样栽天麻》的小册子，发放全国，天麻栽培技术在陕西省及全国一些地区推广。

在南宁召开的一年一度全国药材计划供应平衡会上，陕西省汉中地区药材公司调出 1350 斤天麻供应全国，轰动会场。

1976 年

发现东风三队、广平区等老产区，天麻多代无性繁殖种麻出现退化，产量陡降。

1977 年

6 月，商业部在陕西省汉中召开全国天麻生产现场会。在大会上首次提出天麻多代无性繁殖后，种麻出现严重退化、产量大幅度下降、应加强天麻有性繁殖方法研究，使种麻复壮，产量稳定。但是与会专家没有支持徐锦堂的观点。

12 月，在西安市召开了"天麻人工栽培技术"成果鉴定会，经过讨论，与会专家确认了药物所天麻组 1965 年首次天麻野生变家栽试验成功。

12 月底，药物所革委会军代表决定天麻研究下马，让科研人员帮助农村赤脚医生建百草园。向领导申诉不能撤点的意见遭拒绝后写信向陕西求援。陕西省、地、县三级药材公司领导急赴北京，代表陕西省几十万贫下中农，要求徐锦堂继续支持陕西天麻生产和科研，才止住了天麻又一次下马的风波。

1978 年

"天麻野生变家栽的研究"获得全国科学大会奖；"黄连栽培技术研究"获全国医药卫生科学大会奖。

天麻产品逐渐满足了国内市场供应，并可大量出口。

1979 年

随着天麻有性繁殖研究的深入，发现在天麻种子萌发阶段，蜜环菌不但不能提供天麻种子萌发所需的营养，反而严重抑制种子发芽。

12 月 21 日，在宁强县召开了"天麻有性繁殖——树叶菌床法"成果鉴定会并通过专家鉴定，并获得陕西省人民政府科技成果奖一等奖。

1980 年

3月，晋升为助理研究员，并担任栽培室副主任。由于"文化大革命"，在实习研究员岗位上工作了23年。

5月，从天麻种子发芽的原球茎中，首次分离出京陕807-05、807-02、807-06号三株天麻种子共生萌发菌。

8月，中国药材公司成立全国猪苓攻关组，担任技术总顾问，并开始猪苓课题研究。

12月，"天麻有性繁殖——树叶菌床法"获得国家发明二等奖。

1981 年

3月，《中药通报》6卷3期发表了《天麻种子发芽营养来源的研究》简报，向学术界首次通报了天麻种子发芽营养来源不是蜜环菌，而是其他真菌，称作"天麻种子共生萌发菌"（简称"萌发菌"）。"萌发菌"一词为徐锦堂首创。

4—5月，通过定株分离，分离出GSF-8101至GSF-8109共9株与天麻种子共生的萌发菌。

1982 年

2月，破格晋升副研究员。

1983 年

6月，中国医学科学院及湖北省农业局共同主持，在湖北省利川县召开了"黄连栽培技术研究"成果鉴定会，林间栽连、玉米黄连套种等研究通过专家鉴定。

8月，中国医学科学院药用植物资源研究所成立。担任药用真菌研究室主任、所学术委员会副主任、所党委委员、科研支部书记。

1984 年

6月，"栽培黄连的玉米和造林遮荫技术"获得国家发明三等奖。

获国家劳动人事部"中青年有突出贡献专家"称号。

在庆祝中华人民共和国成立35周年庆典上登上天安门观礼台。

1985 年

1月，为了帮助新建的药植所渡过经济难关，带领研究室全面承包。

2月，获北京市委、市政府"1984年度北京市特等劳模"称号。

4月，中华全国总工会授予徐锦堂"全国优秀科技工作者称号及五一劳动奖章"。

6月，随中国科学考察团访问日本。

8月，参加"全国医药卫生科技工作会议"并作大会发言。

12月，晋升为研究员。

12月4日，"天麻种子共生萌发菌的发现及其应用研究"成果鉴定会在北京召开，通过了专家鉴定。

1986 年

科研工作重点放在萌发菌子实体的诱导培养，萌发菌生物学特性、筛选、菌种培养、天麻生活史研究。

6月，中共北京市委员会授予徐锦堂"优秀共产党员"称号。

7月，参加编写的《中国农业百科全书·农业气象卷》，在第四届全国优秀科技图书评选中荣获一等奖。

12月，"天麻种子共生萌发菌的发现及其应用研究"获卫生部科技成果甲等奖。

同月，卫生部授予"全国卫生文明先进工作者"称号。

1987 年

8月，在新中国成立35周年前夕，"天麻有性繁殖——树叶菌床法"被中华医学会等四学会和《健康报》共同推荐为"建国35年来二十项重大医药科研成果"之一。

1988 年

3 月，诱导出 GSF-8104 号菌株的子实体，经鉴定为紫萁小菇，与天麻种子共生萌发的真菌是紫萁小菇属真菌。

9 月，获"北京市高教系统教书育人先进工作者"称号。

10 月，在《中国医学科学院学报》上发表"天麻种子萌发菌——紫萁小菇"的简报，向全国学术界报道了这个新的发现。

11 月，召开了"天麻与真菌营养关系机理及种子伴菌播种技术的研究"鉴定会，通过专家鉴定。

11 月，担任卫生部药学专家咨询委员会委员。

1989 年

在湖北贝母分瓣繁殖，尤其是对毁灭性病虫害——线虫和螨的防治，用 2%—5% 的福尔马林浸种一小时，效果显著。参加到"贝母加速繁殖技术的研究"课题中，获卫生部科技进步奖二等奖。

在《中国医学科学院学报》、《真菌学报》、《药学学报》、《中药通报》等学术刊物上发表《天麻有性繁殖方法的研究》、《供给天麻种子萌发营养的真菌——紫萁小菇》、《天麻生活史的研究》等多篇论文。

12 月，"天麻与紫萁小菇、蜜环菌营养关系及其在栽培中的应用"获得卫生部科技进步奖三等奖。

1990 年

7 月，猪苓半野生栽培技术，在山西古县推广应用。

11 月，由卫生部科教司、中国药材公司、山西省医药总公司共同组织的"猪苓繁殖、生长、营养及半野生栽培技术研究"成果鉴定会，通过专家鉴定。

获得国务院首批"政府特殊津贴"。

1991 年

参加《中国农业百科全书·农作物卷》（上下册；农业出版社出版）编写工作，该书获国家图书奖。

参与编著《中国药用植物栽培学》（农业出版社出版），该书获第三届国家图书奖。

1992 年

2 月，在《真菌学报》、《中国药学》杂志上发表"猪苓与蜜环菌的关系"、"猪苓菌核生长发育规律观察"。

7 月，"猪苓繁殖、生长、营养及半野生栽培技术研究"获得卫生部科技进步奖三等奖。

1993 年

1 月，出版《中国天麻栽培学》。

3 月，中国医学科学院组织的"天麻种子与紫萁小菇等萌发菌伴播技术推广研究"鉴定会，通过专家鉴定。

1994 年

12 月，"天麻种子与紫萁小菇等萌发菌伴播技术推广研究"获卫生部科技进步奖二等奖。

1995 年

参与编著《中草药现代化研究》（北京医科大学中国协和医科大学联合出版社出版）。

1997 年

5 月，应陕西省略阳县委书记徐登奎邀请，开始在略阳县建点推广天麻有性繁殖伴菌播种技术及猪苓半野生栽培技术。

12 月，主编的 130 万字的《中国药用真菌学》出版。

1998 年

3 月，正式办理退休，按规定已"超期服役"九年。

6 月，建立起家庭实验室，开始对 20 世纪 80 年代分离筛选出的萌发菌及蜜环菌进行复壮，改进蜜环菌、萌发菌菌种生产技术。

1999 年

3 月，提出天麻有冬季生理休眠、在低山区还有夏季高温强迫休眠两个休眠的新理念。

11 月，获中国药学会"地奥药学科技奖"。

《中国天麻栽培学》获得中医药管理局科技进步奖二等奖。

陕西省略阳县全县用菌种伴播天麻共 5.2 万穴，翻窝总数达到 58 万穴，产值 2088 万元，全县平均每人增收 300 元。

2000 年

3 月，《中国药用真菌学》获北京市人民政府科技进步奖三等奖。

6 月，由全国各地采样、分离出 GSF-2008 号等几个萌发菌优良菌株，改进和完善了种子纯菌种伴播技术。

9 月，作为副主编的《中草药种植技术指南》出版。

2001 年

2 月，"天麻种子与真菌共生萌发及生长机理和纯菌种伴播技术研究与应用"，获国务院颁发的科技进步奖二等奖。

9 月 24—28 日，在澳大利亚帕丝召开的第一届世界兰花保育大会上，徐锦堂的论文"兰科植物天麻在不同生长阶段需与不同真菌共生的发现和研究"，得到了各国学者的肯定。

9 月 27 日，陕西勉县张家河，由农民集资雕塑的徐锦堂塑像落成揭幕。
12 月 29 日，《光明日报》头版头条刊登了"天麻之父——徐锦堂"一文。

10 月，作为主编之一，与兰进教授编著出版了《药用真菌实用栽培技术》。

11月，《天麻、猪苓和黄连栽培技术的研究与应用》获仲景中医药杰出成果奖。

12月，因家中狭窄做实验实不便，武兰英与附近的经纬宾馆领导协商，租一间房作研究室。在经纬宾馆继续开展天麻和黄连的科研。

2002年

10月20—22日，在略阳县召开的"国际天麻学术研讨会"上宣读了论文"名贵中药——天麻栽培研究回顾与展望"，被大会授予"杰出成就奖"。

12月，获何梁何利医学药学科学技术进步奖。

12月4日，《人民日报》海外版刊登了"农民自发为他塑像"一文。

2003年

6月，黄连种子湿沙平袋浅贮技术获得成功。

8月，在利川市的中国黄连利川论坛会上，徐锦堂宣读了"黄连的历史沿革及利川黄连栽培技术创新研究"的论文。

9月6日，由农民和单位集资，在利川县东城杨柳寺308国道旁建起"黄连之圣徐锦堂"的雕像。

2004年

6月，"黄连生态栽培技术研究与推广应用"在北京举办了专家鉴定会，专家们一致认为是我国首创的科研成果。

2005年

6月，全国开展保持共产党员先进性教育活动，被药植所、医科院两级党委选为优秀共产党员。

6月30日，药植所党委下发"关于向徐锦堂同志学习的决定"。

7月1日，药植所、医科院分别召开了表彰大会。

10月12日，医科院院报以一版篇幅发表了"向徐锦堂同志学习，保持共产党员的先进性"文章。

11 月,"黄连生态栽培技术研究与推广应用"获中华中医药学会科技进步奖二等奖。

2006 年

1 月,参与兰进教授主编的《天麻栽培技术百问百答》出版。

7 月,98 万字的《徐锦堂教授文集——药用植物栽培与药用真菌培养研究》出版。

11 月,34 万字的自传式回忆录《仙药苦练》,由中国文史出版社出版。

2007 年

协助五台山洞子村农民种植天麻和猪苓。

为父母墓前立碑。

2008 年

由于身体健康不佳,结束了经纬宾馆的实验室工作。

2009 年

11 月,中国医药行业 13 个行业协会组成中国医药"60 年—60 人"组委会,在全国推选出 60 位风云人物代表和 40 位杰出人物代表,100 位代表汇集了全国医药行业的精英,被推选为杰出人物代表,授予荣誉奖。

6 月,被中华中医药学会聘为终身理事。

7 月,接台北县永和市乐活联盟毕丽家电话,台湾屏东 88 大水灾后,88 送暖联盟请徐锦堂去帮助发展天麻救灾,经多次协商,报国台办同意。但行前徐锦堂突然脑出血发病,未能成行。

2010 年

1 月 23 日,作为中药协会嘉宾,在国际会议中心参加"杏林春晚"——中国医药界新年联欢会。觉得头痛,赶到医院后发现脑出血,住院半年康复出院。

2011 年

5 月,药植所党委制作的《论文写在大地上》专题片在全所放映,宣传徐锦堂脚踏实地、为国分忧、为民致富的科研之路。

2012 年

10 月,给略阳县委写信,因病不能去产区,希望派人来京,将无偿传授猪苓栽培新方法。

11 月,中国菌物学会联合召开的"全国天麻会议",授予徐锦堂"中国天麻研究终生成就奖"。

附录二 徐锦堂主要论著目录

论文

[1] 徐锦堂,冉砚珠,曹建民,等. 天麻种子发芽营养来源的研究(简报). 中药通报,1981,6(3):2.

[2] 徐锦堂,李志亮,徐昭玺,等. 贝母福尔马林浸种试验小结. 中药材科技,1981(3):21-22.

[3] 徐锦堂,冉砚珠,王孝文,李恩方. 天麻种子成熟度对发芽的影响. 中草药,1981,12(2):37-38.

[4] 徐锦堂,冉砚珠,王孝文,等. 天麻种子发芽的营养来源及其与蜜环菌的关系. 中草药,1980,11(3):125-128.

[5] 徐锦堂,冉砚珠. 人工栽培天麻奥秘的探索. 医学与哲学,1982(1):22-24.

[6] 徐锦堂,郭顺星. 天麻种子萌发菌——紫萁小菇(简报). 中国医学科学院学报,1988,10(3):270.

[7] 徐锦堂. 尖贝分切繁殖经验介绍. 药学通报,1988,23(10):596-598.

[8] 范黎,郭顺星,徐锦堂. 我国部分兰科植物菌根的内生真菌种类研究.

山西大学学报，1988，21（2）：169-177.

［9］冉砚珠，徐锦堂. 蜜环菌抑制天麻种子发芽的研究. 中药通报，1988，13（10）：15-17.

［10］徐锦堂，郭顺星. 供给天麻种子萌发营养的真菌——紫萁小菇. 真菌学报，1989，8（3）：221-226.

［11］冉砚珠，徐锦堂. 紫萁小菇等天麻种子萌发菌的筛选. 中国中药杂志，15（5）：15-18.

［12］徐锦堂，冉砚珠，郭顺星. 天麻生活史的研究. 中国医学科学院学报，1989，11（4）：237-241.

［13］郭顺星，徐锦堂. 天麻消化紫萁小菇及蜜环菌过程中细胞超微结构变化的研究. 真菌学报，1990，9（3）：218-225.

［14］郭顺星，徐锦堂. 真菌在兰科植物种子萌发生长中的作用及相互关系. 植物学通报，1990，7（1）：13-17.

［15］郭顺星，徐锦堂. 兰科植物种子无菌萌发的研究. 种子，1990（5）：36-37.

［16］郭顺星，徐锦堂. 白芨种子染菌萌发过程中细胞超微结构变化的研究. 植物学报，1990，32（8）：594-598.

［17］陶璐璐，袁静明，徐锦堂. 丹参愈伤组织细胞固定化及其转化产物的特征. 生物工程学报，1990，6（3）：218-223.

［18］徐锦堂，牟春，冉砚珠. 天麻种子萌发动态及紫萁小菇菌丝侵入的细胞学观察. 中国医学科学院学报，1990，12（5）：313-316.

［19］吴惧，徐锦堂. 光对灵芝生长发育的影响. 中国药学杂志，1990，25（2）：76-78.

［20］徐锦堂，冉砚珠，郭顺星. 天麻种子发芽营养来源的研究. 中国医学科学院学报，1990，12（6）：431-433.

［21］冉砚珠，徐锦堂，路淑芳. 紫萁小菇等天麻种子萌发菌生物学特性及种子共生萌发条件的研究. 中草药，1990，21（9）：29-32.

［22］徐锦堂，冉砚珠. 紫萁小菇等天麻种子萌发菌分离方法的研究. 中国药学杂志，1990，25（3）：139-142.

［23］徐锦堂，牟春. 天麻原球茎生长发育与紫萁小菇及蜜环菌的关系. 植物学报，1990，32（1）：26-31.

［24］郭顺星，徐锦堂. 猪苓菌核结构性质的研究. 真菌学报，1991，10（4）：312-317.

［25］郭顺星，徐锦堂. 真菌在罗河石斛和铁皮石斛种子萌发中的作用. 中国医学科学院学报，1991，13（1）：46-49.

［26］徐锦堂，郭顺星. 天麻与紫萁小菇蜜环菌的营养关系及其在栽培中的应用. 医学研究通讯，1991，20（10）：31-32.

［27］徐锦堂，郭顺星. 猪苓与蜜环菌的关系. 真菌学报，1992，11（2）：142-145.

［28］郭顺星，徐锦堂. 猪苓菌核结晶及厚壁细胞的起源与发育. 真菌学报，1992，11（1）：49-54.

［29］郭顺星，徐锦堂，王春兰，等. 不同年龄的野生与家种猪苓菌核糖类等成分的含量测定. 中国中药杂志，1992，17（2）：77-80.

［30］曹文芩，徐锦堂. 蜜环菌子实体的液体培养. 中药材，1992，15（11）：3-4.

［31］王贺，许景秋，徐锦堂. 天麻大型细胞消化蜜环菌过程中溶酶体小泡的作用. 植物学报，1992，34（6）：405-409.

［32］郭顺星，徐锦堂，王春兰，等. 不同年龄的野生与家种猪苓菌核氨基酸及微量元素分析. 中国中药杂志，1993，18（4）：204-206.

［33］王秋顺，徐锦堂. 蜜环菌发酵液在猪苓菌发酵过程中的应用. 中国药学杂志，1993，28（8）：466-468.

［34］吴惧，徐锦堂. 二氧化碳对灵芝生长发育的影响. 中国药学杂志，1993，28（1）：13-16.

［35］江流，徐锦堂，王贺，等. 天麻抗真菌蛋白的检测及免疫荧光定位. 植物学报，1993，35（8）：593-599.

［36］王贺，徐锦堂. 天麻幼苗菌根细胞内酸性磷酸酶的细胞化学研究. 植物学报，1993，35（10）：772-778.

［37］兰进，徐锦堂，李京淑. 应用同位素示踪法研究猪苓第二营养源.

中国药学杂志，1994，29（7）：394-395.

[38] 兰进，徐锦堂，李京淑．蜜环菌和天麻共生营养关系的放射性自显影研究．植物学报，1994，13（3）：219-222.

[39] 高南南，于澍仁，刘睿红，徐锦堂．天麻对 D-半乳糖所致衰老小鼠的改善作用．中草药，1994，25（10）：521-523.

[40] 舒群芳，徐锦堂，孙勇如．编码天麻抗真菌蛋白 CDNA 的分子克隆．植物学报，1995，19（9）：685-690.

[41] 徐锦堂，兰进．药用真菌的研究进展．中国药学年鉴，1996：12-15.

[42] 兰进，徐锦堂，李京淑．应用放射性自显影技术研究标记紫萁小菇侵染天麻种胚的过程．真菌学报，1996，15（3）：197-200.

[43] 潘瑞乐，徐锦堂．天麻种内变异不同类型的酯酶同工酶研究．中国中药杂志，1996，21（2）：84-86.

[44] 兰进，徐锦堂，贺秀霞．我国子囊菌亚门药用真菌资源及利用．中药材，1996，19（1）：11-13.

[45] 潘瑞乐，徐锦堂．天麻种内变异不同类型的过氧化物酶同工酶及可溶性蛋白的电泳研究．中草药，1996，27（10）：617-620.

[46] 潘瑞乐，徐锦堂．天麻种内变异不同类型的化学成分分析．中国中药杂志，1998，23（6）：336-337.

[47] 范黎，郭顺星，徐锦堂．天麻种子与兰小菇共生萌发过程中超微结构变化研究．菌物系统，1999，18（4）：431-435.

[48] 范黎，郭顺星，徐锦堂．天麻种子萌发过程中与其共生真菌石斛小菇间的相互作用．菌物系统，1999，18（24）：219-225.

[49] 王秋颖，徐锦堂．猪苓菌酯酶同工酶及过氧化物同工酶的研究．中国药学杂志，1999，34（1）：9-11.

[50] 徐锦堂．家栽天麻与野生天麻质量比较．中国药学杂志，2000，35（8）：151-153.

[51] Xu Jintang, Guo Shunxing. Retrospect on the research of the cultivation of Gastrodia elata Bl, a rare traditiona Chinese medicine, Chinese Medical Journal. 2000, 113（8）：686-692.

［52］徐锦堂，郭顺星，范黎，娜仁. 天麻种子与小菇属真菌共生萌发的研究. 菌物系统，2001，20（1）：137-141.

［53］徐锦堂. 天麻营繁茎被蜜环菌侵染过程中细胞结构的变化. 中国医学科学院学报，2001，23（2）：150-153.

［54］徐锦堂. 对当前中药材栽培研究的几点意见. 中国医学科学院学报，2001，23（6）：540-541.

［55］徐锦堂，兰进. 天麻的营养繁殖茎及其抑菌功能. 植物学报，2001，43（4）：348-353.

［56］徐锦堂，范黎. 天麻种子/原球茎和营养繁殖茎被菌根真菌定植后的细胞分化. 植物学报，2001，43（10）：1003-1010.

［57］徐锦堂. 名贵中药——天麻栽培研究回顾与展望. 国际天麻学术研讨会论文集，2002：1-12.

［58］范黎，郭顺星，徐锦堂. 天麻种子与紫萁小菇共生萌发过程中的超微结构变化研究. 首都师范大学学报，2002，23（3）：52-54.

［59］徐锦堂. 黄连生态栽培技术研究与推广应用及前景展望. 中国医学科学院学报，2004，26（6）：601-603.

［60］徐锦堂，袁政，周继武. 林间栽连及玉米黄连套种黄连生态栽培技术. 中国医学科学院学报，2004，26（6）：604-607.

［61］徐锦堂，王立群，徐蓓. 黄连研究进展. 中国医学科学院学报，2004，26（6）：704-707.

［62］徐锦堂. 黄连种子湿沙棚储、精细育苗技术. 中国医学科学院学报，2004，26（6）：611-613.

［63］徐锦堂. 在进化的顶点——从天麻种子与真菌共生萌发看兰科植物. 森林与人类，2006，（7）：70-71.

著作

［64］徐锦堂. 天麻. 北京：人民卫生出版社，1973.

［65］徐锦堂、冉砚珠. 天麻栽培技术. 北京：农业出版社，1987.

［66］徐锦堂. 中国天麻栽培学. 北京：北京医科大学中国协和医科大学联合出版社，1993.

［67］徐锦堂. 中国药用真菌学. 北京：北京医科大学中国协和医科大学联合出版社，1997.

［68］徐锦堂. 药用植物栽培与药用真菌培养研究——徐锦堂教授论文集. 北京：地质出版社，1997.

参考文献

[1] 郭方. 高山引来栽药人——记徐锦堂同志在福宝山药材场黄连栽培试验工作片断[N]. 湖北日报, 1962-10-18.

[2] 余方中. 以苦为乐力夺天工——记受人民欢迎的天麻科研人员徐锦堂[N]. 健康报, 1981-04-02.

[3] 刘路沙. 用心血浇灌"神药"的人——记共产党员徐锦堂栽培天麻的事迹[N]. 光明日报, 1981-06-14.

[4] 赵文瀚. 互让奖金——一场风波见风格[N]. 北京日报, 1982-02-25.

[5] 工作抢着干 荣誉要谦让——中国医科院药物所陕西省药材公司科研室互让奖金[N]. 人民日报, 1982-03-07.

[6] 李斌. "神麻"奥秘的探索者——记副研究员徐锦堂[N]. 汉中日报, 1984-05-26.

[7] 成哲忠, 白筠. 徐锦堂面向生产搞科研功绩卓著——被陕、鄂山区人民誉为"用心血浇灌神药的人"[N]. 人民日报, 1985-03-13.

[8] 陈光曼. 徐锦堂深入山区研究推广种植天麻黄连技术——协助产区举办培训班, 召开现场会近200次, 培训农民技术员两万多人次。黄连和天麻产区的不少农民成了富裕户[N]. 光明日报, 1985-08-10.

[9] 冉砚珠. 记药物栽培学家徐锦堂[N]. 药学通报, 1985年4月20日.

[10] 张永柱, 杨胜高. 福宝山上的"北京人"——来自利川福宝山的报告[N].

鄂西报，1985-09-23.

[11] 陈光曼. 改革科技体制试行全面承包——全组在副研究员徐锦堂的带领下，坚持改革的正确方向，促进科研工作，创造了更多的社会效益和经济效益[N]. 光明日报，1985-10-04.

[12] 王田青. 云雾青山——献给山高林野的药用植物工作者[N]. 健康报，1986-09-09.

[13] 药物栽培学家——徐锦堂. 中国当代医学家荟萃（第一卷）. 1987，10.

[14] 汤国星. 药植专家徐锦堂的"三连冠"[J]. 中华英才，1991（6）.

[15] 邱光明. 中国历代度量衡考[M]. 北京：科学出版社，1992.

[16] 徐锦堂. 中国天麻栽培学[M]. 北京：北京医科大学中国协和医科大学联合出版社，1993.

[17] 武志馨. 徐锦堂与天麻研究. 中国当代科技精华（医学卷），1994.

[18] 汤国星. 徐锦堂——中国科学技术专家传略（药学卷），1996.

[19] 徐锦堂主编. 中国药用真菌学[M]. 北京：北京医科大学中国协和医科大学联合出版社，1997.

[20] 高丽. 图解徐锦堂[N]. 健康报，2001-11-20.

[21] 陆静. 破译天麻生长之谜高科技变致富"法宝"仙药苦炼——记"天麻之父"徐锦堂教授[N]. 中国中医药报，2001-05-17.

[22] 王力. 天麻奇人[N]. 科技日报，2001-07-19.

[23] 吕生杰，杜国平. "天麻之父"的不了情[N]. 汉中日报，2001-10-13.

[24] 吕生杰，杜国平. 丰碑——"天麻之父"徐锦堂塑像落成侧记[N]. 汉中日报，2001-10-14.

[25] 陈光曼，陈惠芬，汤国星. "天麻之父"徐锦堂[N]. 光明日报，2001-12-29.

[26] 周乙龙. "天麻之父"话天麻——徐锦堂谈天麻种植、开发中的几个问题[N]. 中国中医药报，2002-11-27.

[27] 陈光曼，陈惠芬，汤国星. 农民自发为他塑像[N]. 人民日报（海外版），2002-12-04.

[28] 张东风. 药农心中的"黄连之圣"——记黄连栽培新技术创立者徐锦堂教授[M]. 中国中医药报，2003-09-24.

[29] 孟小捷. 徐锦堂的故事[N]. 健康报，2004-02-27.

[30] 赵德鸿. 徐锦堂——天麻栽培第一人[N]. 生命专刊，2004-08-20.

[31] 陈光曼. 药农心目中的"圣人"——记"黄连之圣"徐锦堂教授[N]. 光明日报，2004-02-20.

[32] 吴德成. 利川黄连志[M]. 北京：中国文史出版社，2004.

[33] 张东风. "这就是一种追求"——访药用真菌培养、药用植物栽培学专家徐锦堂教授[N]. 中国中医药报，2005-09-23.

[34] 徐锦堂. 徐锦堂教授论文集[M]. 北京：地质出版社，2006.

[35] 徐锦堂. 仙药苦炼[M]. 北京：中国文史出版社，2006.

[36] 辛业芸. 杂交水稻是怎样育成的——袁隆平口述自传[M]. 长沙：湖南教育出版社，2010.

[37] 龚平，孔祥云. 孔氏家族未解之谜[M]. 北京：中国文史出版社，2013.

[38] 汤国星. 徐锦堂传. 见：二十世纪中国知名科学家学术成就概览. 北京：科学出版社，2014.

后 记

  2012年底,"徐锦堂学术成长资料采集工程小组"成立后,相关事宜即进入按部就班的紧张工作之中。采访需要先行,地点自然是黄连和天麻的产区,那里曾经是徐锦堂建功立业的地方。

  时光如白驹过隙。距离徐锦堂最初搞黄连天麻研究已经50多年,即使距离天麻最红火的时间也有40年了。天麻研究是徐锦堂教授成就与贡献最突出的课题,自然也是采集工程最重要的部分。于是在徐锦堂教授亲自联络安排下,我们经过认真准备,2013年4月3日来到陕西汉中市。这里是徐锦堂1972年开始蹲点,先后成功完成天麻无性繁殖和天麻有性繁殖、一举扭转全国天麻供不应求局面的地方。下午一到汉中,徐锦堂当年的老朋友、80岁的傅世贤老先生,就给我们安排好了性价比高的锦江宾馆,当晚我们就像与熟悉长者一样攀谈起来,也进行了录音、录像。第二天一早,在汉中地区老科技工作者协会办公室举行了座谈会。当年的略阳县委书记、现汉中人大常委会副主任徐登奎亲自参加。1997年,徐登奎代表略阳县委聘请了徐锦堂等六位专家做技术顾问,那天除了徐锦堂,其他顾问一个不少地全来了。原汉中科委主任亲自主持了座谈会。会上大家对往事、对徐锦堂的感情溢于言表,也感染着在场的每一个人。临近中午座谈会结束,略阳接我们的车也到了。我们要赶往勉县的张家河。此时小雨淅淅沥沥下了起来，徐登奎主任建议我们不要去张家河了，先去宁强县采访，回来再去张家河。在路上徐锦堂教授的电话来了，听说下小雨他也立即说不要去张家河了。其实我们真正体会徐主任和徐老师的苦心是第二天。

4月5日中午天气晴好，我们在宁强采访了原天麻研究所的领导，职工李恩芳、李翠庭、王孝文之后，驱车直奔张家河。山路依然崎岖，但是路面比2001年去张家河参加"天麻之父徐锦堂"塑像揭幕时的土路好多了，柏油路面一路还算平整。但是越往上走，温度越是明显变低。汉中市里树木葱茏花团锦簇，山里返青的树叶却被大雪压低了枝头。司机张师傅说："幸亏昨天没上张家河，山下下小雨，山上下大雪，我们要是冒雪上山非误在山里不可。"因为路上的积雪越往上走越厚，车也越来越慢。最高峰秦岭——三道弯就在眼前了，翻过它我们就快到了。此时司机张师傅脸色紧张起来，突然我们在他刹车的瞬间，明显感到车往下溜，幸好停下了。我们赶紧下车，找大石头给车打眼，防止再次溜车。山崖就在路边，我们不敢设想溜下去的后果。一会儿过来两辆车，人家也停下来，熟练地安装起防滑链来，并对我们想边打眼边开车上山的打算做出否定。看来只能返回了，山里天黑得早，如不及早下山，天黑走盘山道不是耍的。但是张家河乡领导和村民们还在等我们，山里没有信号，手机打不通。看着我们着急的样子，人家关切地询问我们到张家河办什么事，我们说是采访徐锦堂事迹。一听徐锦堂三个字，人家立即热情起来，说："我们都知道北京的徐教授。山里太冷了，你们衣服薄赶紧下山吧，我们一定把你们返回的信儿带给张家河镇书记。"看来徐锦堂在当地不仅"名气"很大，他对那里的气候如此熟稔也绝非一日之功。今天人们坐车到张家河尚且数小时车程，当年没路没车，徐锦堂几十年全凭两条腿奔波在深山老林里，是什么样的精神、什么样的毅力，支撑着他锲而不舍、虽九死而不悔？

5月10日，我们一行来到湖北利川福宝山，离1959年徐锦堂开始蹲点距今已经54年了。当年与徐锦堂共过事、健在的老人们，早已退休下山安度晚年去了。但是听说我们要采访徐锦堂，从四面八方赶到山上，我们到时老人家们正围着炉子烤火喝茶呢，见到徐锦堂教授的女儿亲得不得了，簇拥着围在炉边拉家常，采访结束后大家又依依惜别，令人动容的情感挂在每个人的脸上，没想到在大山的深处我们得到了久违的真情。

为了更进一步深入采访，我们还专程到现在家住利川市的原利川市人大常委会苟代清主任家采访，他在位时以利川市人大名义下文禁止毁林栽连。苟主任可能是全国第一位以政府名义下文，明令禁止毁林栽连的人。到他家时，老人家准备了满满一茶几的时令水果，堆得连录音笔都没有地方放。他孩子说，老人家为了接受访谈准备了好几天，茶饭不香。

我们还到了当年福宝山药材场场长尹明义家，说起当年徐锦堂吃糠咽菜的日子，老人家几次哽咽、泪流满面。

还有当年福宝山药材场医务室大夫谭素英，她是徐锦堂在福宝山时的学生和好朋友俞贤唤的爱人，老俞已经去世多年。5月10日上午，她专程上山接受访谈，晚上她老人家在女儿搀扶下，又专程到我们的驻地看徐锦堂教授的女儿，这一天老人家奔波了近百里山路。老人家的女儿现在是利川市的中学教师，她说："徐老师是我父亲最好的朋友，我父亲去世前最想见的就是他。父亲得病住院，我母亲在桥上等了徐老师三天。由于徐老师回北京开会未等到，我父亲说：'这次未见到徐老师我死不瞑目……'"此刻，我们看到她眼中的泪水。

能让一位中年的职业妇女为她敬仰的人，在陌生人前禁不住地流泪，那个人一定是值得尊敬、令人感动的人……

本书稿凝聚着采集小组全体同志的心血，在药用植物研究所党委田力书记亲自带领下，魏冬、徐蓓、张卫华等同志不辞辛苦，认真仔细地做好每一项工作，药植所领导和相关部门的同志也给予了大力支持；特别是徐锦堂教授夫人武兰英老师，从始至终做了大量的、别人无法替代的工作；陕西汉中、略阳、宁强，湖北利川，山西农业大学等地的各级领导、干部职工，以及徐锦堂教授的老同事、老同学们，都给予我们极大的支持与帮助，在此一并致以最诚挚的谢意！

由于学养所限，时间匆匆，有不足与错误之处，敬请斧正。

徐锦堂学术成长资料采集小组
2013年8月30日

老科学家学术成长资料采集工程丛书
已出版（50种）

《卷舒开合任天真：何泽慧传》　　　《此生情怀寄树草：张宏达传》
《从红壤到黄土：朱显谟传》　　　　《梦里麦田是金黄：庄巧生传》
《山水人生：陈梦熊传》　　　　　　《大音希声：应崇福传》
《做一辈子研究生：林为干传》　　　《寻找地层深处的光：田在艺传》
《剑指苍穹：陈士橹传》　　　　　　《举重若重：徐光宪传》

《情系山河：张光斗传》　　　　　　《魂牵心系原子梦：钱三强传》
《金霉素·牛棚·生物固氮：沈善炯传》《往事皆烟：朱尊权传》
《胸怀大气：陶诗言传》　　　　　　《智者乐水：林秉南传》
《本然化成：谢毓元传》　　　　　　《远望情怀：许学彦传》
《一个共产党员的数学人生：谷超豪传》《没有盲区的天空：王越传》

《含章可贞：秦含章传》　　　　　　《行有则　知无涯：罗沛霖传》
《精业济群：彭司勋传》　　　　　　《为了孩子的明天：张金哲传》
《肝胆相照：吴孟超传》　　　　　　《梦想成真：张树政传》
《新青胜蓝惟所盼：陆婉珍传》　　　《情系梁菽：卢良恕传》
《核动力道路上的垦荒牛：彭士禄传》《笺草释木六十年：王文采传》

《探赜索隐　止于至善：蔡启瑞传》　《妙手生花：张涤生传》
《碧空丹心：李敏华传》　　　　　　《硅芯筑梦：王守武传》
《仁术宏愿：盛志勇传》　　　　　　《云卷云舒：黄士松传》
《踏遍青山矿业新：裴荣富传》　　　《让核技术接地气：陈子元传》
《求索军事医学之路：程天民传》　　《论文写在大地上：徐锦堂传》

《一心向学：陈清如传》　　　　　　《铃记：张兴钤传》
《许身为国最难忘：陈能宽传》　　　《寻找沃土：赵其国传》
《钢锁苍龙　霸贯九州：方秦汉传》　《虚怀若谷：黄维垣传》
《一丝一世界：郁铭芳传》　　　　　《乐在图书山水间：常印佛传》
《宏才大略：严东生传》　　　　　　《碧水丹心：刘建康传》